감정이
서툰
어른들
때문에
아팠던

당신을
위한
책

린지 C · 깁슨 지음 박선령 옮김

감정이 서툰
어른들 때문에
아팠던
당신을
위한 책

SIGONGSA

스킵에게,
내 모든 사랑을 담아

Contents

우리는 어른은 자기 자녀보다 성숙하다는 생각에 익숙하다. 하지만, 남의 기분을 헤아리는 데 세심한 아이들이 세상에 태어난 지 몇 년 안에 수십 년을 산 자기 부모보다 감정적으로 더 성숙해진다면 어떨까? 이런 미숙한 부모가 자녀의 정서적 욕구를 충족시키는 데 필요한 감정적 반응을 충분히 제공하지 못하면 어떻게 될까? 그 결과 생기는 정서적 무관심은 신체적 결핍만큼이나 현실적인 문제다.

어린 시절에 겪은 정서적 무관심은 고통스러운 감정적 외로움으로 이어지는데, 이것은 대인 관계나 친밀한 파트너 선택에 장기적으로 부정적인 영향을 미칠 수 있다. 이 책은 정서적으로 미성숙한 부모가 자기 자녀, 특히 감정이 예민한 자녀에게 어떤 식으로 부정적인 영향을 미치는지 설명하고 정서적 친밀함을 거부하는 부모 때문에 겪는 고통과 혼란을 치유하는 방법을 알려준다.

정서적으로 미성숙한 부모는 진짜 감정을 두려워하고 정서적 친밀감을 피하려고 한다. 이들은 현실을 받아들이기보다 그에 저항하는 대응 기제를 사용한다. 자기반성을 달가워하지 않기 때문에 비난을 받아들이거나 사과하는 일이 거의 없다. 이들은 이런 미숙함 때문에 일관성이 없고 감정적으로 신뢰할 수 없으며, 본인의 일에 정신이 팔려서 아이들의 요구는 깨닫지 못한다. 부모가 감정적으로 미숙하면 자녀들의 정서적 욕구는 부모 본인의 생존 본능에 밀리게 되는 것이다.

신화와 동화는 수 세기 동안 그런 부모들을 묘사해왔다. 부모의 부주의나 무지, 부재 때문에 동물이나 다른 조력자의 도움을 받아야만 하는 버려진 아이들이 등장하는 동화가 얼마나 많은지 생각해보자. 어떤 이야기에선, 부모가 실제로 악의를 품고 있어서 아이들이 스스로 자신의 생존을 책임져야 하기도 한다. 이런 이야기들이 오랜 세월 인기를 끈 이유는 공통적으로 심금을 울리는 부분이 있기 때문인데 분명한 건, 이 미숙한 부모들은 아주 오래전부터 사회적인 문제였다는 것이다.

그리고 '자기만 아는 부모들의 정서적 무관심'이라는 테마는 여전히 우리 대중문화의 가장 매력적인 이야기 소재이다. 책, 영화, 텔레비전을 막론하고 정서적으로 미성숙한 부모와 그들이 자녀의 삶에 미치는 영향에 관한 이야기는 풍부한 주제를 제공해준다. 어떤 이야기에서는 이런 부모 자식 사이의 역학 관계가 주된 줄거리가 되기도 하고, 어떤 경우 등장인물의 배경으로 등장하기도 한다. 이 책에서 정서적 미숙에 대해 배우면 배울수록, 일상적인 뉴스는 물론이고 드라마나 문학 작품에 등장하는 여러 유명한 인물들이 떠오를 것이다.

　감정적 성숙도의 차이를 알면, 다른 사람들이 사랑이나 연대감을 내세워도 왜 나는 그렇게 외로운지 이해하게 된다. 특정 가족 구성원과의 상호작용이 왜 그토록 마음을 아프게 하고 좌절감을 주었는지 같은, 여러분이 오랫동안 힘겹게 품고 있던 의문에 이 책이 답이 되어줄 수 있기를 바란다. 좋은 소식은 '정서적 미숙'이라는 개념을 이해하면 상대방의 반응에 상처를 받는 대신 현실적으로 가능한 수준의 관계를 받아들이게 된다는 것이다.

　심리치료사들은 유해한 부모와 감정적으로 분리되는 게 평온하고 자족적인 생활을 회복하는 방법이라는 걸 오래전부터 알고 있었다. 하지만 어떻게 해야 그게 가능할까? 우선은 자기가 상대하는 대상을 이해해야 한다. 자기중심적인 부모에 관한 책들을 보면 왜 그들은 타인을 사랑하는 능력에 한계가 있는지 충분한 설명이 빠져 있다. 나는 그런 부모들은 근본적으로 정서적 성숙도가 낮다는 점을 명확히 짚어주고 싶다. 일단 그들의 특성을 이해하면, 부모와의 관계가 어느 정도까지 가능하고 불가능한지 스스로 판단할 수 있을 것이다. 이걸 알면 변화를 거부하는 부모에게 집중하는 대신, 자신의 진짜 본성에 따른 삶을 살면서 자기 자신에게 돌아갈 수 있다. 부모의 정서적 미숙함을 이해하면, 그들의 무관심은 우리 때문이 아니라 그들 자신의 문제라는 걸 알게 되고, 감정적인 외로움에서 해방될 수 있다. 또 그들이 달라질 수 없는 이유를 알게 되면 그들 때문에 느끼는 좌절감에서 마침내 벗어날 수 있을 뿐만 아니라, 나는 사랑받을 수 없는 존재가 아닐까 하는 의구심도 사라진다.

이제 여러분은 왜 여러분의 부모 중 한 명 또는 두 사람 모두가 여러분을 감정적으로 발달시킬 수 있는 그런 상호작용을 해주지 못하는지 알게 될 것이다. 부모가 나를 봐주지도 않고 나에 대해 알지도 못한다고 느낀 이유와 의사소통을 위한 선의의 노력이 한 번도 효과를 거두지 못한 이유도 정확히 알게 될 것이다.

1장에서는 감정적으로 미숙한 부모와 함께 자란 사람들이 왜 외로움을 느끼는지 설명한다. 부모와 깊은 감정적인 관계를 맺지 못한 사람들의 이야기다. 감정적 외로움이 어떤 것인지 상세한 그림을 얻을 수 있고, 또 어떻게 자기 인식이 고립감을 반전시키는 데 도움이 되는지도 확인할 수 있다.

2장과 3장에서는 정서적으로 미성숙한 부모의 특성과 그런 부모가 일으키는 다양한 관계 문제를 탐구한다. 우리를 혼란스럽게 하는 부모의 행동들은 대부분 감정적 미숙이라는 관점에서 바라보면 이해되기 시작한다. 부모의 정서적 미숙 영역을 확인하는 데 도움이 되는 체크리스트도 제공한다. 또 자기 부모의 감정 발달이 왜 일찍 멈추었는지에 대한 가능성 있는 이유들도 통찰할 수 있다.

4장에서는 정서적으로 미성숙한 부모의 4가지 주요 유형을 통해 여러분이 어떤 종류의 양육을 받았는지 확인할 수 있게 해준다. 또 이런 4가지 유형의 부모들에게 적응하기 위해 아이들이 발달시킬 수 있는 자기 패배적 습관에 대해서도 배울 것이다.

5장에서는 사람들이 가족 내 역할을 수행하기 위해 본인의 진정한 자아와 멀어지게 되는 모습과 과거에 무시받은 경험을 치유하려면 다른 사람들이 어떻게 행동해줘야 한다는 무의식적인 환상을 만들어내는 모습을 보게 될 것이다. 정서적으로 미성숙한 육아가 낳게 될 가능성이 높은 두 가지 판이하게 다른 유형의 아이들인 내부 발산자와 외부 발산자에 대해 배우게 된다. (이것은 또한 왜 같은 가족 내에서 자란 형제자매들이 역할 방식 면에서 그렇게 다른 모습을 보이는지 조명해줄 것이다.)

6장에서는 내부 발산자의 성격을 자세히 설명한다. 이들은 자기 반성과 개인적 성장을 도모할 가능성이 가장 높고, 따라서 이 책에 가장 크게 반응할 수 있다. 내부 발산자들은 통찰력이 뛰어나고 민감하며 다른 사람들과 접촉하거나 관계를 맺고자 하는 본능이 매우 강하다. 본인의 성격이 이와 일치하는지, 특히 도움을 구하는 걸 미안해하거나, 타인과의 관계에서 대부분의 감정 노동을 도맡거나, 다른 이들이 원하는 걸 먼저 생각하는 성향이 있는지 확인해보자.

7장에서는 낡은 관계 패턴이 마침내 와해되고 사람들이 본인의 충족되지 않은 욕구를 깨닫기 시작할 때 일어나는 일들을 다룬다. 이 시점이 되면 심리치료를 통해 도움을 얻으려고 할 가능성이 높다. 나는 자기 부정적인 패턴에서 벗어나 다르게 살기로 결심한 사람들에 대한 이야기를 들려줄 생각이다. 그들은 스스로 진실을 인정하는 이 과정을 통해 자신의 본능을 믿고 본 모습을 파악하는 능력을 회복했다.

8장에서는 내가 성숙도 인식 접근법이라고 부르는, 사람들과 관련을 맺는 방법을 소개할 것이다. 정서적 성숙이라는 개념을 이용해 사람들의 기능 수준을 평가하면 그들의 행동을 좀 더 객관적으로 보게 되고, 미숙함의 결정적인 징후가 나타났을 때 그걸 파악할 수 있다. 감정이 미숙한 사람들에게 효과적인 방법과 효과가 없는 방법, 그들 때문에 생기는 감정적 고통으로부터 자신을 보호하는 방법도 배운다. 이런 방법들을 통해 새로운 마음의 평화와 자신감을 얻을 수 있다.

9장에서는 이 접근법을 사용한 후, 새로운 자유와 온전한 자아를 경험한 사람들에 대해 듣게 될 것이다. 그들의 이야기는 부모의 미숙함이 야기한 죄책감과 혼란에서 마침내 벗어나면 어떤 기분이 드는지 알게 해준다. 오롯이 자신을 계발하는 데만 집중하면 정서적으로 미성숙한 관계에서 벗어날 수 있다.

10장에서는 여러분을 친절하게 대하는 정서적으로 안전하고 신뢰할 수 있는 사람을 어떻게 식별하는지 설명한다. 이건 정서적으로 미성숙한 부모 밑에서 자란 성인 자녀들에게 흔히 나타나는 자기 패배적인 대인 관계 행동을 바꾸는 데도 도움이 될 것이다. 관계에 대한 이런 새로운 접근법을 이용하면 감정적인 외로움은 과거의 일이 될 수 있다.

이 책을 읽고 나면 감정적 미숙의 징후를 찾아낼 수 있고 자기가 왜 자주 외로움을 느끼는지 이해할 수 있다. 감정이 미숙한 사람들과 정서적인 친밀감을 추구했을 때 왜 한층 가까운 관계가 되지 못했는지도 마침내 납득이 될 것이다. 남을 조종하는 데 능하고 상대방의 호의에 보답할 줄 모르는 사람들의 감정적인 인질이 되게 만드는, 과도하게 발달된 공감 능력을 관리하는 방법도 배우게 된다. 마지막으로, 진정한 감정적 친밀감을 느끼면서 만족스러운 의사소통을 할 수 있는 사람들을 알아보는 능력을 얻게 된다.

이 주제에 관한 다년간의 독서와 연구를 통해 얻은 결과물과 실제로 내가 상담한 상담자들의 흥미로운 이야기를 여러분과 공유하게 되어 기쁘다. 나는 심리학자라는 직업을 택한 후로 줄곧 이 주제를 이해하기 위해 노력해왔다. 부모들을 객관성이 미치는 범위 너머에 두는 사회적인 고정 관념에 가려져 위대한 진실이 눈에 보이지 않는 것 같다. 그렇기에 더욱, 내가 함께한 수많은 이들을 통해 몇 번이나 재확인된 내용과 결론을 여러분에게 전하게 되어 기쁘다.

내 희망은 정서적으로 미성숙한 부모 때문에 자녀들이 느끼는 혼란과 정서적 고통에서 벗어날 수 있도록 돕는 것이다. 만약 이 책이 여러분의 정서적 외로움을 이해하는 데 도움이 되거나 보다 깊은 감정적 연결과 보람 있는 친밀감을 형성하도록 도와준다면, 나는 임무를 완수한 것이다. 이 책이 여러분 자신을 다른 사람의 조작에 좌우되지 않는 가치 있는 사람으로 바라보는 데 도움이 된다면, 나는 내 할 일을 다 한 것이다. 여러분이 지금부터 읽게 될 내용에 대해 많은 의심을 품어왔다는 걸 알고 있다. 나는, 여러분의 생각이 처음부터 옳았다고 말하고 싶다.

그러니, 여러분이 바라는 일들이 모두 이루어지길.

정서적으로
미성숙한
부모가

성인이 된
자녀의
삶에
미치는
영향

다른 사람과의 정서적 친밀감을 충분히 느끼지 못하면 정서적인 외로움을 느끼게 된다. 그 외로움은 자기 자신에게만 몰입하는 부모에게 정서적인 보살핌을 받지 못해 어린 시절 시작될 수 있고, 타인과의 감정적 연결이 끊긴 성인기에 나타날 수도 있다. 이런 감정을 평생 느껴왔다면, 어린 시절에 감정적인 반응을 충분히 얻지 못했을 가능성이 있다.

정서적으로 미성숙한 부모가 있는 가정에서 자라는 건 외로운 경험이다. 이런 부모는 겉으로는 완벽하게 정상적으로 보인다. 평범하게 행동하면서 자녀의 신체적 건강을 돌보고 식사와 안전한 환경을 제공한다. 하지만 자녀와 확실한 정서적 유대를 맺지 않으므로 자녀가 진정으로 안도감을 느껴야 하는 자리에 커다란 구멍이 뚫려버린다.

다른 사람이 자기를 봐주지 않아서 생기는 외로움은 몸에 입은 상처만큼이나 근본적인 고통을 안겨주지만, 겉으로는 잘 드러나지 않는다. 정서적 외로움은 막연하고 개인적인 경험이라서 보여주거나 설명하기가 쉽지 않다. 여러분은 그걸 '공허함' 또는 '세상에 혼자 있는 기분'이라고 할지도 모른다. 어떤 사람은 이 감정을 실존적 고독이라고 말하기도 하지만, 거기에 실존하는 건 아무것도 없다. 이런 감정을 느낀다면, 그건 가족에게서 비롯된 것이다.

아이들은 부모와의 관계에 정서적 친밀감이 부족해도 그걸 알아차릴 방법이 없다. 아직 이런 개념이 없기 때문이다. 그리고 자기 부모가 정서적으로 미숙하다는 걸 이해할 가능성은 더 낮다. 그저 본능적인 공허감만 느끼게 되는데, 이것이 아이들이 외로움을 겪는 방식이다. 성숙한 부모를 둔 아이는 부모에게 가서 애정 어린 관계를 확인하기만 해도 외로움이 해소된다. 하지만 부모가 깊은 감정을 느끼는 것을 두려워하면, 아이는 위로를 원하는 걸 부끄러워하고 불편한 기분을 느끼게 된다.

정서적으로 미성숙한 부모가 키운 자녀가 성장하면 표면적으로는 정상적인 성인처럼 생활할지 몰라도 내면 깊은 곳의 공허감은 그대로 남아 있다. 이들이 저도 모르게 충분한 정서적 유대감을 느낄 수 없는 관계를 택하면 성인이 된 뒤에도 그 외로움은 계속된다. 학교에 다니고, 일을 하고, 결혼해서 아이들을 키울 수도 있지만 그러는 동안에도 내내 심각한 정서적 고립감에 시달릴 것이다. 이 장에서는 사람들이 겪는 정서적 외로움을 살펴보고, 이들이 자기에게 부족한 게 뭔지 깨닫고 그걸 변화시키는 방법을 터득하는 데 있어 자기 인식이 어떤 도움이 되는지 알아볼 것이다.

정서적
친밀감

정서적 친밀감은 자기에게는 무슨 말이든 다 할 수 있고, 어떤 감정이든 다 쏟아낼 수 있는 사람이 있다는 걸 아는 것과 관련이 있다. 말이나 주고받는 표정으로, 혹은 유대감을 느끼며 조용히 같이 있는 것으로 타인에게 자신의 모든 걸 드러내도 안전하다고 느끼는 것이다. 정서적 친밀감은 깊은 충만감을 주며 상대가 자신의 진짜 모습을 봐준다는 느낌이 들게 한다. 이 감정은 상대방이 여러분을 판단하려는 게 아니라 잘 알려고 노력할 때만 생길 수 있다.

어릴 때는 양육자와의 정서적 유대감이 안전의 기반이 된다. 감정적으로 아이에게 신경을 쓰는 부모는, 아이들이 항상 의지할 사람이 있다고 느끼게 해준다. 이런 안도감을 느끼려면 부모와의 진정한 감정적 상호작용이 필요하다. 정서적으로 성숙한 부모는 아이와 늘 높은 수준의 감정적 유대감을 유지한다. 그들은 본인의 감정뿐 아니라 다른 사람의 감정도 편안하게 받아들일 수 있는 자기 인식을 발전시켜왔다.

더 중요한 사실은, 이런 부모는 자녀의 감정 흐름에 익숙해서 아이의 기분을 금방 알아차리고 그들의 감정을 관심 있게 받아들인다는 것이다. 아이는 위로를 구할 때든 즐거운 일을 함께 나눌 때든, 부모와 안전하게 연결되어 있다고 느낀다. 성숙한 부모는 자기가 아이들과 어울리는 걸 좋아한다는 사실을 아이가 느끼게 하고, 감정적인 문제를 부모에게 이야기해도 괜찮다고 여기게 한다. 이런 부모는 활발하고 균형 잡힌 정서적 삶을 영위하며 아이에 대한 관심과 흥미가 한결같이 유지된다. 정서적으로 신뢰할 수 있다는 뜻이다.

정서적
외로움 _____

반면 정서적으로 미성숙한 부모는 본인의 일에만 정신이 팔려서 자녀가 내면적으로 어떤 일을 겪는지 알아차리지 못한다. 게다가 이들은 감정을 무시하고 정서적 친밀감을 두려워한다. 이런 부모는 아이들의 정서적 욕구를 불편해하기 때문에 아이를 어떻게 정서적으로 뒷받침해줘야 하는지 모른다. 그들은 자녀가 속상해하면 본인이 불안해지거나 화가 나서 아이를 달래주기는커녕 벌을 줄지도 모른다. 이런 반응은 부모에게 손을 뻗으려는 아이의 본능적인 충동을 가로막고 정서적인 접촉을 차단한다.

여러분의 부모 중 어느 한쪽 혹은 두 사람 모두가 여러분을 정서적으로 뒷받침해줄 수 있을 만큼 성숙하지 못했다면 어린 여러분은 그 영향을 받으면서도 무엇이 잘못됐는지는 몰랐을 수 있다. 공허함과 외로움은 자기만의 사적이고 이상한 경험이며, 이 때문에 다른 사람들과 달라졌다고 생각했을지도 모른다. 어렸던 여러분은 이런 텅 빈 느낌이 적절한 인간적 교류가 부족할 때 나타나는 정상적이고 보편적인 반응이라는 걸 몰랐다. '정서적 외로움'은 그 용어 자체에 치료법이 제시되어 있다. 여러분의 감정에 다른 사람이 호의적인 관심을 보여주면 되는 것이다. 이런 외로움은 이상하거나 무의미한 감정이 아니다. 타인의 공감을 충분히 받지 못하고 자랐을 때 생기는 예측 가능한 결과다.

정서적 외로움에 대해 좀 더 상세히 이해하기 위해, 어릴 때부터 느낀 이런 감정을 생생하게 기억하고 설명해주는 두 사람의 사례를 살펴보자.

데이비드의 이야기

내게 상담을 받으러 온 데이비드에게 그런 가족들 틈에서 자라 외로웠겠다고 말하자, 그는 이렇게 대답했다. "정말 믿을 수 없을 정도로 외로웠고, 완전히 고립된 기분이었어요. 제 존재 자체가 늘 그런 식이었기 때문에 그게 정상인 줄 알고 살았죠. 우리 가족은 모두 서로에게서 분리되고 정서적으로도 고립되어 있었어요. 우리는 접점이 전혀 없는 평행한 삶을 살았지요. 고등학교에 다닐 때는 주변에 아무도 없는 망망대해에 떠 있는 느낌에 익숙해졌어요. 집에서는 늘 그런 기분이었거든요."

그가 느낀 외로운 감정에 대해 자세히 묻자 이렇게 말했다. "공허하고 마치 아무것도 존재하지 않는 듯한 기분이에요. 다른 사람들은 그런 감정을 느끼지 않는다는 걸 알 도리가 없었죠. 저는 일상적으로 느끼는 감정이었으니까 말입니다."

론다의 이야기

론다도 7살 때 부모님과 손위형제 3명과 함께 가족들이 살던 낡은 집 바깥에 세워진 이사 트럭 옆에 서서 이와 유사한 고립감을 느낀 적이 있다. 자기 가족과 함께 있었지만, 아무도 그녀와 접촉하지 않왔기 때문에 완전히 혼자인 듯한 기분을 느꼈다. "가족들과 함께 서 있었지만, 아무도 왜 이사를 가는 건지 설명해주지 않았어요. 지금 무슨 일이 벌어지고 있는지 이해하려고 애쓰면서 정말 혼자인 기분이 들었습니다. 가족들과 함께였지만, 같이 있는 느낌이 나지 않았어요. 진이 다 빠진 듯한 기분으로, 어떻게 혼자 이 일에 대처해야 하나 생각했지요. 어떤 질문도 할 수 없다는 느낌이었습니다. 가족 중 누구하고도 이야기를 나눌 수가 없었어요. 극심한 불안감 때문에 어떤 얘기도 꺼낼 수가 없었고요. 그래서 혼자 이 상황에 대처해야만 한다는 걸 알았습니다."

정서적 외로움 안에 감춰진 메시지

사실 이런 종류의 정서적인 고통과 외로움은 건전한 메시지라고 할 수 있다. 데이비드와 론다는 불안감을 느끼면서 자기들에게 감정적인 접촉이 절실히 필요하다는 사실을 알게 되었다. 하지만 부모가 이들의 감정을 알아차리지 못했기 때문에, 어린 이들이 할 수 있는 일은 본인의 감정을 마음속에 묻어두는 것뿐이었다. 다행스러운 점은, 자신의 감정을 억누르지 않고 귀를 기울이기 시작하면 다른 사람들과 진정한 관계를 맺을 수 있게 이끌어준다는 사실이다. 자기가 느끼는 정서적 외로움의 원인을 알아내는 것은 보다 만족스러운 관계를 맺기 위한 첫걸음이다.

아이들이 정서적 외로움을 극복하는 방법

정서적 외로움은 매우 고통스럽기 때문에 이런 감정을 느끼는 아이는 부모와 어떤 식으로든 관계를 맺으려고 필요한 일은 뭐든 다 한다. 그 과정에서 아이들은 관계에 받아들여지는 대가로 다른 사람의 욕구를 우선시하는 법을 배울 수도 있다. 다른 사람이 자기를 지지해주거나 관심을 보여주기를 기대하기보다는, 자기는 정서적 욕구가 별로 크지 않다고 모두를 확신시키면서 다른 사람을 돕는 역할을 맡는 것이다. 안타깝게도 이런 태도 때문에 더 큰 외로움을 느끼기도 한다. 본인의 가장 절실한 욕구를 가려버리면 타인과 진정한 관계를 맺을 수 없기 때문이다.

부모의 적절한 지원이나 관계 형성이 이루어지지 않아 정서적으로 불우한 아이들은 대부분 하루빨리 유년기에서 벗어나기를 갈망한다. 이들은 빨리 자라서 자립하는 것을 가장 좋은 해결책으로 여긴다. 이런 아이들은 나이에 비해 뛰어난 능력을 갖추게 되지만 속으로는 여전히 외로워한다. 때 이르게 성인기에 접어들어 최대한 빨리 일자리를 구하고 활발한 성관계를 맺으며 일찍 결혼하거나 군에 입대하는 경우도 많다. 마치 '난 이미 나 자신을 돌보고 있으니, 빨리 성장한 것의 이점을 누리는 편이 나아'라고 말하는 듯하다. 이들이 하루빨리 성인이 되기를 고대하는 이유는, 성인이 되면 자유를 얻고 소속감을 느낄 기회가 생기리라고 믿기 때문이다. 하지만 집을 떠나는 데 급급해서 성급하게 서두른 아이들은 애석하게도 자기와 어울리지 않는 사람과 결혼하거나, 남에게 착취당하는 삶을 견디거나, 주는 것보다 빼앗아가는 게 더 많은 직장에 계속 다니게 될 수도 있다. 감정적으로 외로운 관계에 안주하는 일도 많은데, 어린 시절에 집에서 늘 그랬기에 그게 정상적으로 느껴지기 때문이다.

과거가
반복되는 이유

감정적으로 미숙한 부모와 정서적 유대감이 부족한 게 그토록 고통스러운 일이라면, 어째서 성인이 된 뒤에도 비슷하게 좌절감을 안겨주는 관계를 맺는 이들이 그렇게 많은 걸까? 우리 뇌의 가장 원시적인 부분은 익숙함 속에서 안전을 추구할 수 있다는 걸 알려준다 (Bowlby, 1979). 우리는 직접 경험해본 상황에 이끌리는데, 왜냐하면 그런 상황에서는 어떻게 대처해야 하는지 알기 때문이다. 어릴 때는 자기 부모의 한계를 알아차리지 못한다. 본인의 부모를 미숙하거나 결점 있는 사람으로 여기는 건 누구에게나 두려운 일이다. 하지만 안타깝게도 자신의 부모에 대한 고통스러운 진실을 부정하는 바람에, 향후 맺게 된 관계에서도 비슷한 상처를 주는 사람들을 알아보지 못하게 된다. 현실 부정으로 인해 다음에 또다시 같은 일이 생기리라는 걸 깨닫지 못하고 똑같은 상황을 반복하는 것이다. 소피의 이야기는 이런 역학 관계를 잘 설명해준다.

소피의 이야기

소피는 제리와 5년 동안 사귀었다. 그녀는 간호사라는 안정된 직업을 갖고 있었고, 한 사람과 장기적인 관계를 유지하게 된 것을 행운이라고 여겼다. 32살인 소피는 이제 결혼을 하고 싶었지만 제리는 서두르지 않았다. 그가 생각하기에는 지금의 상태가 모든 면에서 완벽했다. 제리는 재미있는 사람이었지만 정서적인 친밀감을 원치 않는 것 같았고, 소피가 감정적인 주제를 꺼내면 대개 마음의 문을 닫았다. 소피는 심한 좌절감을 느꼈고 뭘 어떻게 해야 할지 알아내기 위해 상담을 받았다. 이건 까다로운 딜레마였다. 그녀는 제리를 사랑했지만 아이를 낳아 가족을 이룰 수 있는 시간은 점점 줄어들고 있었다. 소피는 또 제리에게 너무 많은 것을 요구한다는 생각에 죄책감을 느끼고 걱정도 됐다.

어느 날 제리가 첫 데이트 때 갔던 레스토랑에 가자고 제안했다. 그가 제안하는 방식이 평소와 달라, 혹시 제리가 청혼하려는 것이 아닐까 하는 생각이 들었다. 소피는 흥분을 감추려고 애쓰면서 간신히 저녁 식사를 끝마쳤다.

아니나 다를까, 식사가 끝나자 제리는 상의 주머니에서 작은 보석 상자를 꺼냈다. 그가 리넨 식탁보 위로 상자를 밀어주자, 소피는 거의 숨도 쉬지 못할 정도가 되었다. 하지만 상자를 열자 반지는 없고 물음표가 적힌 작은 종잇조각 한 장이 들어 있었다. 소피는 무슨 영문인지 알 수가 없었다.

제리는 소피를 보며 씩 웃었다. "이제 친구들에게 내가 드디어 '청혼'했다고 말할 수 있겠네!"

"지금 청혼하는 거 맞아?" 소피는 당황스러워하면서 물었다.

"아니, 그냥 농담이야. 이해하지?"

소피는 충격을 받고 격분했으며 깊은 상처를 받았다. 어머니에게 전화를 걸어 이 일에 대해 얘기하자, 어머니는 사실상 제리의 편을 들면서 그냥 재미있는 농담일 뿐이니까 화를 내면 안 된다고 말했다.

솔직히, 나는 두 사람의 관계에서 이런 행동이 좋은 농담거리가 될 수 있는 정황은 하나도 떠오르지 않았다. 이것은 사람의 기를 꺾는 모욕적인 행동이다. 하지만 소피가 나중에 깨달은 것처럼, 그녀의 어머니와 제리는 다른 사람들의 감정에 둔감하다는 점에서 공통된 부분이 많았다. 소피는 그들에게 자신의 감정을 얘기하려고 할 때마다 모든 노력이 무용지물이라는 느낌을 받았다.

소피는 상담을 받으면서 자기 어머니의 공감 능력 부족과 제리의 정서적 둔감함이 매우 유사하다는 것을 느끼기 시작했다. 그녀는 제리와 관계를 맺으면서 자기가 어린 시절 느꼈던 정서적 외로움을 다시 느꼈다는 걸 깨달았다. 소피는 이제 제리의 정서 장애에 대한 좌절감이 결코 새로운 게 아니라 어릴 때부터 계속 느껴오던 감정이라는 걸 안다. 그렇게 평생, 남들과 제대로 관계를 맺지 못한 기분을 느껴온 것이다.

불행에 대한
죄책감　　　　　　　　　　————————

　　내 마음속에는, 모든 면에서 완벽하게 처신해 남들이 보기에는 아무 문제도 없다고 생각되는 소피 같은 사람들을 위한 특별한 장소가 마련되어 있다. 사실 이들은 자신이 지닌 능력 때문에 본인의 고통을 진지하게 받아들이기가 어렵다. 이들은 "나는 원하는 걸 다 갖고 있다"고 말하기 쉽다. "그러니 나는 행복해야만 한다. 그런데 왜 이렇게 비참한 기분이 드는 걸까?" 이는 어린 시절에 정서적인 욕구는 무시된 채 신체적인 욕구만 충족된 사람들이 전형적으로 겪는 혼란이다.

　　소피 같은 사람은 불평을 늘어놓는 것에 죄책감을 느끼는 일이 많다. 남녀 할 것 없이 자기가 감사해야 하는 일들을 쭉 나열하고, 덧셈 문제를 풀듯이 다 더해서 그 총합이 플러스이기만 하면 자기 인생에는 잘못된 일이 전혀 없는 것처럼 행동한다. 하지만 이들은 자신은 근본적으로 혼자이고 가장 가까운 이들과의 관계에서 갈망하는 감정적 친밀감을 충족시킬 수 없다는 느낌을 떨쳐버릴 수가 없다.

　　나를 만나러 올 때쯤이면, 이들 가운데 일부는 파트너를 떠날 준비를 하거나 자기에게 필요한 걸 어느 정도 제공해주는 불륜 관계를 맺고 있는 상태다. 반대로 낭만적인 관계를 완전히 회피하면서 감정적인 몰입을 어떻게든 피해야 하는 올가미로 여기는 사람들도 있다.

그런가 하면, 자녀들을 위해 부부 관계를 유지하기로 결심하고 분노와 억울한 기분을 덜 느끼는 방법을 배우고 도움을 받기 위해 상담소를 찾는 이들도 있다.

이렇게 내 사무실을 찾는 이들 가운데 만족스러운 정서적 친밀감의 부족이 어린 시절부터 시작되었다고 여기는 이들은 거의 없다. 이들은 대부분 자기가 어떻게 행복하지 않은 삶을 살게 되었는지 잘 모른다. 그들은 인생에서 이보다 더 많은 걸 원하는 것은 이기적이라는 생각에 고민한다. 소피가 처음에 말한 것처럼, "어떤 관계든 늘 좌절을 겪게 마련이죠. 그렇지 않나요?" 하며 말이다.

그녀의 말은 일부분만 맞다. 좋은 관계에는 어느 정도의 노력과 관용이 필요하다. 하지만 단순히 주목받는 데에도 노력이 필요하다면 그건 곤란하다. 정서적인 관계를 맺는 건 쉬워야만 하는 일이다.

정서적인 외로움은 성별을 초월한다 _____

심리치료를 받는 사람들은 여전히 남성보다 여성이 많지만, 1차적인 관계에서 외로움을 느낀다는 동일한 문제에 직면한 남성들도 많이 상담해봤다. 우리 문화권은 남성이 여성에 비해 정서적인 욕구가 더 적다고 주장하기 때문에, 어떤 면에서 보면 이건 남성에게 더욱 가슴 아픈 일이 될 수도 있다. 하지만 자살과 폭력 비율을 보면 이런 주장이 사실이 아님을 알 수 있다. 남자들 쪽이 감정적인 고뇌를 느낄 때 폭력적이 되거나 자살할 가능성이 더 크다. 정서적인 친밀함이나 소속감, 상냥한 관심이 부족하면 남자들도 여자들만큼 공허한 느낌을 받지만, 그걸 드러내는 걸 꺼린다. 하지만 정서적인 유대감은 성별에 관계없는 인간의 기본적인 욕구다.

부모와 감정적으로 교감할 수 없다고 느끼는 아이들은 부모가 자기에게 원한다고 생각되는 어떤 역할을 수행하는 방법으로 부모와의 관계를 강화하려고 노력한다. 이런 방법으로 일시적인 인정은 받을 수 있을지 몰라도 진정한 친밀감을 얻지는 못한다. 아이가 자기를 기쁘게 하는 일을 한다고 해서 정서적으로 단절된 부모의 감정이입 능력이 갑자기 발달하는 것은 아니기 때문이다.

남녀 상관없이 어린 시절에 감정적 교감이 충분치 못했던 이들은 누군가가 자신을 있는 모습 그대로 받아들여 관계를 맺고 싶어한다는 걸 믿지 못한다. 누군가와 친밀해지고 싶다면 자기는 늘 그 사람을 우선시하는 역할을 해야 한다고 믿는다.

제이크의 이야기

제이크는 최근에 정말 사랑받는다는 기분을 느끼게 해준 발랄한 여성 케일라와 결혼했다. 결혼할 당시에는 무척 행복했지만 지금은 매우 우울한 기분을 떨쳐낼 수가 없다. "난 행복해야 마땅합니다." 제이크는 이렇게 말했다. "세상에서 가장 운 좋은 남자니까요. 그래서 그녀가 원하는 사람이 되려고 열심히 노력하고 있습니다. 하지만 실제보다 더 낙관적인 모습을 보이려고 억지로 연기를 하는 기분이에요. 가짜 인생을 사는 기분이라 정말 싫어요."

그래서 제이크에게 케일라 옆에서는 어떤 사람이 되어야 한다고 생각하는지 물어봤다.

"그녀처럼 정말 행복한 사람이 되어야죠. 그녀가 사랑받는다는 기분을 느끼고 늘 행복하게 해줘야 합니다. 그렇게 되어야만 해요." 제이크는 동의해주기를 기대하며 내 쪽을 바라봤지만, 나는 가만히 그의 다음 말을 기다렸다. 그가 계속 말을 이었다. "케일라가 퇴근해서 집에 돌아오면 행복하고 즐거운 모습을 연기하려고 애쓰지만, 그건 내가 실제로 느끼는 감정과 다릅니다. 이젠 진이 다 빠졌어요."

나는 케일라에게 그가 느끼는 압박감을 솔직하게 털어놓는다면 어떤 일이 생길 것 같으냐고 물었다. 그러자 제이크는, "그녀에게 이 문제를 얘기하면 엄청나게 충격을 받고 화를 낼 거예요"라고 했다.

나는 제이크에게 그가 솔직한 심정을 털어놓았던 일이 과거에 누군가를 화나게 했을 수도 있지만, 케일라가 그렇게 반응할 것 같지는 않다고 말했다. 그가 하는 말은 케일라보다는, 사람들이 자기가 원하는 대로 행동하지 않으면 금세 화를 냈던 그의 성난 어머니에 대해 들려주었던 얘기와 더 비슷했다.

케일라와 안정적인 관계를 맺은 제이크는 긴장을 풀고 자기 본연의 모습대로 행동하고 싶다는 유혹을 느꼈지만, 열심히 노력하는 걸 멈춘다면 지금의 관계가 악화될 것이라고 확신했다.

제이크에게 이 안전하고 새로운 관계가 마침내 그의 본모습을 사랑받을 기회를 줄지도 모른다고 말하자, 그는 자신의 정서적 욕구에 대한 언급을 불편해했다. 그는 당황한 듯한 표정으로 말했다. "그렇게 말씀하실 때마다 내가 가련하고 궁지에 몰린 사람이 된 기분이에요." 제이크는 어릴 때 어머니에게서, 정서적인 욕구를 드러내는 건 그가 약하다는 뜻이라는 메시지를 받았다. 게다가 어머니가 원하는 대로 행동하지 않으면 무능하고 사랑 받을 자격이 없다고 느꼈다.

제이크는 결국 본인의 감정을 이해하고 케일라에게 보다 진실한 모습을 보일 수 있게 되었고, 케일라는 제이크를 완벽하게 받아들였다. 그 과정에서 그는 자기가 어머니에게 얼마나 분노를 느끼고 있는지 깨닫고 깜짝 놀랐다. "내가 얼마나 어머니를 싫어하는지 믿을 수 없을 정도입니다." 제이크는 누군가가 정당한 이유 없이 여러분을 통제하려고 할 경우 그를 증오하는 게 정상적이고 무의식적인 반응이라는 걸 몰랐다. 그건 그 사람이 여러분의 희생을 바탕으로 자신의 욕구를 충족시키면서, 여러분의 감정적인 생명력을 소멸시키고 있다는 신호다.

부모를 돌보느라 갇혀 있는 듯한 기분

사람들이 깊은 정서적 외로움을 느끼는 건 낭만적인 관계에서만 나타나는 현상이 아니다. 비슷한 사연을 지닌 독신자들과의 상담에서도 그들이 성인기에 맺은 불행한 관계는 부모나 친구들로 인한 것이었다. 그들에게 부모와의 관계는 너무 소모적이라서 낭만적인 관계를 추구할 만한 감정적 힘이 남아 있지 않고, 그걸 원하지도 않는다. 부모와의 경험을 통해, 관계란 버려지는 느낌과 부담감을 동시에 받는 것이라는 걸 배웠다. 이런 사람들에게 관계는 덫처럼 느껴진다. 그들은 자기를 소유물인 양 대하는 부모 때문에 이미 바쁘다.

루이스의 이야기

20대 후반의 교사인 루이스는 자기를 통제하는 어머니에게 완전히 지배당하는 기분이었다. 예전에 경찰로 일했던 무뚝뚝한 어머니는 루이스가 같이 살면서 자기를 돌봐주기를 원했다. 어머니의 요구가 너무 지나쳐서 루이스는 자살 충동을 느끼기 시작했다. 루이스의 치료사는 어머니의 통제에서 벗어나는 것에 그녀의 인생이 달려 있다고 단도직입적으로 말했다. 루이스가 어머니에게 집을 나가겠다고 말하자, 어머니는 "그렇게는 안 될 거다. 넌 자신의 행동을 끔찍이 후회하게 될 거야. 그리고 난 너 없이는 살아갈 수가 없어"라고 말했다. 다행히 루이스는 있는 힘을 다해 자기만의 독립적인 삶을 일구었다. 그 과정에서, 그녀는 죄책감은 충분히 감당할 수 있는 감정이고 본인의 자유를 위해 지불해야 하는 작은 대가라는 사실을 깨달았다.

자신의 본능을 믿지
못하는 것

정서적으로 성숙하지 못한 부모는 자기 아이의 감정과 본능을 인정하는 방법을 모른다. 이런 인정을 받지 못한 아이들은 다른 사람이 확신하는 듯한 사실에 굴복하는 법을 배우게 된다. 어른이 되면 본인이 별로 원치 않는 관계를 묵인할 정도로 자신의 본능을 부정하게 될 수도 있다. 설상가상으로 그 관계를 원만하게 이끌어가는 책임이 본인에게 있다고 믿는다. 자기가 그 관계를 유지하기 위해 그토록 열심히 노력하는 이유를 합리화하기도 한다. 배우자와 잘 지내려고 날마다 발버둥치는 게 정상적인 일인 것처럼 말이다. 어떤 관계에서든 의사소통과 유대감을 유지하기 위한 노력은 필요하지만, 그게 보람도 없이 계속 이어지기만 해서는 안 된다.

사실 파트너들이 잘 어울리는 경우에는 서로의 감정을 이해하고 긍정적인 태도로 상대방을 지지해주므로 힘든 관계가 아니라 주로 즐거운 관계가 유지된다. 파트너를 보면서 전반적으로 행복감을 느끼거나 함께 시간을 보내기를 기대하는 건 결코 무리한 일이 아니다. "모든 걸 다 가질 수는 없다"고 말하는 사람은, 결국 자기에게 필요한 걸 얻지 못했다는 뜻이다.

인간인 여러분은 자기가 언제 감정적으로 만족을 느꼈는지 명확하게 알 수 있다. 부족함 없이 가득 채워진 상태가 언제인지도 안다. 여러분은 끊임없는 요구를 받아들이는 무한한 나락이 아니다. 뭔가가 빠졌을 때 그 사실을 알려주는 내면의 메시지를 신뢰해야 한다.

하지만 자신의 감정을 무시하라는 교육을 받았다면, 외적으로 모든 게 괜찮아 보일 때 불평을 늘어놓는 데에 죄책감을 느낄 것이다. 살 곳이 있고, 정기적인 급료와 충분한 음식, 그리고 파트너나 친구가 있다면 통념적으로 "상황이 나빠 봤자 얼마나 나쁘겠느냐?"고 말한다.

대부분의 사람들은 자기가 만족해야 하는 이유를 손쉽게 열거할 수 있고 만족하지 못한다고 인정하는 걸 부끄러워한다. 그리고 '올바른' 감정을 느끼지 못하는 스스로를 자책한다.

메건의 이야기

메건은 대학교 1학년 때 사귀던 남자친구와 두 번 헤어졌다가 다시 만나면서 임신을 하게 되었다. 남자친구는 메건과 결혼하고 싶어했지만, 메건은 그와의 관계를 유지하는 게 바람직하지 않다고 느꼈다. 하지만 메건의 부모는 부유한 가정 출신인 그녀의 남자친구에게 푹 빠져 있었기 때문에 그와 결혼하라고 강요했다. 게다가 아기를 임신한 상태이기도 했으므로 결국 메건도 굴복하고 말았다. 그녀의 남편은 성공한 부동산 중개인이 되었고, 덕분에 메건의 부모는 그를 더욱 마음에 들어했다. 세월이 흘러 세 자녀가 마침내 대학에 들어가자 메건은 결혼 생활을 끝낼 준비가 되었지만, 가정을 떠나고 싶어하는 것에 혼란과 죄책감을 느꼈다.

첫 번째 상담에서 메건은 "어떻게 내 생각을 표현해야 할지 모르겠다"고 말했다. 그녀의 남편과 부모는 메건이 현재 상황에 만족하지 못하는 이유를 이해하지 못했고, 그녀도 본인의 감정을 옹호할 말을 찾을 수가 없었다. 메건이 더듬거리며 자기 감정을 설명할 때마다 그들은 왜 그녀의 생각이 틀렸는지 몇 가지 이유를 대면서 반박했다. 다른 사람이 자기 말을 들어주지 않는다거나, 감정과 요구가 묵살된다거나, 남편과 같이 있는 게 즐겁지 않다 같은 메건의 불평은 감정적이라면서 그녀가 말하는 이유들을 무시한 것이다. 메건은 자기와 남편은 사회적으로나 성적으로, 그리고 여러 가지 활동 면에서도 서로 맞지 않는다는 걸 설명하려고 했다.

메건의 진짜 문제는 자기 생각을 어떻게 표현해야 할지 모르는 게 아니라 메건의 가족이 그녀의 말을 들으려고 하지 않는다는 것이었다. 남편과 부모는 그녀를 이해하려고 하지 않고 그녀가 잘못 생각하고 있다고 납득시키는 데만 열중했다.

메건은 본인의 정서적 욕구가 맹세와 약속보다 중요한 위치를 차지하는 것에 당황했고 죄책감을 느꼈다. 하지만 내가 그녀에게 지적한 것처럼, 맹세와 약속은 관계를 지속시키는 연료가 아니다. 관계는 정서적 친밀감이 안겨주는 즐거움, 즉 누군가가 시간을 들여 여러분의 경험을 귀담아 듣고 이해할 만큼 관심을 가져준다는 느낌에 의해 지속된다. 그런 즐거움을 느끼지 못하는 관계는 잘 될 수가 없다. 상호간의 정서적 반응성은 인간관계에 있어서 가장 중요한 요소다.

메건은 남편 곁을 떠나고 싶어하는 자신이 나쁜 사람인 걸까 하고 걱정했다. 감정적으로 보상받지 못하는 관계를 더 이상 참을 수 없을 때, 그 관계에서 벗어나고 싶다는 욕망을 어떻게 규정할 수 있을까? 그들은 이기적이고 충동적이고 냉정한 사람인 걸까? 너무 일찍 포기했거나 부도덕한 걸까? 지금까지 계속 참아왔다면 왜 좀 더 참지 못하는 걸까? 왜 평지풍파를 일으킬까?

하지만 사실 그들은 너무 오랫동안 참아왔다. 아마 메건처럼 오랜 세월 남편과 부모의 기대에 부응하려고 애쓰느라 가지고 있는 기력을 다 소진해버렸을 것이다. 메건은 계속해서 자신의 감정을 설명하고, 자기가 얼마나 불행한지 말하려고 애썼다. 남편에게 편지를 써서 그를 설득하려는 시도도 여러 번 해봤다. 하지만 남편도 부모도 그녀의 호소에 귀를 기울이지 않았다. 오히려 자기들이 그녀에게 바라는 게 뭔지 말하는 방식으로 응수했는데, 이것은 정서적으로 미성숙한 사람들이 흔히 드러내는 자기중심적인 반응이다.

다행히 메건은 자신의 감정을 진지하게 받아들이기 시작했다. 그리고 남편과 부모가 메건의 감정과 관련 없는 논쟁으로 그녀의 감정적 욕구를 부정하게 내버려두는 걸 그만뒀다. 결국 메건은 자기가 관계에서 진정으로 원하는 게 뭔지 깨닫고는 수줍게 말했다. "누군가에게 가장 중요한 사람이 되고 싶어요. 나와 함께 있고 싶어하는 사람을 원해요." 그리고 혼란스러운 표정을 지으면서 말했다. "너무 많은 걸 바라는 걸까요? 정말 모르겠네요." 메건은 어릴 때부터 특별한 존재로 사랑받는 기분을 느끼고 싶다는 자연스러운 욕망이 이기적인 것이라고 배우며 자랐다. 결혼 생활 내내 메건의 남편은 그녀가 너무 많은 걸 바라며 기대치가 너무 높다고 말함으로써 이런 믿음을 한층 더 강화시켰다. 그가 메건에 대해 본인보다 더 잘 안다고 생각하는 걸 그만두게 하기 전까지는 말이다.

부모의 거절로 인한
자신감 부족

부모가 자녀를 거부하거나 감정적으로 방치하는 경우, 아이들은 다른 사람들도 자기를 그렇게 대할 것이라고 예상하면서 자라게 된다. 이들은 다른 사람이 자기에게 관심을 가질 수도 있다는 자신감이 부족하다. 자신감이 낮기 때문에 자기가 원하는 걸 요구하지 못하고 수줍어하며 관심을 끄는 데 어려움을 겪는다. 자신의 요구를 알리려고 하는 것은 다른 사람을 귀찮게 하는 일이라고 확신한다. 안타깝게도 과거에 겪은 거부가 반복될 것이라고 예상함으로써, 이 아이들은 스스로를 억압하고 더욱 큰 정서적 외로움을 조장하게 된다.

이런 상황에 처한 사람들은 다른 이와 상호작용하지 않고 홀로 지내면서 자기만의 감정적 외로움을 만들어낸다. 심리치료사인 나는 부모가 어떻게 그들의 자신감을 손상시켰는지 깨닫고, 타인과 많은 교류를 하기 위해 무언가 새로운 걸 시도할 때 느끼는 불안감을 참아낼 수 있도록 돕는다. 다음에 소개하는 두 개의 이야기가 증명하는 것처럼, 사람들은 누구나 그렇게 할 수 있다. 다만 다른 사람들이 그들의 기분이 좋아지도록 도와준 경험이 많지 않기 때문에 손을 내밀어야겠다는 생각이 떠오르지 않는 것 뿐이다.

벤의 이야기

벤은 거의 평생을 불안감과 우울증에 시달렸다. 벤의 설명에 따르면, 그의 어머니는 벤이 가까이 다가오지도 못하게 하면서 그를 거부했다고 한다. 어머니는 고압적이었고 벤이 집안에서 낮은 서열에 위치하고 있다는 사실을 분명하게 밝혔다. 어린 벤의 요구와 감정은 가족들의 주된 관심사가 아니었고, 그는 어른들이 자기에게 관심을 기울일 준비가 될 때까지 기다려야만 했다.

다행히 벤은 친절하고 다정한 알렉사와 결혼했다. 하지만 그는 왜 그녀가 자기를 남편으로 선택했는지 몰라 당황했다. 벤은 "저는 별로 재미있는 사람이 아닙니다. 알렉사가 왜 저를 좋아하는지 모르겠어요. 물론 아주 보잘것없는 사람은 아니지만 그래도……"라고 말했다. 말꼬리를 흐리는 모습을 통해 스스로를 무시당하기 쉽고 당연하게 받아들여지는 사람으로 생각하고 있다는 걸 알 수 있었다. 벤이 어린 시절에 겪은 어머니의 거부가 그의 자신감을 꺾어놓은 게 분명했다. 게다가 이런 경험 때문에 그는 다른 사람도 자기 어머니처럼 자신의 정서적인 욕구를 불쾌하게 여길 것이라고 확신하고 있었다.

한번은 벤이 상담 중에 자기가 얼마나 불행하고 위축감을 느끼는지 털어놓은 적이 있다. 알렉사에게 그런 기분을 털어놓았는지 물어보자 그는 이렇게 말했다. "아니요. 그럴 수는 없어요. 그녀도 본인 감정에 대처하는 것만으로도 힘들 테니까요. 자기 문제도 하나 처리하지 못해서 쩔쩔매는 얼간이처럼 보이고 싶지는 않네요." 알렉사가 그렇게 행동할 가능성은 낮은 것 같다고 말하자 그도 동의했다. "그녀가 있는 그대로의 저를 사랑한다는 건 압니다. 하지만 저는 나자신을 그렇게 사랑할 수가 없어요."

벤을 적극적으로 지지해주는 알렉사에게 그의 감정을 솔직하게 털어놓는 게 어떻겠느냐고 제안하자, 벤은 자기는 좀 더 자립적인 사람이 되어야 한다고 말했다. "이런 문제쯤은 혼자서 헤쳐 나갈 수 있어야 합니다. 본인의 정서적 욕구를 충족시키는 건 스스로 알아서 해야 할 일 아닌가요?"

정말 쓸쓸한 생각이다. 나는 편안함과 친밀함에 대한 감정적 욕구를 충족시키려면 반드시 다른 사람이 필요하다고 벤에게 말했다. 그게 바로 인간관계의 본질이다.

샬롯의 이야기

샬롯은 '과거에 겪은 부모의 거절'이라는 렌즈를 통해서 현재의 상황을 바라보는 경향과 관련된 또 다른 사례를 제공해준다. 그녀는 공모전에 단편 소설을 투고해보라는 친구의 끈질긴 권유를 마침내 받아들였다. 샬롯은 유능한 신문기자였지만 심사위원들이 자기 작품을 거부할 것이라고 확신했다. 하지만 놀랍게도 그녀는 대회에서 상을 받았다.

상을 받은 샬롯은, 어릴 때 남들 눈에 띠려 한다는 이유로 부모에게 비난받고 수치스러워했던 고통스러운 기억이 떠올랐다. 그녀의 부모는 딸을 정서적으로 뒷받침해주지 못했고 오히려 그녀가 이룩한 일들을 폄하할 구실을 찾아내곤 했다. 이제 샬롯은 자기가 상을 받았다는 사실에 흥분하면서도, 한편으로는 누군가가 자기를 조롱하거나 상을 받을 자격이 없다고 폭로할까 봐 두려웠다. 그래서 주변 사람들과 행복을 나누는 대신, 아무도 이런 일에는 관심이 없을 것이라고 중얼거리면서 그 일을 혼자만 알고 있었다.

성인이 되어 거둔 성공 아래에
깔려 있는 유년기의 외로움

부모의 거절을 겪었다고 해서 반드시 자신감이 낮아지는 것은 아니다. 똑똑하고 회복력이 빠른 일부 사람들은 어떻게든 자신감을 발휘해서 훌륭한 경력을 쌓고 높은 수준의 성취를 이룬다. 이들은 대부분 감정적으로 성숙한 파트너를 찾고, 오랫동안 만족스러운 관계를 유지하며, 자기만의 친밀한 가족을 꾸린다. 하지만 지금의 관계에서 정서적인 욕구가 충족되어도, 어린 시절에 느낀 외로움과 정신적인 충격이 사라지지 않고 계속 남아서 불안감, 우울증, 악몽 같은 방식으로 그들을 괴롭힐 수 있다.

나탈리의 이야기

비즈니스 컨설턴트로 일하면서 업계에서 주는 상까지 받은 나탈리(50세)는 어릴 때 정서적으로 무시당했지만 성인이 된 뒤에는 개인적으로나 직업적으로나 보람 있는 삶을 꾸려가고 있다. 하지만 어릴 때 경험한 정서적 무관심이 지금도 꿈의 형태로 나타나 그녀 곁을 맴돈다고 한다. "계속 같은 주제의 악몽을 꿔요. 절망적인 상황에 처했는데 도저히 빠져나갈 길이 없는 그런 꿈이요. 물론 꿈속에서도 해결책이나 탈출구를 찾으려고 미친 듯이 노력하죠. 다른 길, 다른 열쇠, 다른 문 등. 하지만 그중 어떤 것도 해결책이 되어주지 못해요. 나는 완전히 혼자고, 문제를 해결하려고 노력하는 것도 나밖에 없어요. 다른 사람은 아무도 없거든요. 평소에는 내가 모든 문제를 해결해주기를 기다리면서 지켜보는 많은 이들을 책임지고 있는데, 여기에서는 그 사람들이 나를 전혀 안 도와줘요. 어디서도 위로를 찾을 수가 없는 거죠. 날 보호해주는 게 아무것도 없으니까 안전하지 않아요. 그러다가 잠에서 깨면 심장이 마구 두방망이질치고 있어요."

나탈리의 꿈은 감정적으로 혼자라는 게 어떤 기분인지 잘 보여준다. 그녀는 혼자 힘으로 모든 일을 처리해야 하고, 다른 사람에게 도움을 요청할 생각은 하지도 않는다. 정서적으로 미성숙한 부모를 둔 아이들은 항상 이런 기분을 느끼는 것이다. 이들의 부모는 엄밀히 따지면 옆에 있기는 해도 자녀에게 필요한 도움이나 보호, 위로를 거의 제공해주지 않는다.

나탈리는 지금도 남편과 아이들과 함께 사는 집에서 나이 든 어머니를 모시고 있다. 하지만 그녀가 아무리 노력해도 어머니는 나탈리가 자기를 사랑하거나 충분히 도와준 적이 없다고 계속 불평만 늘어놓는다. 나탈리는 어릴 때부터 어머니의 감정 상태에 책임감을 느꼈다. 그에 비해 정작 나탈리 본인은 어머니를 의지할 수 없었기 때문에 늘 혼자 지냈다. 나탈리 같은 아이들은 작은 어른처럼 자라서 부모를 돕고, 말썽을 전혀 부리지 않으며, 실질적으로 아무것도 필요하지 않은 것처럼 보이는 경우가 많다. 이렇게 유능한 아이들은 스스로를 돌볼 수 있을 듯도 하지만 실제로는 그렇지 못하다. 그런 일은 어떤 아이도 불가능하다. 그들은 손에 쥘 수 있는 감정의 파편에 매달리는 법을 배울 뿐이다. 아무리 부족한 관계라도 아예 없는 것보다는 낫기 때문이다.

하지만 흠잡을 데 없는 정장 차림으로 사무적인 얼굴을 하고 회의실에 성큼성큼 들어서는 나탈리를 보면, 그녀가 어린 시절에 느낀 불안감을 누가 짐작이나 할 수 있겠는가? 나탈리에게는 좋은 남편과 성공한 자녀들, 그리고 친한 친구들이 있다. 그녀는 모든 계층에 속한 사람들과 관계 맺는 법을 알고 있고, 감성 지능도 남들보다 꽤 높다. 나탈리가 꾸는 꿈은 그녀의 내면에 드리워진 커튼을 잡아당겨서 그 안에 남아 있는 감정적인 외로움을 드러낸다. 성인이 된 뒤에는 성취감을 안겨주는 생활을 하게 되었지만, 내면은 여전히 남들의 도움을 받지 못하고 외롭게 살아가는 것에 대한 불안감에 취약한 상태다. 그녀는 50살이 되어서야 어머니와의 관계가 어떻게 자신의 내재된 불안감을 부채질했는지 이해하기 시작했다. 이것은 그녀의 인생에서 가장 의미 있는 발견 중 하나였다. 마침내 자기가 악몽을 꾸는 이유를 알게 된 것이다.

정서적인 유대감 없이 사는 것이 불편하게 느껴지는 이유

사람들이 다른 이들과의 감정적인 관계를 간절히 바라는 것은 다 이유가 있다. 인류의 진화 과정 내내, 무리의 일원이 된다는 것은 곧 보다 확실한 안전과 적은 스트레스를 의미했다. 남들과 떨어져 있는 걸 가장 싫어한 우리 조상들은 다른 이와 가까이 있으면서 안전한 기분을 느끼는 것을 좋아한 덕에 살아남았을 가능성이 높다. 그에 비해 홀로 있는 걸 개의치 않았던 초기 인류는 생존에 도움이 되는 환경보다는 남들과 멀리 떨어져 있는 것에 편안함을 느꼈을지도 모른다.

그러니 깊은 정서적 유대를 갈망할 때 여러분이 느끼는 고통스러운 외로움은 여러분 개인의 경험에서만 유래된 게 아니라 인간의 유전적 기억에서 유래된 것이기도 하다는 걸 기억하자. 우리의 먼 조상도 여러분처럼 정서적인 친밀감에 대한 강한 욕구를 가지고 있었다. 관심과 유대감에 대한 욕구는 인류의 존재만큼 오래되었다. 우리가 외로운 걸 좋아하지 않는 데에는 선사 시대부터 내려온 이유가 있는 것이다.

요약

정서적인 친밀감이 부족하면 아이와 어른 모두 감정적인 외로움을 느낀다. 배려 깊고 믿을 수 있는 감정적 관계는 아이들이 느끼는 안전함의 기초다. 안타깝게도 정서적으로 미성숙한 부모들은 친밀한 관계를 매우 불편해하기 때문에 자녀들에게 필요한 깊은 정서적 유대감을 안겨주지 못한다. 어릴 때 부모에게 무시와 거절을 당하면 성인이 된 뒤에도 자신감이 낮으며, 이는 대인 관계에도 부정적인 영향을 미칠 수 있다. 사람들은 과거의 불만스러운 패턴을 반복하면서 지금 행복하지 못한 것에 대해 스스로를 비난하기 때문이다. 어른이 되어 성공한다고 해도 어릴 때 부모와의 관계가 단절된 데서 생긴 영향이 완전히 없어지는 것은 아니다.
부모의 정서적 미숙함이 자신에게 어떤 영향을 미쳤는지 이해하는 것은, 성인이 된 여러분이 타인과의 관계 속에서 과거를 되풀이하는 것을 피하는 가장 좋은 방법이다.

'정서적으로
미성숙한
부모'란

어떤
사람들인가

자기 부모를 객관적으로 바라보는 건 그들을 배신하는 것처럼 느껴지기도 한다. 하지만 지금 우리의 동기는 그게 아니다. 이 책에서 우리가 하고자 하는 바는 여러분의 부모님에게 무례하게 굴거나 배신하는 게 아니라 마침내 객관적인 시선으로 그들을 바라보는 것이다. 이 책에 나오는 정서적으로 성숙하지 못한 부모들에 대한 이야기는 그들이 한계를 지니게 된 이유를 충분히 이해할 수 있게 하려고 제공되는 것으로 여겨주기 바란다. 차차 알게 되겠지만, 미숙하고 남에게 상처를 주는 그들의 행동은 고의가 아니다. 이런 부분과 여러분 부모의 다른 측면들을 좀 더 냉철하게 바라보면, 여러분 자신과 여러분의 역사를 좀 더 잘 이해할 수 있다.

정서적 미숙을 드러내는 대부분의 징후는 사람이 의식적으로 통제할 수 있는 범위를 벗어나며, 감정적으로 미성숙한 부모들은 대개 자기가 자녀에게 어떤 영향을 미쳤는지 인식하지 못한다. 우리는 이런 부모를 비난하려는 게 아니라, 왜 그들이 그렇게 행동하는지 이해하려는 것이다. 나는 여러분이 이 책을 읽고서 얻게 된 자기 부모에 대한 새로운 통찰력을 통해, 본인에 대한 인식과 감정적인 자유를 증대시키기를 바란다.

다행히 성인인 우리는, 부모님이 우리가 원하는 보살핌과 이해를 정말 줄 수 있는지 여부를 가늠할 수 있는 능력과 독립성을 지니고 있다. 이것을 객관적으로 판단하기 위해서는 부모님의 피상적인 행동 특성뿐만 아니라 그들의 근본적인 감정적 틀도 이해할 수 있어야 한다. 이런 보다 심층적인 특성들을 이해하고, 부모에게 무엇을 기대할 수 있는지, 또 그들의 행동을 어떻게 분류할지를 배우면 그들의 한계 때문에 무심코 피해를 입는 일이 훨씬 줄어들 것이다.

부모님에 대한 생각은 여러분 개인의 것임을 명심하자. 그들은 여러분이 이 책에서 얻은 정보에 대해 전혀 모를 수도 있고, 또 반드시 알아야 하는 것도 아니다. 여러분의 목표는 자기가 겪은 일의 진실을 깨닫고 그걸 통해 자신감을 얻는 것이다. 부모님의 모습을 정확하게 파악한다고 해서 그들을 배신하는 게 아니다. 부모님에 대해 객관적으로 생각하더라도 그들에게 상처를 주지는 않는다. 하지만 여러분에게는 분명히 도움이 된다.

앞장에서 살펴본 것처럼, 정서적으로 성숙하지 못한 부모는 자녀의 자존감과 성인이 된 후의 관계에 파괴적인 영향을 미칠 수 있다. 그 영향은 부모의 정서적 미숙 정도에 따라 경미한 것부터 심각한 것까지 다양하지만, 순수 효과는 동일하다. 아이들은 부모가 자기를 감정적으로 돌봐주지 않는다는 생각에 외로움을 느낀다. 이것은 자기는 사랑받을 자격이 있다는 아이들의 생각을 망가뜨리고, 타인과 정서적 친밀감을 쌓는 것을 과도하게 경계하게 만들 수 있다.

Exercise: 부모의 정서적 미숙도 평가

인간의 정서적 미성숙은 오래전부터 우리의 연구 대상이었다. 하지만 시간이 지나 보험금 환급에 적합한 질환을 정량화하기 위한 질병 모델과 임상 진단에 초점을 맞추면서부터 설 자리를 잃었다. 하지만 (이 장을 읽으면 알게 되겠지만) 사람들에 대한 깊은 이해라는 측면에서 보면, 이 실습을 완료해서 감정적 미숙함을 평가하는 쪽이 훨씬 더 유용할 수 있다.

다음 문장을 읽고 자신의 부모님에게 해당된다고 생각되는 내용에 체크한다.

☐ 우리 부모님은 비교적 사소한 일에도 과민 반응을 보이는 경우가 많았다.

☐ 우리 부모님은 공감이나 정서적인 인식을 별로 드러내지 않았다.

☐ 우리 부모님은 정서적 친밀감과 감정을 불편해하는 듯했고 잘 표현하지 않았다.

☐ 우리 부모님은 개인차나 자신과 다른 관점에 짜증을 내는 일이 많았다.

☐ 내가 자랄 때, 우리 부모님은 나를 당신 친구처럼 대했지만 내 친구가 되어주지는 않았다.

☐ 우리 부모님은 다른 사람의 감정을 고려하지 않은 채로 말하거나 행동하는 경우가 많았다.

☐ 나는 정말 심하게 아플 때를 제외하고는 부모님에게 많은 관심과 동정을 받지 못했다.

☐ 우리 부모님은 일관성이 없었다. 때로는 현명했지만 때로는

비이성적이었다.

☐ 내가 속상해하면 우리 부모님은 뭔가 피상적이고 도움이 안 되는 말을 하거나 화를 내며 빈정거렸다.

☐ 대화는 주로 부모님의 관심사에 초점이 맞춰져 있었다.

☐ 공손하게 의견 차이를 말해도 부모님은 매우 방어적인 태도를 취했다.

☐ 내가 거둔 성공을 부모님에게 말해도 전혀 중요하게 여기지 않았기 때문에 기가 꺾이곤 했다.

☐ 사실과 논리를 들어 이야기해보아도 부모님의 의견을 이길 수가 없었다.

☐ 우리 부모님은 자기반성을 하지 않고, 어떤 문제에 있어서 자기가 어떤 역할을 했는지 되돌아보는 일이 드물다.

☐ 우리 부모님은 흑백논리로 생각하는 경향이 있고, 새로운 생각을 받아들이려고 하지 않는다.

이 가운데 여러분의 부모와 일치하는 내용이 몇 개나 되는가? 이 항목들은 모두 정서적 미숙의 잠재적인 신호이기 때문에, 체크한 항목이 하나 이상이라면 정서적으로 미성숙한 부모 밑에서 자랐을 가능성이 매우 높다는 뜻일 수 있다.

성격 패턴 vs.
일시적인 정서적 퇴행 _____

정서적 미숙 패턴과 일시적인 감정 퇴행 사이에는 차이가 있다. 누구든지 피곤하거나 스트레스를 받으면 잠시 감정을 통제하지 못하거나 충동적으로 행동할 수 있다. 그리고 우리들 대부분도 자기 삶의 어떤 순간을 되돌아보면 민망해질 때가 많다.

하지만 어떤 사람이 정서적으로 미성숙한 성격 패턴을 가지고 있으면 특정 행동들이 반복적으로 나타난다. 이런 행동은 너무 자동적이고 무의식적이어서 사람들은 자기가 그런 행동을 하는지조차 의식하지 못한다. 정서적으로 미성숙한 사람들은 자신의 행동이 다른 사람에게 어떻게 영향을 미치는지 곰곰이 생각하지 않는다. 이들은 본인의 행동을 민망해하지 않기 때문에 사과하거나 후회하는 일이 거의 없다.

성숙도
정의 _____

정서적 미숙함을 자세히 탐구하기 전에, 정서적으로 성숙한 기능성부터 살펴보도록 하자. 정서적 성숙은 모호한 견해 문제가 아니라, 이미 잘 알려져서 연구도 충분히 되어 있는 문제다.

어떤 사람이 '감정적으로 성숙'했다는 것은, 다른 사람과 깊은 감정적 관계를 유지하면서 객관적이고 개념적으로 생각할 수 있다는 뜻이다. 정서적으로 성숙한 사람은 독립적으로 기능하면서 깊은 정서적 애착을 느낄 수 있고, 이 두 가지를 자신의 일상생활에 매끄럽게 통합시킬 수 있다. 이들은 자기가 원하는 걸 직접적으로 추구하지만, 이때 다른 사람을 이용하지 않는다. 이들은 원래의 가족관계와 충분히 분리되어 자기만의 삶을 꾸려간다(Bowen, 1978). 자아의식(Kohut, 1985)과 정체성(Erikson, 1963)이 잘 발달되었고 가까운 사람들과의 관계를 소중히 여긴다.

정서적으로 성숙한 사람은 공감 능력, 충동 조절 능력, 감성 지능이 잘 발달되어 있기 때문에 자신의 감정을 편안하고 솔직하게 받아들이고 다른 사람들과 잘 어울린다(Goleman, 1995). 이들은 다른 사람의 내적인 삶에 관심이 있고, 마음을 터놓고 이야기하는 것을 즐기며, 정서적으로 친밀한 방식으로 다른 사람들과 공유하는 것을 좋아한다. 문제가 있을 때는 다른 사람들을 직접 상대하면서 의견 차이를 해결하기 위해 애쓴다(Bowen, 1978).

정서적으로 성숙한 사람은 자신의 생각과 감정을 의식적으로 처리하면서 현실적이고 미래 지향적인 방법으로 스트레스에 대처한다. 그들은 필요할 때 감정을 조절할 수 있고, 미래를 예상하고 현실에 적응하며, 감정 이입과 유머를 사용해 어려운 상황을 완화하고 다른 사람들과의 유대를 강화할 수 있다(Vaillant, 2000). 그들은 객관적인 것을 좋아하고 스스로의 약점을 인정할 정도로 자신을 잘 알고 있다(Siebert, 1996).

정서적 미숙함과 관련 있는
성격적 특성 _____

반면, 감정적으로 미숙한 사람들은 행동, 감정, 정신적 특성에서 상당히 다른 경향을 보인다. 이런 성격적 특성들은 모두 서로 연관되어 있기 때문에, 한 가지 특성을 드러내는 사람은 종종 다른 특성도 지니고 있는 경우가 많다. 이어지는 섹션에서는 정서적으로 미성숙한 사람들의 다양한 특성을 간단하게 설명하겠다.

융통성 없고 외곬수다

따라야 하는 길이 명확한 경우에는 정서적으로 미성숙한 사람들도 매우 잘 할 수 있고, 때로는 높은 수준의 성공과 명성을 얻기도 한다. 하지만 대인 관계나 감정적인 결정에 있어서는, 그들의 미숙함이 명백해진다. 이들은 완고하거나 충동적이며, 본인이 관리 가능한 상태로 범위를 좁혀서 현실에 대처하려고 한다. 일단 의견을 정하면 마음의 문을 닫는다. 정답은 하나뿐이라고 여기므로, 사람들이 다른 아이디어를 제시하면 매우 방어적인 태도를 취하면서 유머감각을 상실한다.

스트레스를 참는 능력이 부족하다

정서적으로 미성숙한 사람들은 스트레스에 잘 대처하지 못한다. 그들의 반응은 반발적이고 틀에 박혀 있다. 그들은 상황을 평가하고 미래를 예측하기보다는 현실을 부정, 왜곡 또는 대체하는 대처 방법을 사용한다(Vaillant, 2000). 그들은 실수를 잘 인정하지 않고, 대신에 사실을 무시하거나 다른 사람들을 비난한다. 감정을 조절하는 걸 힘들어하고 종종 과잉 반응을 한다. 한번 화가 나면 진정시키기가 어렵고, 다른 사람들이 자기가 원하는 일을 하여 자기 기분을 달래주기를 기대한다. 술이나 약물에서 위안을 구하는 경우가 많다.

본인에게 가장 기분 좋은 일을 한다

어린 아이들은 감정에 지배되는 반면, 어른들은 벌어질 수 있는 결과를 고려한다. 우리는 어른이 되면서 자기에게 기분 좋은 일이 항상 최선의 일은 아니라는 걸 배운다. 하지만 정서적으로 미성숙한 사람들 중에는 기분 좋은 일만 하려는 어린 시절의 본능이 결코 바뀌지 않는 이들도 있다(Bowen, 1978). 그들은 그 순간에 가장 기분 좋게 느껴지는 일을 기초로 삼아 의사 결정을 하고, 가장 저항이 적은 길을 따르곤 한다.

여러분이 성숙한 사람이고 행동하기 전에 생각부터 한다면, 그 순간 기분 좋게 느껴지는 일을 기준으로 살아간다는 건 상상하기조차 힘든 일일 것이다. 정서적으로 미성숙한 사람들이 하는 놀라운 행동을 보여주는 사례가 하나 있다. 안나는 오빠 톰을 설득해서 연로한 아버지가 요양 시설에 들어가는 문제에 대해 셋이 함께 이야기를 나누러 가기로 했다. 아버지를 만나 잠시 담소를 나눈 뒤, 심각한 얘기를 할 때가 되었는데 갑자기 톰이 아무 데도 보이지 않았다. 안나는 집 안 곳곳을 살펴보다가 문득 창밖을 내다보고는 오빠가 차에 올라타고 떠나는 모습을 보았다. 안나는 어떻게 톰이 그런 식으로 도망갈 수 있는지 의아하고 궁금했다. 하지만 그 순간 집에서 벗어나는 편이 남아서 힘든 일을 대면하는 것보다 훨씬 기분 좋은 일이라는 걸 생각하면, 톰의 행동이 이해가 될 것이다.

객관적이지 않고 주관적이다

감정적으로 미숙한 사람들은 객관적이지 않은, 주관적인 방법으로 상황을 평가한다. 그들은 냉철한 분석을 잘 하지 않는다. 그들이 상황을 해석할 때는, 실제로 벌어지는 일보다 그들이 어떻게 느끼는지가 더 중요하다. 진실보다는 진실처럼 느껴지는 일이 훨씬 중요한 것이다(Bowen, 1978). 주관적인 사람이 어떤 일에 객관적인 태도를 취하도록 만들려는 시도는 헛된 일이다. 정서적으로 미성숙한 사람들은 사실, 논리, 역사 등을 모두 무시해버린다.

차이를 존중하지 않는다

정서적으로 미성숙한 사람들은 다른 사람의 생각과 의견이 자기와 다르면 짜증을 내며 모든 사람이 자기와 똑같은 방식으로 사물을 바라봐야 한다고 생각한다. 다른 사람들도 자기만의 관점을 가질 자격이 있다는 생각을 하지 못하는 것이다. 모욕적인 행동을 피할 수 있을 만큼 다른 사람의 개성을 충분히 인지하지 못하기 때문에 사회적인 실수를 저지르기 쉽다. 그래서 이들은 모든 사람이 동일한 생각을 갖고 있는, 역할이 정해진 관계에서만 편안함을 느낀다. 좀 더 조용하고 점잖은 유형의 사람들도 있지만, 남들보다 더 조용하고 점잖은 방식으로 표현할 뿐이다.

자기중심적이다

평범한 아이들은 어린애답게 자기중심적이지만, 정서적으로 미성숙한 성인들의 자기 개입은 어린아이들보다 더 유치하다. 그들의 자기중심주의는 아이들과 달리 즐거움과 개방성이 부족하다. 정서적으로 미성숙한 사람들은 아이다운 순수함이 아닌 강박관념에 사로잡혀 있다. 어린 아이들이 자기중심적인 이유는 아직 순수한 본능에 지배되기 때문이지만, 정서적으로 미성숙한 성인은 자신의 무사함을 계속 확인해야 하는 부상자들처럼 걱정과 불안감의 지배를 받는다. 그들은 영원히 불안한 상태에서 살면서 자기가 나쁘고, 부족하고, 사랑스럽지 않은 모습으로 노출되는 것을 두려워한다. 이들은 다른 사람이 자신의 불안한 자긍심을 위협할 정도로 가까이 다가오지 못하도록 방어벽을 높게 쌓는다.

이들을 불쌍히 여기기 전에, 이 사람들의 방어벽은 잠재적인 불안감을 의식 가능한 수준 이하로 유지하도록 작용한다는 사실을 기억하자. 그들은 결코 자기가 불안정하거나 방어적이라고 생각하지 않을 것이다.

자신에게 정신이 팔려서 자기만 안다

불안한 자기 몰입은 정서적으로 미성숙한 사람들 모두가 가지고 있는 특징이다. 그들은 자기 욕구가 충족되는지, 아니면 뭔가가 자신을 불쾌하게 하는지 계속해서 모니터링하고 있다. 그들의 자존감은 다른 사람이 자기에게 어떻게 반응하는지에 따라서 높아지거나 낮아진다. 비난받는 것을 참을 수가 없어서 실수를 최소화한다. 이들은 자기 자신에게만 온통 마음을 빼앗기기 때문에, 다른 사람들의 감정은 그들의 욕구 앞에서 빛을 잃는다. 예를 들어, 한 여성이 자기 어머니에게 아버지에 대한 비난을 듣는 게 얼마나 상처가 되는지 말하자 그 어머니는 이렇게 대답했다. "네게 말할 수 없다면, 이런 말을 할 사람이 아무도 없는데 어떡하니."

'자기 몰입'이나 '자아도취' 같은 용어를 보면 이들이 늘 자기 생각만 하면서 즐거워하는 것 같지만, 사실은 이 사람들도 선택의 여지가 없다. 이들은 한 인간으로서의 자신의 핵심적인 가치에 근본적인 의심을 품고 있다. 어린 시절에 느낀 불안감 때문에 성장이 저해되어 극심한 자기 몰입에 빠지게 된 것이다. 이런 면에서 보면, 이들의 자기중심적 사고는 자신에게 푹 빠져서 정신을 못 차리는 사람이라기보다는 만성적인 통증을 앓고 있는 이의 자기 몰입과 비슷해 보인다.

자기성찰은 하지 않고 자기 참조적인 모습만 보인다

정서적으로 미성숙한 사람들은 매우 자기 참조적이다. 다시 말해, 누구와 어떤 식으로 상호작용을 하든, 항상 본인에 관한 이야기로 되돌아온다는 뜻이다. 하지만 자기성찰은 하지 않는다. 그들이 자기 자신에게 초점을 맞추는 건 통찰력을 얻거나 스스로를 이해하기 위해서가 아니라 관심의 중심이 되기 위해서다.

자기 참조적인 사람과 얘기를 나누면, 그는 여러분이 말하는 모든 내용을 자신의 경험 중 하나와 연결시킬 것이다. 예컨대, 지금 애인과의 관계가 위기를 겪고 있다는 딸의 이야기를 들은 어머니가 그걸 본인의 이혼에 관해 이야기할 발판으로 삼는 식이다. 부모가 과거에 거둔 성취의 기억을 끄집어내어 자녀의 승리가 받아야 할 관심을 가로채는 것도 또 다른 예이다.

개중 사교 기술이 노련한 사람은 좀 더 정중하게 귀를 기울일지 모르지만, 그래도 여러분의 말이 그들의 관심을 끌지는 못한다. 그들은 공공연하게 대화 주제를 바꾸지는 않지만, 후속 질문을 하거나 여러분이 한 경험의 세부 사항에 대해 호기심을 보이지는 않는다. "그거 참 멋지군요. 좋은 시간을 보내신 것 같네요"처럼 효과적으로 얘기를 중단시킬 수 있는 말로 대화를 끝낼 가능성이 높다.

감정적으로 미숙한 사람들은 자기성찰이 부족하기 때문에 어떤 문제에서 본인의 역할을 고려하지 않는다. 자신의 행동을 평가하지도 않고 본인의 동기에 의문을 제기하지도 않는다. 이들은 문제를 일으켜도 여러분에게 상처를 줄 의도는 없었다고 말하면서 그 일을 무시한다. 그러면 결국 여러분은 그들이 의도하지 않은 일을 비난할 수 없게 되지 않겠는가? 이런 식으로 그들의 이기적인 초점은 여러분에게 미치는 영향이 아닌 자신들의 의도에 고정된다.

관심의 대상이 되는 것을 좋아한다

아이들과 마찬가지로, 정서적으로 미성숙한 사람들도 결국에는 관심의 대상이 된다. 여러 사람이 무리를 지어 있을 때, 그중에서 가장 정서적으로 성숙하지 못한 사람이 그 집단의 시간과 에너지를 지배하는 경우가 종종 있다. 다른 사람들이 허락할 경우, 해당 그룹의 모든 관심이 그 사람에게 집중되며, 일단 이런 일이 생기고 나면 그룹의 초점을 재조정하기가 어렵다. 만일 다른 누군가가 자기 이야기를 할 기회를 갖게 되려면, 그 사람은 갑작스러운 변화를 강요해야 할 텐데 대부분의 사람들은 이를 기꺼워하지 않을 것이기 때문이다.

이 사람들이 그냥 외형적인 성격이라서 그러는 건 아닌지 궁금할 것이다. 그렇지 않다. 차이점은 대부분의 외향적인 사람들은 화제 전환을 쉽게 따라간다는 것이다. 외향적인 이들은 단순한 청중이 아니라 상호작용을 갈망하기 때문에 다른 이들이 대화에 참여할 때 흥미를 가지고 상대방의 의견을 수용한다. 외향적인 사람은 말하는 걸 좋아하지만, 다른 사람을 모두 침묵시키려는 목표가 있는 것은 아니다.

역할 전환을 장려한다

역할 전환은 정서적으로 미성숙한 부모가 아이들을 양육할 때 나타나는 특징이다. 이 경우, 부모는 마치 아이가 자신의 부모인 것처럼 언급하면서 아이에게 관심과 위로를 기대한다. 이런 부모는 역할을 전환하여 자녀가 자신의 친구, 심지어 어른의 문제들도 의논할 수 있는 친구가 되어주기를 기대한다. 아이들과 자기 결혼생활 문제를 의논하는 부모가 바로 이런 역할 전환을 보여주는 예다. 또 어떤 경우에는 일반적으로 아이가 부모에게 그러는 것처럼, 자녀들이 자신을 칭찬하거나 자기를 보면서 기뻐해주기를 기대하기도 한다.

내가 상담한 로라라는 여성은 아버지가 자기를 남겨두고 다른 여자와 도망간 일을 기억하고 있었다. 당시 겨우 8살이었던 로라는 심한 우울증에 빠진 어머니를 혼자 상대해야 했다. 어느 날 로라의 아버지가 새 컨버터블 자동차를 구입하고는 새로운 장난감을 산 기쁨에 잔뜩 들떠서 로라를 차에 태워주었다. 그는 본인의 즐거운 새 삶과 버림받은 어머니와 함께 사는 로라의 우울한 생활 사이의 격차는 전혀 고려하지 않은 채 로라도 자기만큼 흥분하리라고 기대했다.

과거에 자기가 딸을 학대했음에도 불구하고 딸이 자기를 좋게 받아들이고 거의 부모 같은 역할을 해주기를 기대한 또 다른 아버지의 사례가 있다.

프리다의 이야기

30대 후반 여성인 프리다는 공포가 지배하는 가정에서 자랐다. 그녀의 아버지 마틴은 육체적인 공격을 통해 자신의 감정적 미숙함을 표현하는 경향이 있었다. 직장과 공적 생활에서는 존경받는 시민이었지만, 집에서는 아이들의 뺨을 때리고 흉터가 남을 정도로 벨트로 때리기도 했다. 10대가 된 프리다가 마침내 아버지에게 맞서자 프리다를 향한 폭력은 멈추었지만 프리다의 여동생은 계속해서 때렸다. 또 프리다의 어머니를 말로 모욕했다.

마틴은 예측할 수 없는 사람이었다. 하루를 어떻게 보냈는지에 따라 때로는 참을성 없이 화를 내기도 하고 때로는 관대하고 행복하고 사랑이 넘치기도 했다. 하지만 전반적으로 마틴은 자녀들에게 부모로서의 역할을 하기보다 아이들이 자기 기분을 달래주고, 자기에게 적극적인 관심을 가지고, 자제심을 보이기를 기대했다. 이 전형적인 역할 전환 사례에서, 그는 어린아이처럼 자기 하고 싶은 대로 다 하는 반면 아이들은 무조건으로 자기를 인정해주기를 요구했다. 프리다가 특히 이런 역할 전환의 대상이었는데, 마틴은 프리다가 자기에게 거의 모성애에 가까운 사랑과 존경심을 보여주기를 뚜렷이 기대했다.

예를 들어, 프리다가 독립해서 자기만의 집으로 이사를 나가자, 마틴은 프리다의 집 데크에 매달 그네가 필요하다고 결정했다. 그냥 아무 그네가 아니라 그가 무거운 목재로 직접 만든 그네여야 했다. 그는 프리다에게 물어보지도 않고 자기 마음대로 그녀 집의 작은 데크에 그네를 옮겨놓았고, 이 그네는 프리다가 바깥에 앉아서 쉴 공간의 대부분을 차지해버렸다. 너무 거대해서 주위를 빙 돌아다닐 수도 없는 그네는 마틴이 어떻게 가족 내의 공간을 다 차지하고 있는지 보여주는 완벽한 비유처럼 보였다. 그는 어머니에게 자기가 만든 미술 작품을 막 보여준 아이처럼 스스로를 자랑스러워했다. 다행히 아버지의 정서적 미숙함과 역할 전환과 관련된 역학 관계를 이해하게 된 프리다는 마음 놓고 그녀를 치우고 데크를 원하는 방식대로 복원할 수 있었다.

공감 능력이 부족하고 감정이 둔감하다

공감 능력 장애는 감정적인 공유나 친밀함의 회피와 마찬가지로 정서적으로 미성숙한 사람들의 주된 특징이다. 그들은 자신의 내밀한 감정과 접촉하지 않기 때문에, 자기가 다른 사람들에게 어떤 기분을 느끼게 하는지를 놀라울 정도로 모른다.

공감은 재치 있는 행동처럼 단순히 사교성이 좋은 게 아니다. 공감 능력이 없으면 깊이 있는 관계를 맺을 수가 없다. 내가 좋아하는 공감에 대한 정의는 유아 애착 연구가인 클라우스 그로스만Klaus Grossman과 카린 그로스만Karin Grossman, 그리고 안나 슈완Anna Schwan이 내린 것이다. 그들은 공감을 "아기의 관점에서 상태를 확인하고 의도를 느끼는" 민감한 어머니의 능력이라고 설명했다(1986). 이 정의에는 감정과 의도의 파악이 모두 포함된다. 단순한 동정을 넘어, 사람들의 관심사가 뭔지 읽어내고 그들의 의지가 어느 방향을 향하는지 정확하게 파악하는 일도 포함된다는 뜻이다.

가장 고차원적인 공감은 정신화mentalization라고 하는 상상력을 필요로 하는데(Fonagy & Target, 2008), 이는 다른 사람들도 자기만의 독자적인 정신과 사고 과정을 가지고 있다고 상상할 수 있는 능력을 뜻한다. 발달 심리학자들은 이를 가리켜 마음 이론theory of mind을 가지고 있다고 말한다. 이 능력을 습득하는 것이 아이들에게는 중요한 발달 이정표이다. 정신화는 다른 사람의 관점과 전체적인 내적 경험을 이해할 수 있게 해준다. 그들도 여러분과는 다른 자기만의 생각을 가지고 있다는 걸 깨닫기 때문이다. 좋은 부모는 공감과 정신화 능력이 뛰어나다. 자녀의 마음 상태에 관심을 가지므로 아이들은 부모가 자기를 바라보고 이해해준다는 것을 느낄 수 있다. 이것은 또 기업, 군대, 또는 타인의 동기를 이해하고 예측하는 게 중요한 모든 상황에서 리더십을 발휘할 때 필수적인 특성이다. 공감은 사회적, 직업적 성공에 필수적인 감성 지능의 기본 요소다(Goleman, 1995).

심리학자 폴 에크만Paul Ekman은 달라이 라마Dalai Lama와 대화를 나누면서 다양한 종류의 공감과 연민을 구분했다. 진정한 공감에는 사람들이 느끼는 감정을 아는 것 이상의 능력이 필요하고, 그 감정에 동조할 수 있는 능력도 따라줘야 한다(Dalai Lama & Ekman, 2008). 예를 들어, 반사회적 인격 장애자들은 어떤 사람의 감정적 취약성을 읽는 데는 탁월한 능력을 발휘한다. 하지만 그 사람의 감정에 동조할 수 있는 능력이 없다면 그런 감정을 아는 것은 관계 형성이 아닌 약탈을 위한 도구가 될 수 있다.

이는 정서적으로 미성숙한 사람들과 관련된 이상한 사실들을 이해할 수 있는 실마리를 던져준다. 이들은 상대방의 감정에 동조하지 않음에도 불구하고 다른 사람의 의도나 감정을 읽는 데 상당히 능숙한 경우가 많다. 하지만 이들은 다른 사람에 대해 알게 된 사실을 이용해서 정서적인 친밀감을 쌓으려고 하지 않는다. 그들의 공감 능력은 본능적인 수준 또는 피상적으로 감상적인 수준에서 작용한다. 그들이 여러분을 평가하는 느낌은 들지만 동정해주지는 않는 것이다.

공명적 공감 능력이 부족하다는 것은 자기 계발의 부족을 나타낸다. 부모가 자기 아이가 느끼는 감정을 정확하게 상상하려면, 그들 자신의 감정을 인식할 수 있는 충분한 자기 계발이 필요하다. 본인의 감정을 자각하지 못한다면, 자기 자녀를 비롯한 다른 사람들이 속으로 느끼는 감정에도 동조하지 못하는 것이 당연하다.

감정적으로 미숙한 부모가 이렇게 많은 이유

내 상담자 가운데 상당수는 정서적으로 미성숙한 자기 부모의 모습이 드러나는 이야기를 들려주곤 한다. 이런 얘기를 들으면 이렇게 많은 부모들의 정서가 제대로 발달하지 못한 이유가 무엇인지 무척 궁금해진다. 내가 관찰한 바와 임상 경험을 바탕으로 생각할 때, 많은 상담자의 부모가 어릴 때 감정적인 차단을 당했을 가능성이 높다.

상담자와 함께 그들의 가족사를 살펴보는 동안, 자기 부모가 어릴 때 크나큰 불행과 긴장을 겪었던 증거를 떠올리는 경우가 종종 있다. 약물 남용, 유기, 상실, 학대, 정신적인 충격을 주는 이민 경험

등이 가족의 배경에 맴돌면서 상실과 고통, 단절의 분위기를 암시하는 것이다. 많은 이들이 말하기를, 본인이 무시당하고 학대받는다고 느끼기는 했지만 자기 부모가 이야기해준 그들 어린 시절의 비참함에 비하면 아무것도 아니라고 했다. 상담자의 어머니와 외할머니는 서로 대립적이고 만족스럽지 못한 관계였지만, 그 외할머니가 상담자에게는 다정하게 대해준 경우도 많았다. 그들의 부모 가운데 상당수는 자신의 부모에게 지지를 받거나 감정적으로 친밀한 관계를 맺어본 적이 없어서 어릴 때부터 정서적인 외로움을 이겨내기 위해 강력한 방어막을 발달시킨 것 같다.

또 과거의 양육 방식 — 상담자의 부모들이 경험한 양육 — 에서는 아이들이 아무 소리도 내지 않고 조용히 있도록 강요했다는 걸 기억해야 한다. 가정 내 체벌이 용인되었을 뿐 아니라, 학교에서도 아이들이 책임감을 느끼게 하는 방법이라며 체벌을 묵인했다. "매를 아끼면 아이를 망친다"가 많은 부모들이 지닌 일반적인 통념이었다. 그들은 아이의 감정에는 관심을 두지 않았다. 아이에게 예의범절을 가르치는 것이야말로 올바른 육아라고 여긴 것이다. 1946년이 되어서야 벤자민 스포크Benjamin Spock 박사가 《유아와 육아에 관한 상식 The Common Sense Book of Baby and Child Care》이라는 메가셀러의 오리지널 버전을 통해 신체적인 보살핌과 훈육 외에 아이들의 감정과 개성도 중요하게 고려해야 한다는 생각을 널리 대중화시켰다. 이런 변화가 생기기 전의 세대에서는, 육아를 통해 아이들의 정서적 안정과 개성을 뒷받침하기보다는 순종을 유아 발달의 황금 기준으로 여겨 여기에 초점을 맞추는 경향이 있었다.

다음 이야기에서는 이런 구식 육아 방식이 내 상담자들에게 미친 영향을 확인할 수 있다.

엘리의 이야기

대가족의 맏이인 엘리는 자기 어머니 트루디를 "너그럽지만 바위처럼 완고한 사람"으로 기억한다. 트루디는 교회와 지역사회 활동을 열심히 하고 친절하고 남을 잘 도와준다는 평을 받았다. 하지만 자기 아이들의 감정에 공감하는 능력이 매우 부족했다. 엘리는 악몽을 자주 꿨기 때문에 좋아하는 봉제인형에 의지해서 마음을 달래곤 했다. 엘리가 11살쯤 됐을 때의 어느 날 밤, 어머니가 갑자기 엘리에게 위안을 주던 봉제인형들을 가져가면서 이렇게 말했다. "이 인형은 이제 다른 애한테 줄 거야. 넌 이런 걸 갖고 놀기에는 너무 나이가 많잖니." 엘리가 제발 그러지 말라고 애원했지만, 트루디는 엘리가 말도 안 되는 고집을 부린다고 했다. 트루디는 엘리를 물질적으로는 잘 돌봐주었지만, 소중한 장난감에 대한 엘리의 정서적 애착은 전혀 인정하지 않았다.

엘리는 또 어릴 때부터 한 가족처럼 키운 고양이에게도 깊은 애정을 느꼈다. 어느 날, 학교를 마치고 돌아온 엘리에게 트루디는 고양이가 집을 어지럽히는 바람에 다른 집에 줘버렸다고 했다. 엘리는 이 일로 큰 충격을 받았지만 트루디는 몇 년 뒤에 이렇게 말했다. "우리는 네 감정이나 기분에는 전혀 관심 없어. 그냥 네가 살 집을 마련해주는 것뿐이야."

사라의 이야기

감정적으로 무미건조하고 남들에게 냉담한 어머니를 둔 사라는 매우 엄격한 훈육을 받았다. 사라는 어머니가 마치 거대한 벽 뒤에 있는 것처럼 언제나 감정을 억제했다고 기억한다. 하지만 아침에 잠을 깨기 전에 어머니가 침대 옆에 서서 자기를 다정하게 바라보던 기억을 소중히 간직하고 있다. 사라는 이미 반쯤 깨어 있었지만 어머니와 비밀스러운 친밀감을 느낄 수 있는 이 시간을 최대한 즐기려고 움직이지 않고 가만히 누워 있었다. 사라가 완전히 잠이 깨면 다시 벽이 생기고 어머니는 '적절한' 거리를 유지했다.

정서적 단절의 심층적인 영향

물론 정서적으로 미성숙한 부모도 한때는 어린아이였고, 어릴 때 자기 부모에게 받아들여지기 위해 본인의 가장 뿌리 깊은 감정들을 억눌러야만 했을 수도 있다. 엘리와 사라의 어머니도 부모가 자녀의 감정에 둔감한 환경에서 성장했을 가능성이 높다. 정서적으로 미성숙한 사람들은 대부분 어릴 때 매우 한정적인 수용 범위 내에서 자라면서 "감정이 지나치게 제거된다." 인위적으로 성장 발달을 억제시킨

68

분재처럼, 그들의 성격도 비정상적인 모양으로 자라도록 훈련받은 것이다. 자기 가족에게 맞춰서 몸을 구부려야 했기 때문에, 모든 부분이 통합된 자연스러운 모습으로 유연하게 성장하지 못했다.

정서적으로 미성숙한 사람들은 본인의 감정과 생각을 충분히 분석하고 표현하는 것이 허락되지 않은 탓에 확고한 자아의식과 성숙한 개인적 정체성을 발달시키지 못할 가능성이 높다. 이 때문에 그들은 자신의 본모습을 파악하기 힘들고 감정적으로 친밀한 관계를 형성하는 능력이 제한되어 있다. 한 인간으로서 자신이 누구인가에 대한 기본적인 개념이 정립되어 있지 않으면, 다른 사람들과 심오한 감정적 관계를 맺는 방법을 배울 수가 없다. 이런 식으로 자아 성장이 억제되면, 이 장에서 개략적으로 살펴본 것처럼 정서적으로 미성숙한 사람에게서 흔히 나타나는 심각한 성격적 약점이 추가로 발생한다.

일관성이 없고 모순된 행동을 한다

감정적으로 미숙한 사람은 자신에 본질에 대한 생각을 제대로 통합시키지 못하고 여러 개의 차용된 부분이 뒤섞인 듯한 모습으로 살아가는데, 이렇게 차용된 부분들은 대개 서로 잘 어울리지 않는다. 부모의 반응에 대한 두려움 때문에 중요한 부분들을 차단해야 했기 때문에, 이들의 성격은 짝이 맞지 않는 퍼즐 조각처럼 고립된 덩어리들로 구성되어 있다. 이들의 반응에 일관성이 없는 것도 그 때문이고, 따라서 이들을 제대로 이해하기가 정말 힘들다.

어릴 때 감정적인 경험을 표현하거나 통합시키는 것을 허락받지 못한 탓에 정서적으로 일관성 없는 어른으로 성장한 것이다. 이들은 성격이 미약하게 구성되어 있어서 종종 모순된 감정과 행동을 드러내기도 한다. 하지만 자신의 모순을 알아차리지 못한 채 감정적인 상태에 들락날락하게 된다. 이들이 부모가 되면, 이러한 특성 때문에 그 자녀들이 정서적 장애를 앓는다. 한 여성은 자기 어머니의 행동이 "전혀 이해되지 않는 방식으로 표변하는" 등 혼란스러웠다고 설명했다.

이런 모순이 의미하는 것은, 정서적으로 미성숙한 사람이 부모가 되면 자기 기분에 따라 아이에게 넘치는 애정을 표현할 수도 있고 제멋대로 아이를 내칠 수도 있다는 것이다. 이들의 자녀는 잠깐 동안은 부모와 연결되어 있다고 느끼지만, 언제 혹은 어떤 상황에서 다시 부모에게 감정적으로 의지할 수 있을지 알 수가 없다. 그리고 이로 인해 행동 심리학자들이 '간헐적 보상'이라고 부르는 상황이 발생하는데, 이는 노력에 대한 보상을 얻는 게 가능하기는 하지만 그 시기를 전혀 예측할 수 없다는 뜻이다. 이것은 보상을 받기 위해 계속 노력하겠다는 강한 의지를 만들어낸다. 이런 노력이 가끔은 효과를 얻기 때문이다. 이런 면에서 보면, 부모의 일관성 없는 태도는 아이가 부모의 드물고 얻기 힘든 긍정적 반응을 계속 얻기를 바라면서 부모와 가장 가깝게 결속되는 속성이 되기도 한다.

일관성 없는 부모 밑에서 자라면 아이의 안정성이 훼손되어 계속 불안감을 느낄 가능성이 있다. 부모의 반응은 아이들이 자긍심을 느낄 수 있는 감정의 나침반을 제공하기 때문에 이 아이들은 부모의 변화하는 기분이 자기 잘못이라고 믿기 쉽다.

엘리자베스의 이야기

엘리자베스의 어머니는 기분을 예측하기가 불가능한 사람이었기 때문에, 엘리자베스는 계속 어머니의 기분이 어떤지 추측해야만 했다. 그녀는 어머니에게 다가갈 때마다 불안감을 느꼈다. 어머니가 자기를 밀쳐낼까, 아니면 관심 어린 태도로 돌봐줄까? 엘리자베스는 상담 중에 이렇게 말했다. "저는 계속 어머니의 기분을 읽어야 했어요. 기분이 안 좋은 것처럼 보이면 멀리 떨어져서 거리를 유지했죠. 하지만 어머니 기분이 좋으면 다가가서 이야기를 나눌 수 있었어요. 어머니는 저를 행복하게 만드는 힘을 가지고 있었고, 전 어머니의 인정을 받으려고 최선을 다했죠." 엘리자베스는 어릴 때 혹시 자기 때문에 어머니의 기분이 나빠진 것은 아닌지 걱정하곤 했다. 그리고 여기에 책임감을 느낀 엘리자베스는 결국 자신에게 문제가 있다는 결론에 도달했다.

엘리자베스는 결코 문제 있는 아이가 아니었지만, 어머니의 기분을 이해할 수 있는 유일한 방법은 그게 자기가 한 일이나 혹은 자신의 존재 때문이라고 생각하는 것이었다.

강한 방어막을 형성해서 그것으로 자아를 대신한다

정서적으로 미성숙한 사람들은 어릴 때 자신의 본모습에 대해 배우면서 강하고 응집력 있는 자아를 발달시키지 못하고, 대신 어떤 감정은 나쁘고 금지되어 있다는 사실만 학습한다. 이들은 무의식적으로 더 깊은 감정을 경험하는 것을 가로막는 방어벽을 구축했다. 그리고 그 결과, 완전한 자아를 발전시키는 데 쏟을 수 있었던 에너지를 자연스러운 본능을 억누르는 데 다 쏟아 붓게 되면서 감정적인 친밀함을 느끼는 능력이 제한된다.

정서적으로 미성숙한 부모를 둔 자녀들은 대개 자기 부모의 발달 한계가 어느 정도인지 깨닫지 못한 채, 부모의 내면에는 완전히 발달된 진실한 사람이, 부모가 허락하기만 하면 얼마든지 자기와 관계를 맺을 수 있는 진짜 자아가 존재할 것이라고 생각한다. 특히 부모가 이따금 다정하게 신경 쓰는 모습을 보여주는 경우에는 이런 믿음이 더 강해진다.

한 여성 상담자가 말한 것처럼, "부모님과 함께 있을 때는 내가 좋아하는 그분들의 좋은 부분만 골라서 그게 그분들의 진짜 모습인 양 믿으려고 했어요. 결국에는 이 좋은 부분이 이길 거라고 매일같이 되뇌었지만, 그런 일은 일어나지 않았어요. 또 부모님이 내게 상처 주는 부분은 진짜가 아니라고 생각하려고 했죠. 하지만 이제는 그게 전부 진짜였다는 걸 알아요."

사람들이 구축한 방어벽이 그들 성격과 분리시킬 수 없는 일부분이 되면, 몸에 남은 흉터만큼이나 진짜가 되어버린다. 원래는 거기에 속해 있지 않았더라도 일단 생기고 나면 오랫동안 사라지지 않고 남아 있다. 그리고 이런 한계가 사람들 성격에서 중요한 부분이 된다. 결국 그들이 보다 진실하고 감정적으로 의지 가능한 사람이 될 수 있는지 여부는 그들의 자기반성 능력에 달려 있다.

자기 부모가 과연 변화할 수 있을지 궁금해하는 이들이 많은데, 그건 부모들이 스스로 반성할 의지가 있느냐에 달려 있다. 반성은 모든 변화의 첫 번째 단계이기 때문이다. 안타깝게도 부모가 본인이 다른 사람에게 미치는 영향에 관심이 없다면, 그들은 스스로를 돌아볼 자극을 얻지 못한다. 이런 자기반성이 앞서지 않는다면 그들이 변화될 방법은 없다.

한나의 이야기

한나는 엄격하고 근면한 어머니와 좀 더 친밀한 관계를 맺을 수 있기를 늘 갈망했다. 성인이 된 한나는 어느 날 어머니를 만나러 가서 지금껏 한 번도 자기에게 말해주지 않았던 본인에 관한 이야기를 들려달라고 부탁했다. 이 부탁이 어머니의 허를 찔렀다. 처음에 어머니는 눈부신 헤드라이트 불빛에 놀라 꼼짝달싹 못하는 사슴처럼 보이다가 이내 울음을 터뜨리며 말을 잇지 못했다. 한나는 자기가 던진 이 순진한 질문 때문에 어머니가 겁을 먹고 어찌할 바를 모르는 상태가 되었다고 느꼈다. 그녀는 무심코 어머니의 방어망을 뚫고 들어가 오랫동안 감춰져 있던 슬픔의 공간을 찾아냈다. 어머니 역시 어릴 때부터 자기 경험에 관심 있는 누군가가 자기 말에 귀 기울여주기를 바라는 채워지지 않은 갈망을 가지고 있었던 것이다. 한나의 관심과 공감은 그녀의 어머니가 그런 친밀한 관계가 부족한 현실에 대응해 쌓아올린 방어벽을 무너뜨렸다. 그녀는 그저 감정적으로 친밀한 관계를 맺고자 했던 한나의 시도에 제대로 대처하지 못했던 것뿐이다.

불완전한 발달로 인한
정서적 한계

정서적으로 미성숙한 사람들은 감정적으로 매우 민감한 반응을 보이는데도 불구하고 감정과 역설적인 관계를 맺는다. 감정 자극을 받으면 금세 흥분하면서도 정작 본인의 가장 진실한 감정은 두려워 하는 것이다. 그들은 아마도 자신의 감정에 대처하는 데 도움이 되지 않거나 당황스러워했다는 이유만으로 벌을 주는 가정환경에서 성장했을 가능성이 높다. 이 경우 아이들은 최대한 빠른 시간 내에 자신의 감정을 자제하거나 극복해야 한다. 이들은 깊은 감정의 세계가 매우 위협적이라고 생각한다.

감정을 두려워한다

정서적으로 미성숙한 사람들은 대부분, 어떤 감정을 자발적으로 표현하는 건 가족의 관습을 위반하는 부끄러운 행동이라고 가르치는 가정에서 성장기를 보냈다. 그들은 이런 깊은 감정을 표현하거나 심지어 경험하기만 해도 수치심을 느끼거나 벌을 받을 수 있다고 배운다. 그리고 그 결과 정신요법 연구원인 리 맥컬로Leigh McCullough

와 동료들이 '감정 공포증affect phobia'이라고 명명한 증상이 생기기도 한다(McCullough 외, 2003). 자신의 가장 사적인 감정을 나쁜 행동에 대한 판단과 연결시키는 법을 배우게 되면, 더 이상 정서적 친밀감과 관련된 감정을 인정할 수 없다. 그러면 결과적으로 진정한 감정과 충동을 경험하는 대신, 진짜 반응을 억제하고 방어적인 태도를 발전시키려고 열심히 노력하게 된다(Ezriel, 1952).

감정 공포증이 있는 사람은 특정한 감정을 단호하게 거부하므로 결국 융통성 없는 편협한 성격이 될 수 있다. 성인이 된 정서적으로 미성숙한 사람들은 깊은 감정적 관계에 대해 자동으로 불안 반응을 보인다. 가장 순수한 감정을 느끼면 남들에게 노출된 기분이 들고 극도로 긴장한다. 이들은 평생 동안 다른 사람들의 정서적 취약성으로부터 자신을 보호해주는 방어적인 모습을 꾸미는 데 모든 에너지를 다 쏟아 부어 왔다. 위험한 정서적 친밀감을 피하기 위해, 이들은 진부한 인생 대본에 집착하고 가장 가까운 사람에게조차 본인의 감정을 얘기하거나 자세히 분석하는 것을 거부한다.

부모가 된 그들은 나약한 감정에 대한 두려움을 자녀들에게 물려준다. 이런 가정에서는 아이가 짜증을 내면 부모가 "정말 울어야 할 일이 뭔지 보여줄까"라면서 으르는 게 일상적인 반응이다. 감정 공포증이 있는 부모를 둔 아이들은 자기가 한번 울기 시작하면 절대 그치지 못할 거라는 두려움을 품게 된다. 충분히 울고 나면 자연히 울음이 멈춘다는 사실을 깨달을 기회를 얻지 못했기 때문이다. 감정을 두려워하는 부모에게 괴로움을 억누르라는 간섭을 받으면서 자란 탓에, 이들은 울음의 자연스러운 리듬과 그것이 어떤 식으로 잦아드는지 한 번도 경험해보지 못했다.

이런 환경에서 성장한 아이들은 본인의 감정에 두려움을 느끼게 되기 십상이다. 즐거움과 흥분 같은 긍정적인 감정도 불안감과 연관될 수 있다. 일례로 안소니라는 상담자는 진입로에 차를 세우고 있는 아버지를 맞으려고 즐겁게 현관문 밖으로 달려 나갔다 겪었던 고통스러운 사건을 기억했다. 당시 안소니는 작은 화분을 뛰어넘다가 발이 걸리는 바람에 그만 화분을 넘어뜨리고 말았다. 아버지는 아들의 애정 표현에 고마워하기는커녕 안소니를 때렸다. 결과적으로 안소니는 아버지를 두려워하게 되었을 뿐만 아니라, 자연스럽게 우러나는 기쁨도 자기를 곤경에 빠뜨리는 대상이라며 두려움을 품게 되었다.

감정보다 신체적인 부분에 초점을 맞춘다

정서적으로 미성숙한 부모들은 자녀의 신체적, 물질적 필요를 돌보는 일은 잘할 수 있다. 음식, 주거, 교육의 측면에서는 이 부모들도 아이에게 필요한 걸 모두 제공할 수 있다. 물질적이거나 형태가 있거나 신체적인 활동과 관련된 일들의 경우에는 이런 부모들도 대부분 자녀들이 가급적 모든 혜택을 누릴 수 있게 해준다. 그러나 감정적인 면에서는 자녀들의 필요를 감지하지 못한다.

내 상담자들 가운데 상당수는 아플 때 정성껏 보살핌을 받고, 부모의 관심을 누리고, 선물이나 좋아하는 음식을 받은 좋은 기억을 가지고 있다. 하지만 이런 일들은 그들이 정말 아프다는 걸 부모가 확신한 뒤에야 일어났다. 그들은 아플 때 경험한 부모의 친절한 태도를 부모가 자기를 사랑한다는 증거로 여겼다. 아마 이때가 많은 관심을 받은 기억이 있는 유일한 순간인 듯하다.

병이 난 아이를 돌보는 건 부모가 아이에게 관심과 애정을 '퍼붓는' 걸 정당화할 수 있는 기회이기 때문에 이치에 맞는 일이다. 이 부모들도 아이의 신체적 건강을 회복시키기 위한 목적으로 애정 어린 보살핌을 베푸는 건 안전하다고 느끼는 것이다. 신체적인 도움은 정서적인 애착보다 더 많은 인정을 받는다.

부모가 자녀의 비정서적인 부분만 잘 보살펴주면 감정적으로 외로움을 느끼면서 자란 아이들은 혼란을 느낀다. 부모가 자기를 사랑하고 자기를 위해 희생했다는 신체적인 증거는 무척 많지만, 정서적 안정감이나 부모와의 친밀감은 고통스러울 정도로 부족하기 때문이다.

흥을 깨는 사람일 수 있다

정서적으로 미성숙한 사람들은 진실한 감정을 두려워하는 탓에 남의 흥까지 깰 수 있다. 부모가 된 그들은 흥분과 열의를 느끼는 자기 자녀의 모습에 기뻐하기보다 갑자기 대화 주제를 바꾸거나 너무 큰 기대는 하지 말라고 주의를 준다. 자녀의 열정적인 모습에 대한 반응으로 남을 멸시하거나 회의적인 말을 던져서 김을 빼놓을 가능성이 크다. 난생 처음으로 집을 구입하게 된 한 여성이 어머니에게 흥분된 마음을 털어놓자, 그녀의 어머니는 이렇게 말했다. "그래, 얼른 집을 사야 네가 다른 얘깃거리를 찾게 되겠구나.”

강렬하지만 얄팍한 감정을 지니고 있다

감정이 미숙한 사람들은 깊은 감정에 쉽게 압도되므로 거기에 재빨리 반응하는 식으로 자신의 불안감을 드러낸다. 사물을 깊게 느끼지 않고 표면적으로 반응한다. 이들은 감정적으로 흥분하기 쉽고 매우 감상적이며 아마 쉽게 눈물을 흘릴 것이다. 아니면 자기가 싫어하는 것에는 전부 분노를 터뜨릴 수도 있다. 이런 반응은 그들이 열정적이고 매우 감정적임을 나타내는 것처럼 보일지 모르지만, 그들의 감정 표현은 속까지 깊게 파고들기보다는 통통 튀면서 수면만 건드리는 돌 같은 특성을 지지고 있다. 극적이기는 하지만 심오하지 않고, 잠깐 동안 나타나는 순간적인 반응인 것이다.

이런 사람들과 교류할 때는, 이상할 정도로 얄팍한 그들의 감정 때문에 그들이 괴로워하는 모습을 봐도 마음이 움직이지 않을 수 있다. 그들에 대해 더 많은 감정을 느껴야 한다고 스스로에게 말해 봐도, 여러분의 심장은 그들의 과장된 반응에 동조할 수 없다. 그리고 그들은 너무나 자주 과잉 반응을 보이기 때문에, 여러분 자신의 감정적 생존을 위해 그들을 무시하는 방법을 곧 깨우치게 될 것이다.

복합적인 감정을 느끼지 않는다

복합적인 감정을 느끼는 능력은 성숙했다는 신호다. 행복과 죄책감, 또는 분노와 애정처럼 서로 모순된 감정을 한데 뒤섞을 수 있는 사람은, 인생의 감정적인 복잡함을 모두 아우를 수 있는 사람이다. 반대되는 감정들을 함께 느끼면, 그 감정들이 서로를 길들인다. 사람들이 다양한 감정을 동시에 느끼는 능력을 발전시키면, 세상이 좀 더 풍부하고 깊이 있는 모습으로 원숙해진다. 단 하나의 강렬하고 일차원적인 감정 반응을 보이는 게 아니라 상황의 미묘한 차이를 반영하는 몇 가지 다른 감정들을 느낄 수 있는 것이다. 하지만 감정적으로 미숙한 사람들의 반응은 회색 영역이 없는 흑백논리 같은 모습을 띄는 경향이 있다. 이런 태도는 양가성, 딜레마, 정서적으로 복잡한 경험을 배제시킨다.

사고의
질적 차이

정서적으로 성숙한 사람과 미숙한 사람은 감정과 행동에 차이가 있을 뿐만 아니라 지적인 부분에서도 차이가 나는 경우가 많다. 여러분의 부모님이 불안감과 비판이 가득한 분위기 속에서 자랐다면, 편협하게 생각하면서 복잡함에 저항하는 법을 배웠을지도 모른다. 어린 시절에 과도하게 불안감을 느끼면 감정이 미숙한 어른으로 성장할 수 있고 이는 머릿속에 반대되는 생각을 담아둘 수 없는 지나치게 단순화된 사고로 이어지기도 한다. 억압적이거나 가혹한 가정환경은 일반적으로 자유로운 생각이나 자기표현을 장려하지 않으므로, 정신을 온전히 발달시키는 데 도움이 되지 않는다.

개념적 사고의 어려움

아이들은 청소년기가 되면 개념적으로 생각하기 시작하여, 자동 반사적인 충동이 아닌 논리와 추론을 통해 문제를 해결할 수 있다. 두뇌 발달이 가속화된다는 것은 그들이 좀 더 객관적이고 창의적으로 생각할 수 있게 된다는 뜻이다. 아이디어를 일정한 범주로 묶거나 상징을 이용해서 신속하게 사고를 전개할 수도 있다. 단순히 뭔가를 암기하는 수준을 넘어서고, 사실을 단순히 비교하는 게 아니라 아이디어를 평가하기 시작한다. 가설에 근거해서 독자적으로 생각할 수 있고 기존의 지식에서 새로운 통찰력을 얻기도 한다. 아이들이 10대에 접어들면 본인의 생각에 대해서도 생각할 수 있게 되므로 자기반성 능력이 급격히 향상된다(Piaget 1963).

하지만 정서적으로 미성숙한 사람이 느끼는 격렬한 감정과 불안감은 고차원적으로 생각하는 능력을 저하시킬 수 있다. 그들은 감정에 좌우되는 경우가 많으므로 스트레스 때문에 고차원적인 사고 능력이 쉽게 망가지기도 한다. 실제로 이들이 자기반성을 자주 하지 않는 이유는 본인의 생각에 대해 생각하는 능력이 퇴행하거나 일시적으로 그 능력을 상실하기 때문이다. 어떤 감정을 유발하는 주제가 등장하면, 이들의 마음은 복잡함을 거부하고 모든 생각의 교류를 막는 경직된 흑백논리에 빠진다.

똑똑하지만 정서적으로는 미숙한 사람들은 그 순간 심한 위협을 느끼지 않는 한 개념적으로 사고할 수 있고 통찰력도 발휘할 수 있다. 하지만 그들의 지적인 객관성은 그들을 감정적으로 자극하지 않는 주제에 국한되어 있다. 때문에, 때로는 똑똑하고 통찰력이 있지만 때로는 편협하고 논리적으로 설명이 불가능한 행동을 하는, 부모의 판이하게 다른 두 가지 모습을 본 아이들은 곤혹스러워할 수밖에 없다.

경직된 사고를 하는 경향

감정적으로 미숙한 사람들이 하는 대화를 듣는다면, 그들의 생각이 얼마나 틀에 박혀 있고 융통성이 없는지 금세 알아차릴 수 있을 것이다. 그들은 감정이나 발상에 대해서가 아니라, 벌어진 일이나 자기가 관찰한 것에 대해서만 얘기하는 경향이 있다. 일례로 한 상담자는 자기 어머니와 전화 통화를 하면 본질적인 문제는 전혀 얘기하지 않기 때문에 힘들고 지루하다고 말했다. 어머니는 그가 지금 하고 있는 일이나 날씨가 어떠한가와 같은 일상적인 질문만 했다. "어머니는 그냥 있었던 사실들만 보고하고, '최근에 이런저런 일이 있었다'는 것 이외의 다른 얘기는 하지 않습니다. 대화를 하면서 저와 심정적으로 연결되지 않는 거예요. 정말 짜증스러워서 '우리 좀 의미 있는 얘기를 하면 안 될까요?'라고 말하고 싶을 정도예요. 하지만 어머니와는 그런 대화가 불가능하죠."

강박적으로 합리성을 추구한다

정서적 미숙함을 드러내는 또 하나의 인지적 징후는 지나치게 합리성을 추구하고 특정 주제에 집착하는 것이다. 이런 부분에서는 정서적으로 미성숙한 사람들도 지나칠 정도로 개념화를 잘할 수 있다. 하지만 이들은 그 능력을 자기반성에 사용하지 않고, 다른 사람의 감정을 민감하게 알아차리지도 않는다. 그들은 아이디어에만 집착하느라 정서적인 친밀감을 쌓는 데 집중하지 못한다. 본인이 좋아하는 주제에 대해서는 길게 토론할지도 모르지만, 다른 사람을 제대로 이야기에 끌어들이지는 않는다. 결국 지나치게 융통성 없는 사상가들만큼이나 대화를 나누기가 힘들다. 그들은 자기 생각을 전달하는 동안에는 개념적으로 생각할 수 있지만, 대화가 개인적이지 않고 지적인 수준에만 머물러야 편안함을 느낀다.

요약

정서적 미숙은 오래전부터 연구되고 문서화된 실제 현상이다. 이 증상은 스트레스에 대처하는 능력과 다른 사람과 정서적으로 친밀해지는 능력을 손상시킬 수 있다. 정서적으로 미성숙한 사람들은 온전한 정서적, 지적 발달을 저해하는 가정환경에서 성장한 경우가 많다. 그 결과 지나치게 단순한 방법으로 삶에 접근하고, 자신의 융통성 없는 대처 기술에 맞춰서 상황을 축소하려고 한다. 자아 관념이 이렇게 제한된 탓에 자기중심적이 되고 다른 사람의 요구와 감정에 민감하게 반응하는 능력이 약화된다. 이들의 반작용 감정, 객관성의 결여, 감정적 친밀감에 대한 두려움 때문에 긴밀한 관계를 맺기가 힘들며 특히 자기 자녀들과의 경우에 더욱 심하다.

다음 장에서는 정서적으로 미성숙한 부모와 관계를 맺는 것이 어떤 기분인지, 그리고 성인이 된 자녀가 이런 부모와 의사소통을 할 때 직면하는 문제는 무엇인지 살펴볼 것이다.

정서적으로
미성숙한
부모와의
관계에서

느끼는
기분

이 장에서는 정서적으로 미성숙한 부모들이 어떻게 자녀들의 정서적 욕구를 좌절시키는 쪽으로 관계를 다루는지 알아볼 것이다. 여러분이 이미 알고 있듯이, 이런 부모 밑에서 자라는 건 외로운 동시에 정말 짜증스러운 일이다.

우리는 세상에 태어나 가장 먼저 맺는 관계를 선택할 권리가 없다. 우리가 가장 강한 유대감을 느끼는 상대는 일차적 애착 대상인 부모이므로, 무섭거나 배가 고프거나 피곤하거나 아프면 가장 먼저 부모에게 의지한다. 기분이 좋을 때는 다른 사람과 놀려고 할 수도 있지만, 스트레스를 받거나 뭔가 절실한 요구가 생기면 재빨리 주양육자에게 돌아간다(Ainsworth, 1967).

초기에 생성된 이런 유대감의 강도는 정서적으로 미성숙한 부모들이 계속해서 아이들을 실망시킬 수 있는 이유를 설명해준다. 그들과의 관계는 대처하기 어려울 수 있지만, 우리가 그들과 멀어지거나 분리되어 있을 때는 정말 중요한 무언가가 빠진 듯한 느낌이 든다. 태어나자마자 생긴 본능 때문에 보살핌과 이해를 받기 위해 계속 부모에게 의지하게 되는 것이다.

**Exercise: 정서적으로 미성숙한 부모 때문에 겪은
어린 시절의 어려움 평가**

감정적 미숙함은 타인과의 관계에서 가장 뚜렷하게 드러나고, 그

영향은 부모와 자녀 사이의 관계에서 특히 두드러진다. 정서적으로 미성숙한 부모 때문에 자녀가 겪는 가장 고통스러운 일들 몇 가지를 서술한 다음의 문장을 읽고, 여러분의 유년기 경험을 나타내는 내용에 전부 체크해보자.

☐ 부모님이 내 말에 귀 기울여준다는 느낌이 들지 않았다. 부모님의 관심을 거의 받지 못했다.

☐ 부모님의 기분이 집 안 전체에 영향을 미쳤다.

☐ 우리 부모님은 내 감정을 예민하게 알아차리거나 반응을 보인 적이 없다.

☐ 부모님이 말하지 않아도 그들이 무엇을 원하는지 알고 있어야 한다고 느꼈다.

☐ 부모님을 행복하게 해줄 수 있을 만큼 충분한 성과를 올릴 방법이 없다고 느꼈다.

☐ 부모님이 나를 이해하려고 노력하는 것보다 내가 부모님을 이해하려고 더 많이 노력했다.

☐ 부모님과는 모든 걸 터놓는 솔직한 의사소통을 하는 게 힘들거나 불가능했다.

☐ 우리 부모님은 사람은 각자 맡은 역할을 해야 하고 거기에서 벗어나서는 안 된다고 생각했다.

☐ 부모님이 내 사생활에 끼어들거나 무례하게 행동하는 일이 종종 있었다.

- [ ] 부모님은 내가 너무 예민하고 감정적이라고 생각한다는 걸 항상 느꼈다.
- [ ] 가족 중에서 누가 가장 많은 관심을 받는가 하는 문제에 있어서 우리 부모님은 늘 편파적이었다.
- [ ] 우리 부모님은 내가 하는 말이 마음에 들지 않으면 더 이상 듣지 않으려고 했다.
- [ ] 부모님 주변에 있을 때면 죄책감이나 내가 어리석고 나쁜 사람이라는 부끄러움을 느꼈다.
- [ ] 부모님과 나 사이에 문제가 생겼을 때, 부모님은 사과를 하거나 상황을 개선하려는 노력을 거의 하지 않았다.
- [ ] 종종 부모님에게 울분을 느끼곤 했지만 그걸 표현할 수가 없었다.

위 문장의 내용은 본 장에서 설명한 특성들과 연결되어 있다. 여러분의 부모는 내가 설명한 특징들을 모두 지니고 있지 않을지도 모르지만, 체크한 항목이 하나 이상이라면 정서적으로 미성숙한 부분이 있음을 나타낸다.

의사소통이 힘들거나
불가능하다

　남들과 친해지는 기술이 부족한 정서적으로 미성숙한 부모와 관계를 맺으려고 노력해왔다면, 이런 상호작용 과정에서 마음의 문을 닫고 여러분을 내치는 부모의 모습에 소외감을 느꼈을지도 모른다. 여러분의 부모가 이 부류의 사람들 중에서 그래도 좀 친절하고 마음 따뜻한 축에 속한다고 하더라도, 다른 사람의 관심사와 관련해서는 흥미를 보이는 폭이 매우 좁을 것이다. 부모와 연결될 방법을 찾으려고 오랫동안 애썼겠지만 자기는 부모 눈에 보이지도 않고 목소리도 들리지 않는 사람인 듯한 느낌을 계속 받을 뿐이다. 그러니 아마 많은 분노를 느꼈을 것이다. 당연한 일이다.

　늘 자신에게만 정신이 팔린 어머니에 대해 이렇게 말한 사람도 있었다. "어머니는 우리가 아주 가깝다고 생각하지만, 내 입장에서는 결코 만족스러운 관계가 아니에요. 사람들한테 내가 어머니의 가장 친한 친구라고 말할 때마다 미칠 것 같은 기분이에요."

　정서적으로 미성숙한 사람과의 의사소통은 대개 일방통행처럼 느껴진다. 그들은 함께 주고받는 대화에 관심이 없다. 어린아이들처럼 자기 혼자 관심을 독점하고 싶어하고 자기가 좋아하는 일에 다른 이들도 모두 관심을 가져주기를 바란다. 다른 사람이 자기보다 많은 관심을 받고 있으면 그들은 방해하거나, 서둘러 모두의 관심을 끌 만한 재미있는 말을 던지거나, 주제를 바꾸는 등 다시 관심을 끌 방법을 찾는다. 이런 방법이 다 실패로 돌아가면, 화를 내며 한 발 물러서거나, 지루한 표정을 짓거나, 다른 방법을 통해 자기가 몰입하지 않고 있다는 사실을 알린다. 이런 행동을 통해 주변 사람들의 관심이 계속 자기에게 머물도록 하는 것이다.

브렌다의 이야기

브렌다의 연로한 어머니 밀드레드는 언제나 심하게 자기중심적인 사람이었다. 밀드레드가 명절을 보내러 찾아올 때마다 브렌다는 진이 다 빠지곤 했다. 명절이 지난 다음에 상담을 받으러 온 브렌다는 힘이 빠진 모습이었고 얼굴도 평소보다 나이가 들어 보였다. 이 상담 시간 중에 브렌다는 자기 어머니를 이렇게 설명했다. "우리 어머니는 본인에게만 관심이 있어요. 내 기분이 어떤지, 일은 어떻게 되어가고 있는지 절대 묻는 법이 없죠. 친구들에게 딸 자랑을 하려고, 내가 무슨 일을 하는지만 알고 싶어해요. 내가 한 말을 진지하게 받아들인 적이 한 번도 없는 것 같아요. 내가 무슨 말을 해도 어머니 머릿속에 새겨지지 않는 거예요. 언제나 어머니 본인에게 모든 관심이 쏠려 있기 때문에 우리는 관계다운 관계를 맺어본 적이 없어요. 어머니는 내 감정의 탱크를 채워주지 않았죠. 내가 정말 행복한지 아닌지 신경 쓰지도 않았고, 내가 하는 말은 다 무시하기만 했어요. 어머니가 주변에 있으면 내게 부담만 돼요. 내가 자기를 위해 이런저런 일들을 해주기만 바라는 피상적인 인간을 상대하는 기분이에요. 남한테 계속 요구만 하다니 어쩜 그렇게 뻔뻔한지 모르겠어요."

밀드레드는 80대지만 그녀의 자기중심적인 사고방식은 어린아이 같았다. 브렌다는 어머니의 미성숙함을 머리로는 이해했지만 그래도 여전히 화가 났다. 브렌다는 "어머니 때문에 이렇게 자꾸 짜증 나는 일이 없었으면 좋겠어요. 어머니 옆에 있을 때 계속 화가 나니까 나 자신이 실망스러울 정도예요"라고 말했다. 밀드레드가 집에 와 있는 동안, 브렌다는 화난 기분을 가라앉히고 명절에 해야 하는 일들을 마무리하려고 계속 노력했다. 하지만 몇 분도 안 되어 밀드레드가 브렌다를 불렀고, 그녀는 브렌다가 하던 일을 다 멈추고 자기에게 뭔가를 가져다주기를 바랐다. 하던 일을 자꾸 중단해야 하는 건 물론 짜증나는 일이지만, 브렌다는 단순한 짜증 이상의 격렬한 반응을 보였다. 감정적 애착에 관한 다음 설명을 읽어보면, 브렌다의 분노를 이해할 수 있을 것이다.

분노를
유발한다

이별과 상실에 대한 아이들의 반응을 연구한 선구적인 학자 존 볼비John Bowlby는 유아와 어린이는 부모가 자기 곁을 떠나면 화를 내는 게 정상적인 반응임을 알아냈다. 상실에 대한 예상 가능한 반응은 슬픔이지만, 볼비는 분노도 이별에 대한 반응으로 흔히 나타난다고 기록했다(1979). 이건 이해할 만하다. 분노와 격노는 버려졌다는 느낌에 대한 적응 행동이며, 우리가 유해한 감정적 상황에 항의하고 이를 변화시킬 수 있는 힘을 준다.

이런 관점에서 보면 어머니에 대한 브렌다의 분노는 옹졸하거나 비이성적인 게 아니라, 어머니의 정서적 무관심 때문에 생겨난 무력감에 대한 생물학적 반응이다. 결국 부모에게 잊혀지거나 관심을 받지 못한다는 느낌 때문에 감정적 분리가 발생한다. 브렌다의 입장에서는 어머니가 몇 번이나 자기를 버리고 떠난 것이나 마찬가지다. 어머니의 자기중심적인 성격이 일종의 정서적 유기라는 것을 안 브렌다는 처음으로 자신의 깊은 분노를 이해할 수 있었다. 그녀는 과잉 반응을 보인 게 아니라, 감정적 상처에 대해 정상적인 반응을 보인 것이다. 그리고 분노의 출처를 깨달은 브렌다는 자신을 지금까지와 다른 시각에서 바라볼 수 있었다. 그녀는 정상적인 아이였다. 부모가 떠나거나 대답을 거부했을 때 모든 아이가 느낄 수 있는 분노를 경험한 것뿐이다.

정서적으로 미성숙한 부모를 둔 아이들은 때로 분노를 억누르거나 자기 자신에게 화풀이를 하기도 한다. 아마도 화를 직접적으로 표현하는 게 너무 위험하다는 것을 알거나, 자신의 분노를 의식하는 것에 지나친 죄책감을 느끼기 때문일 것이다. 이런 식으로 분노를 내면화하는 사람들은 자신을 비현실적으로 비판하고 비난하는 경향이 있다. 심한 우울증을 겪거나 자살 충동까지 느끼게 될 수도 있는데, 이는 자신에 대한 분노가 극단적으로 표현된 것이다. 아니면 자신의 분노를 수동적 공격성 형태로 표현하는 이들도 있는데,

중요한 일을 잊어버리거나, 거짓말을 하거나, 일을 미루거나 회피하는 등의 행동으로 자기 부모나 다른 권위 있는 사람들을 물리치려고 한다.

감정 전염을 통해
의사소통을 한다

정서적으로 미성숙한 사람들은 감정을 잘 의식하지 못하고 감정적 경험에 대한 어휘가 제한적이기 때문에, 평소 자신의 감정적 요구를 말로 전하는 대신 그걸 행동으로 표현한다. 이들은 감정 전염 emotional contagion(Hatfield, Rapson, Le 2007)이라는 의사소통 방법을 이용해서 자기가 느끼는 기분을 다른 사람들도 느끼게 한다.

감정 전염은 아기와 어린아이들이 자신의 요구를 전달하는 방법이기도 하다. 그들은 양육자가 무엇이 잘못됐는지 알아내 해결해줄 때까지 울면서 법석을 떤다. 짜증난 아기에게서 걱정하는 어른에게 감정이 전염되면, 깜짝 놀란 양육자는 아이를 진정시키기 위해 필요한 일은 다하겠다는 의욕이 생긴다.

정서적으로 미성숙한 성인도 이와 같은 원시적인 방법으로 자기 기분을 전한다. 부모가 된 그들이 기분이 안 좋을 때 자기 아이나 주변 사람들을 짜증나게 하면, 보통은 주변 사람들이 그들의 기분을 풀어주려고 무슨 일이든 다 해주곤 한다. 이렇게 역할이 반전되면,

부모의 괴로움이 전염된 아이는 부모의 기분을 좋아지게 해야 한다는 책임감을 느낀다. 하지만 화난 부모가 본인의 감정을 이해하려고 하지 않으면 아무것도 해결되지 않는다. 그들은 짜증스러운 감정을 고스란히 다른 사람에게 퍼뜨리기 때문에 다들 진짜 문제가 뭔지도 모르는 채 반응하게 된다.

감정 노동을 하지 않는다

정서적으로 미성숙한 부모는 다른 사람이 하는 감정적인 경험을 이해하려고 하지 않는다. 이들은 자기 자녀를 비롯해 다른 사람의 욕구나 감정에 둔감하다는 비난을 받으면, 방어적인 태도를 취하면서 "꼭 그렇게 말해야겠어!"라고 항의한다. 자기는 남의 마음을 잘 읽지 못한다는 말을 덧붙이거나 자기에게 상처받은 사람이 너무 감정적이거나 예민한 거라고 주장하면서 그 상황을 묵살해버릴지도 모른다. 그들이 어떻게 반응하든 간에, 전달하는 메시지는 똑같다. 자신들은 다른 사람의 마음속에서 어떤 감정이 오가는지 이해하려는 노력을 하지 않으리라는 것이다.

정신과 의사인 해리엇 프라드Harriet Fraad는 〈감정 분야에서의 노력Toiling in the Field of Emotion〉(2008)이라는 논문에서 타인을 이해하려는 이런 노력을 설명하기 위해 감정 노동이라는 용어를 사용한다.

"'감정 노동'이란 타인의 정서적 욕구를 이해하고 충족시키기 위해 두뇌와 근육을 이용하는 시간과 노력, 에너지 소비를 말한다. 정서적 욕구란 남이 나를 원하고, 인정해주고, 사랑해주고, 보살펴주기를 바라는 인간적인 욕구다. 개인의 정서적 욕구는 대부분 말로 표현되지 않으므로 알거나 의식하지 못하는 경우가 많다. 감정 노동은 육체 노동(재화나 서비스를 생산하는)과 함께 진행되는 경우가 많지만, 감정 노동은 원하고, 인정하고, 사랑하고, 관심을 가진다는 구체적인 감정을 만들어내는 것을 목표로 한다는 점에서 육체 노동과 다르다."

프라드는 이어서, 정서적인 욕구는 모호하거나 무의식적인 경우가 많기 때문에 어떤 사람은 자기에게 감정적인 위안이 필요하다는 사실을 깨닫지 못하기도 한다고 설명한다. 또 자신의 정서적 욕구를 인정하는 게 부끄러워서 그걸 숨기는 사람도 있다. 따라서 조력자들은 그 사람이 체면을 지킬 수 있도록 요령 있게 간접적으로 위안을 제공해야 한다.

감정 노동은 힘든 일이다. 이 일을 하는 사람들은 자기가 기울이는 노력이 효과적인지 파악하기 위해 계속 상대방의 마음을 읽어야 한다. 많은 역할과 감정이 감정 노동에 의존하며, 이 노동을 잘 해내면 다른 사람들은 거기에 수반된 노력을 거의 알아차리지 못한다. 뛰어난 육아는 이런 찬양받지 못하는 노동의 한 가지 예이며, 여러 가지 서비스업에 종사하는 이들도 마찬가지다.

성숙한 사람은 항상 남에게 공감하고 자신을 인식한 상태에서 살아가기 때문에 타인과의 관계에서 자동으로 감정 노동을 떠맡는다. 이들의 경우, 아끼는 누군가가 어려움을 겪고 있는 모습을 못 본 척한다는 건 불가능한 일이다. 그들은 이런 노동을 통해 대인 관계와 관련된 모든 상황을 다른 사람의 감정을 상하게 하지 않고 성공적으로 헤쳐 나갈 수 있다. 감정 노동은 직장에서든 가정에서든 서로간의 호의와 원만한 관계를 촉진한다.

그에 비해 정서적으로 미성숙한 사람들은 이런 기술이 부족한 것에 자부심을 느끼는 일이 종종 있다. 이들은 자신의 충동적이고 무신경한 반응을 "나는 그냥 생각나는 대로 말한 것뿐이야"나 "이게 내 본모습인데 어떻게 바꿔" 같은 변명으로 합리화한다. 이런 태도에 맞서서 생각나는 대로 다 말하지 않는 것이 분별 있는 행동이라든가 자신의 본모습을 바꾸지 않으면 성숙한 인간이 될 수 없다고 말한다면, 그들은 아마 화를 내거나 여러분이 말도 안 되는 소리를 한다면서 묵살해버릴 것이다.

다른 사람들이 겪는 고통이나 어려움을 말로 표현하지 않는 경우, 그 곤경에서 벗어났다고 생각하는 것 같다. 이들은 다른 사람의 감정에 주의를 기울일 필요가 없다고 여긴다. 하지만 정서적으로 성숙한 사람은 이런 태도가 좋은 관계를 유지하는 데 필요하다는 걸 알기 때문에, 언제나 다른 사람의 반응을 예민하게 주시한다. 공감 능력이 있는 사람은 감정 노동을 쉽게 수행한다. 하지만 공감 능력이 없고 다른 사람의 생각을 이해하기 힘들다고 여기는 이들의 경우에는 감정 노동이 전혀 자연스럽지 않다. 정서적으로 미성숙한 이들이 공감을 위해 노력하기를 기대할 때 그들이 심하게 불평을 늘어놓는 이유도 아마 이 때문일 것이다.

원하는 걸
주기가 힘들다

정서적으로 미성숙한 사람들은 남들이 자신의 욕구에 관심을 가져주기를 갈망하지만, 사실 그들이 원하는 것을 주는 건 힘든 일이다. 리 맥컬로는 이런 특성을 가리켜 수용력 부족이라고 부른다 (McCullough 외, 2003). 정서적으로 미성숙한 사람은 다른 이들이 자기 문제에 관심을 보이기를 바라지만, 자신에게 도움이 되는 의견을 받아들일 가능성은 낮다. 이들은 보살핌 받는다는 기분을 느끼기 위한 노력을 반사적으로 거부한다. 다른 사람들을 끌어들여 놓고는, 막상 도와주려고 하면 도로 밀어내는 것이다.

게다가 이들은 다른 사람이 자기 마음을 읽어주기를 기대하고, 사람들이 자신의 바람을 빨리 알아차리지 못하면 금세 화를 내곤 한다(McCullough 외, 2003). 이들은 자기가 원하는 바를 직접 말하는 것을 싫어하기 때문에, 말없이 가만히 지켜보면서 누군가가 자신의 감정을 알아차려주기를 기다린다. 정서적으로 미성숙한 성인은, "당신이 나를 정말 사랑한다면, 무엇을 해주길 바라는지 알 것이다"라고 암묵적으로 요구한다.

일례로 한 여성은 자기 어머니는 자리에 가만히 앉아서 있다가 가족이 주방에 갔다 오면 왜 자기에게 뭐가 필요한지 물어보지 않았느냐고 화를 내면서 불평하는 버릇이 있었다고 설명했다. 정서적으로 미성숙한 사람들은 자기가 원하는 걸 솔직하게 말하지 않고 악의적인 정답 알아맞히기 놀이를 벌여서 주변 사람들을 계속 불편하게 만든다.

관계 회복을
거부한다

살다 보면 어떤 관계에든 문제가 발생할 수밖에 없으므로, 이런 고비를 넘기고 관계를 유지할 수 있도록 갈등을 해결하는 방법을 알고 있는 것이 중요하다. 자기가 틀렸다는 걸 인정하고 상황을 개선하려면 자신감과 성숙한 태도가 필요하다. 하지만 정서적으로 미성숙한 이들은 본인의 실수를 직면하는 걸 거부한다.

정서적으로 미성숙한 사람에게 부당한 취급을 받은 이들은, 그 사람의 행동을 계속 불쾌하게 여기는 건 자신의 잘못이라고 생각하기 시작한다. 정서적으로 미성숙한 사람은 여러분이 당장 자기를 곤경에서 벗어나게 해줄 것이라고 기대한다. 그들을 금세 용서하지 못하는 자신을 비난하는 게 마음이 편하다면, 그들도 그렇게 할 것이다.

대부분의 사람들은 불화를 겪은 뒤에 관계 전문가인 존 가트만 John Gottman이 수정 시도repair attempt라고 부르는 행동을 한다. 사과하고, 용서를 구하고, 일을 수습하고 싶다는 바람이 드러나는 태도로 보상을 하는 것이다. 하지만 정서적으로 미성숙한 사람들은 용서의 의미에 대해 완전히 비현실적인 생각을 지니고 있다. 그들에게 용서란 불화가 아예 생기지 않은 것처럼, 완전히 새로운 시작이 가능한 것처럼 행동하는 걸 의미한다. 그들은 감정을 처리해야 할 필요성이나 큰 배신을 겪은 뒤에 신뢰를 다시 쌓으려면 시간이 많이 걸린다는 것을 모른다. 그냥 모든 게 다시 평범해지기를 바랄 뿐이다. 그들이 보기에 다른 사람들이 겪는 고통은 일을 엉망으로 만드는 불쾌한 일에 불과하다. 다른 사람들이 그 상황에 대한 감정을 흘려보내기만 하면 모든 게 괜찮아질 것이다.

미러링을 요구한다

미러링mirroring은 성숙한 부모들이 자연스럽게 자녀들에게 제공하는 공감과 유대감의 한 형태다. 민감하고 감정적 반응을 잘 해주는 부모는 자녀들의 감정을 미러링해 자기 얼굴에 자녀와 똑같은 감정을 드러낸다(Winnicott, 1971). 아이가 슬퍼하면 걱정스러운 표정을 짓고, 아이가 행복해할 때는 감격한 표정을 짓는다. 세심한 부모는 자기 자녀에게 이런 식으로 감정을 자연스럽게 받아들이거나 다른 사람들과 잘 어울리는 방법을 가르친다. 부모의 훌륭한 미러링은 자기가 독자적인 한 인간으로서 인정과 이해를 받는다는 느낌을 아이에게 준다. 하지만 정서적으로 미성숙한 부모를 둔 아이들은 그렇지 못하다. 어떤 남자는 자기 어머니에 대해 이렇게 말했다. "어머니는 나를 있는 모습 그대로 봐주지 않았어요. 친자식이지만 어머닌 앞으로도 절대 나에 대해서 모를 거예요."

사실 정서적으로 미성숙한 부모들은 아이들이 자기를 알아주고 미러링해주기를 기대한다. 만약 아이들이 자기가 원하는 대로 행동하지 않는다면 크게 화를 낼 수도 있다. 연약한 자존심 때문에 언제나 일이 자기 뜻대로 진행되기를 원한다. 하지만 어떤 아이도 심리적으로 성인을 정확하게 미러링할 수는 없다.

정서적으로 미성숙한 부모들 중에는 아기가 자기 기분을 좋게 해줄 것이라는 환상을 품은 이들이 많다. 아이들에게도 자기 나름의 욕구가 있다는 사실이 드러나면, 이런 부모는 극심한 불안 상태에 빠질 수 있다. 감정이 극도로 미숙한 사람들은 이럴 때 체벌이나 갖다버리겠다는 위협, 창피 주기 등을 비장의 무기로 활용하여, 아이의 희생을 발판 삼아 상황에 대한 통제력을 발휘하면서 자존심을 세우려고 한다.

신시아의 이야기

신시아의 어머니 스텔라는 변덕이 매우 심한 사람인데, 신시아가 감정 복제품처럼 자신의 모든 감정을 그대로 미러링하기를 바랐다. 갓 성인이 된 신시아가 여행을 가기로 하자, 스텔라는 분노를 폭발시키면서 "너와는 이제 의절이야!"라고 소리를 지르더니 딸과의 접촉을 모두 끊었다. 스텔라는 몇 달 동안 신시아와 대화를 나누지 않았고 심지어 생일에도 연락을 안 했다. 신시아는 어머니가 이런 행동을 통해, "너는 혼자 있고 싶어하면서 나를 떠났지. 나도 이제 너와 어떤 관계도 맺고 싶지 않아"라는 메시지를 보내고 있는 것이라고 상황을 요약했다.

신시아가 캐나다에 있는 친구를 만나러 갈 계획을 세운 일 때문에 또 한 차례 분노를 터뜨린 스텔라는 신시아의 대학교 학자금 지원을 끊었다. 그리고 신시아가 여행을 다니고 싶어하는 건 이기적인 행동이라고 말했다. "너 대체 왜 이러는 거니? 인생을 그렇게 놀면서 보내려고 하면 안 돼!" 스텔라는 신시아가 자기처럼 제한된 삶을 살아야만 안심할 수 있었다.

다행히 신시아는 강인한 성격이었다. 그래서 혼자 힘으로 대학을 졸업하고 비행기 승무원이 되어 외국 각지를 돌아다녔다. 하지만 마음 한구석에는 여전히 누군가와 관계를 유지하고 싶다면 그 사람의 요구를 들어주고 똑같은 행동을 해야 한다는 믿음이 자리 잡고 있었다. 신시아는 사람들이 자기 어머니처럼 반응하고, 감히 그들과 다르게 행동한다는 이유로 벌을 줄까 봐 늘 두렵다고 말했다.

그들의 자존감은
여러분의 복종 여부에 달려 있다 _____

　정서적으로 미성숙한 사람은 다른 사람들이 자기가 원하는 것을 주고 자기가 생각하는 방식대로 행동해야 기분이 좋아진다. 이렇게 불안한 자존감을 고려하면, 정서적으로 미성숙한 부모가 자녀들의 감정을 참고 받아들인다는 건 어려운 일이다. 화를 내거나 까다롭게 구는 아이는 자신의 근본적인 선량함에 대한 이들의 불안감을 자극할 수 있다. 아이를 곧바로 진정시키지 못하면 실패자가 된 듯한 기분을 느끼면서 자기를 속상하게 한 아이를 비난하기도 한다.

　예를 들어, 제프는 예전에 자기 아버지에게 숙제를 도와달라고 부탁했을 때 벌어진 일을 기억하고 있다. 제프가 숙제 내용을 바로 이해하지 못하자, 아버지는 "왜 이렇게 멍청한 거냐? 게으름 좀 그만 부려! 넌 노력을 안 하는 거야!"라고 고함을 질렀다. 당연히 제프는 굴욕감을 느꼈고 다시는 도와달라는 부탁을 하지 않았다. 어린 그가 미처 깨닫지 못했던 것은, 그의 아버지는 아들이 공부를 쉽고 빠르게 이해하도록 도와주지 못하는 자기는 무능한 아버지라는 두려움과 싸우고 있었다는 것이다. 그의 반응은 결코 제프와 관련된 것이 아니었다.

　정서적으로 미성숙한 사람들에게 있어 모든 상호작용은 결국 자기가 좋은 사람인가 아니면 나쁜 사람인가 하는 문제로 귀결된다. 그들이 한 일에 관해 얘기하려고 할 때 극도로 방어적인 태도를 취하는 이유도 이것 때문이다. 그래서 그들의 행동에 대해 사소한 불평만 해도 "그럼 나는 세상에서 가장 고약한 엄마겠구나!"라든가 "나는 제대로 하는 일이 하나도 없다는 말이지!"처럼 극단적인 말로 응수하는 경우가 많다. 이들은 자기가 나쁜 사람인 듯한 기분이 들게 하는 말을 들으니, 차라리 모든 의사소통을 차단하는 편을 택한다.

역할을
신성시한다

정서적으로 미성숙한 사람이 다른 이들과의 관계에서 관심이 많은 부분이 있다면 그건 바로 역할 준수다. 역할은 삶을 단순화하고 의사 결정을 명확하게 한다. 정서적으로 미성숙한 부모는 자녀들이 적절한 역할을 해주기를 바라는데, 거기에는 자기를 존중하고 복종하는 것도 포함되어 있다. 이들은 부모로서의 자기 역할이 지닌 권위를 뒷받침하기 위해 진부한 표현을 자주 사용한다. 정해진 역할이 그렇듯이 진부한 표현들도 복잡한 상황을 매우 단순화해서 대처하기 쉽게 만들어주기 때문이다.

역할 특권

역할 특권이란 자신의 사회적 역할에 근거해 어떤 대우를 요구하는 태도를 말한다. 부모가 단순히 자기는 부모 역할을 하니까 원하는 일을 할 자격이 있다고 느낀다면, 이것도 일종의 역할 특권이다. 그들은 부모라는 이유만으로 자녀들의 영역을 존중하거나 배려하는 태도를 취할 필요가 없는 것처럼 행동한다.

마르디의 부모는 전형적인 역할 특권의 예를 보여준다. 마르디는 남편이 전근을 가게 되어 다른 도시로 이사를 갔다. 얼마 뒤, 마르디의 부모도 근처로 이사를 왔다. 이렇게 한 동네에 살게 되자, 마르디의 부모는 예고도 없이 집에 들르기 시작했고 심지어 노크도 하지 않은 채 들어오는 경우까지 생겼다. 마르디가 방문 전에 먼저 전화를 해달라고 말하자, 그들은 화를 내면서 자기들은 부모니까 언제든지 마르디의 집에 들를 권리가 있다고 주장했다.

또 다른 예를 살펴보자. 페이스는 부동산 중개인인 자기 어머니의 방문을 금지해야만 했다. 페이스 집의 가구와 장식품들을 자기 멋대로 바꾸겠다고 고집했기 때문이다. 페이스가 어머니에게 그만하라고 말했는데도, 자기는 페이스의 엄마고 부동산업자이기도 하니(그녀가 가진 2개의 중요한 역할) 그 일을 하게 해줘야 한다고 항의했다.

역할 강압

역할 강압은 자기가 원하니까 다른 사람이 어떤 역할을 해야만 한다고 주장할 때 발생한다. 부모인 그들은 자녀에게 말을 하지 않거나, 그들을 거부하겠다고 위협하거나, 다른 가족이 그들을 괴롭히게 하는 등의 방법을 동원해서 자녀들이 특정한 방식으로 행동하도록 강요한다. 아이에게 너는 부모가 못마땅해하는 뭔가를 원하는 나쁜 사람이라고 말하는 등 역할 강압은 심한 수치심과 죄책감을 동반하는 경우가 많다.

종교에 매우 집착하는 가족을 둔 질리언은 악의적인 역할 강압 사례를 경험했다. 질리언은 폭력적인 남자와 결혼했고 그는 육체적으로 수없이 질리언을 상처 입혔다. 그녀는 마침내 용기를 내서 남편을 떠났지만, 어머니는 질리언이 남편에게 돌아가야 한다고 주장했다. 어머니의 도움이 절실히 필요했던 질리언은 결국 자기가 학대받은 사실을 어머니에게 털어놨다. 하지만 어머니가 보기에 그건 중요한 게 아니었다. 질리언은 현재 유부녀의 역할을 맡고 있으니 이혼은 죄라는 것이다.

또 다른 사례에서, 메이슨이 어머니에게 자기가 동성애자일지도 모른다고 말하자, 어머니는 "너는 얼룩말이 아니니까" 그럴 리가 없다고 반박했다. 그녀의 머릿속에는 아들이 확고하게 이성애자의 역할을 맡고 있었기 때문에, 아들이 본인을 그렇게 여기지 않는다는 건 마치 다른 종이라고 주장하는 것만큼이나 기만적인 일이었다.

이 정도로 심하게 역할 준수에 집착하는 건 아이 인생에서 가장 개인적이고 필수적인 선택을 무효화하는 것이다. 하지만 정서적으로 미성숙한 부모들은 복잡한 걸 싫어하고 단순한 인생을 선호하기 때문에 이런 행동을 하는 데 거리낌이 없다. 그들의 관점에서 볼 때 예정된 역할을 수행하지 않는다는 것은 그 사람에게 뭔가 잘못된 부분이 있다는 걸 의미하므로, 그 사람을 바꿀 필요가 있다.

감정적 친밀함이 아니라
속박을 추구한다 _____

감정적인 친밀함과 속박은 표면적으로는 비슷해 보일지 모르지만, 이 두 가지 상호작용 방식은 사실 매우 다르다. 정서적 친밀감의 경우, 완벽하게 연결된 자아를 가진 두 명의 개인은 서로를 깊이 있게 알아가는 것을 즐기고 상호 인정을 통해 감정적 신뢰를 쌓는다. 그들은 서로를 알아가는 과정에서 자기들 사이의 차이점을 발견하고 심지어 그 차이를 소중히 여기기도 한다. 감정적인 친밀감을 느끼면 상대방의 관심과 지지를 누릴 수 있기 때문에 기운이 나고 개인적인 성장을 이룰 수 있는 활력도 안겨준다.

그에 비해, 감정적으로 미숙한 두 사람은 강렬하고 의존적인 속박 관계를 통해 자신의 정체성을 찾고 자기완성을 추구한다(Bowen 1978). 이들은 이렇게 서로에게 속박된 관계를 통해, 각자가 상대방에게 편안한 역할을 한다는 든든한 친숙함에 토대를 둔 확실하고 예측 가능하며 안심되는 감정을 느낀다. 한 사람이 그 관계의 암묵적인 경계를 벗어나려고 하는 경우 다른 사람은 큰 불안을 느끼게 되고, 상대방이 미리 정해진 역할로 돌아와야만 불안감이 가라앉는다.

편애

때로는 속박이 편애의 형태로 나타나기도 한다(Libby 2010). 부모님이 자기가 좋아하는 자식에게만 관심을 주는 모습을 지켜보는 건 괴로운 일이고, 왜 여러분에게는 그런 관심을 보이지 않는지 궁금할 수 있다. 하지만 이들의 명백한 편애는 친밀한 관계가 아니라 속박의 징후다. 부모가 편애하는 자식은 부모와 비슷한 수준의 심리적 성숙함을 지니고 있을 가능성이 높다(Bowen 1978). 정서적 성숙도가 낮은 사람들은 서로를 속박하는 방향으로 나아가게 되는데, 특히 부모 자식 사이에서 그런 경향이 두드러진다.

정서적으로 미성숙한 부모들은 개성이 아니라 역할에 기초해서 관계를 맺는다는 사실을 기억하자. 여러분이 독립적이고 자주적인 성격의 소유자라면, 여러분의 부모는 여러분을 자기가 자식을 구하는 부모 역할을 할 수 있게 해주는 애정에 굶주린 아이로 여기지 않을 것이다. 그보다는 필요한 게 없는 아이, 작은 어른이라는 인상이 계속 남을 수 있다. 여러분의 부모가 다른 형제자매에게 더 관심을 기울이는 건 여러분에게 뭔가가 부족해서가 아니다. 부모의 속박 본능을 유발할 만큼 부모에게 의존하지 않았기 때문일 가능성이 크다.

흥미롭게도 부모의 속박 본능을 자극하지 않고 뭐든지 혼자 알아서 하는 아이들은 부모의 간섭을 받지 않기에 더 독립적이고 자기 결정적인 삶을 사는 경우가 많다(Bowen, 1978). 따라서 부모를 뛰어넘는 수준의 자기 발전을 달성할 수 있다. 이렇게 부모의 관심을 받지 못하는 게 장기적으로는 도움이 될 수도 있다. 하지만 이렇게 능력이 뛰어난 아이들은 부모가 한 명 이상의 형제자매들과 감정적 속박을 맺고 거기에 에너지를 쏟아 붓는 동안 무시당하는 느낌을 받고 고통스러워한다.

속박은 의존성이나 이상화^{理想化}의 형태를 띨 수도 있다. 의존적 속박 관계에서, 아이는 제대로 적응하지 못하고 부모는 구조자 혹은 희생자의 역할을 한다. 이상적인 속박 관계에서는 부모가 편애하는 아이를 매우 관대하게 대한다. 마치 그 아이는 다른 아이들보다 더 중요해서 그런 대우를 받을 자격이 있는 것처럼 말이다. 하지만 이상화되어 편애받는 아이는 감히 벗어날 수 없는 역할 틀 속에 갇히기 때문에, 진정한 감정적 친밀감을 경험하지 못하게 된다.

헤더의 이야기

헤더는 늘 어머니의 관심과 주목을 갈망했지만 한 번도 관심을 받아보지 못한 반면, 큰언니 마를로는 누가 봐도 명백하게 편애받는 자식이었다. 헤더는 특히 최근에 어머니를 만나러 갔을 때, 어머니가 방금 마를로와 "얘기하고 얘기하고 또 얘기했다!"는 말을 듣고 큰 상처를 받았다.

"무슨 얘기를 했는데요?" 헤더가 물었다.

"아, 그냥 걔가 지금 하는 일과 앞으로 하고 싶은 일에 대해 얘기했어."

헤더는 심장이 찔리는 기분이었다. 자신도 언제나 어머니와 이런 식의 대화를 나누길 원했지만 한 번도 경험해보지 못했기 때문이다.

또 한 번은 명절 모임에서 어머니가 마를로에게 홀딱 반한 표정으로 그 주변을 맴돌고, 마를로가 편한 자리를 차지할 수 있도록 자기가 불편한 의자에 앉겠다고 자원하는 모습을 보며 크게 상심하기도 했다.

마크의 이야기

마크의 아버지 돈은 남동생 브렛을 티나게 편애하면서 금전적인 도움을 주고 '아기'라고 부르곤 했다. 마크의 아버지가 죽자, 장례식에 온 삼촌은 돈이 마크에게 얼마나 가혹하게 대했는지 떠올리면서 특별한 이유도 없이 심한 벌을 주곤 했다고 말했다. "너는 가장 뛰어난 아이였어." 삼촌이 말했다. "네 아버지가 왜 너한테만 그렇게 엄하게 굴었는지 모르겠구나." 독립적이고 똑똑한 아이였던 마크는 아버지에게 의지한 적이 없었다. 따라서 그들은 서로 깊게 얽힐 수 없었고, 돈은 정서적으로 좀 더 미숙한 브렛에게 의지한 것이다.

가족을 대신할 사람 찾기

정서적으로 미성숙한 부모들은 가까운 가족이 아닌 사람들에게도 속박에 대한 욕구를 드러낼 수 있다. 주변에 속박할 사람이 없으면 직계 가족 밖에서 그 자리를 채워줄 사람을 찾는다. 때로는 교회나 다른 단체 같은 집단과 깊게 얽히기도 한다.

빌의 이야기

빌이 자라서 집을 떠난 뒤, 그의 부모는 교회 봉사 프로그램을 통해 만난 노숙자들을 집에 데려오기 시작했다. 빌의 부모는 모임에 나갈 때마다 자기들이 도와주는 이들의 최신 소식을 장황하게 떠들었다. 빌의 부모는 가장 최근에 집에 데려와서 보호하고 있는 사람 얘기를 하는 데는 많은 시간을 투자했지만, 빌과 관련된 일은 거의 언급하지 않았다.

시간 감각이
일정하지 않다

이건 매우 미묘한 부분이라서 간과하기 쉽지만, 감정이 미숙한 사람들은 시간 지남력orientation to time이 파편화되는 경우가 종종 있는데 특히 감정이 고조된 상황에서 그렇다. 우리는 성인은 모두 먼 과거부터 예측할 수 있는 가까운 미래까지 균일하게 이어지는 일종의 선형 연속체를 사용하여 같은 방식으로 시간을 경험한다고 가정한다. 하지만 정서적으로 미성숙한 사람들은 그렇지 않다. 그들이 감정적으로 흥분하면, 일종의 영원한 현재 속에 순간들이 존재하게 된다. 이것은 감정적으로 미숙한 사람들의 인생이 온갖 문제에 봉착하는 이유 가운데 하나다. 그런 문제가 다가오는 걸 예측하지 못하는 것이다. 순간적인 욕망에 사로잡히는 일이 많은 그들의 경험은 자주 단절되어 있다. 충동에 따라 행동할 때는 과거의 교훈을 지침으로 삼지 않고, 미래를 예측하지도 못한다. 시간의 연속성 속에서 발생하는 이런 교란은 그들의 일관성 없는 태도와 대인 관계 문제를 경솔하게 다루는 이유를 설명해준다.

정서적으로 미성숙한 사람들은 감정을 조작하는 것처럼 보이기
도 하지만, 사실 그들은 그 순간에 가장 기분이 좋은 걸 계속 요구하
는 매우 기회주의적인 책략가일 뿐이다. 이들은 일관성을 유지하려
고 노력하지 않기 때문에, 그 순간 자기가 우위를 차지할 수 있게 해
주는 것을 무엇이든지 말한다. 업무나 다른 일에 있어서는 전략적인
사고를 할 수 있을지 몰라도 감정적인 상황에서는 즉각적인 이익을
추구하는 것이다. 이런 거짓말은 기분은 좋지만 장기적으로 관계에
해를 끼치는 일시적인 승리의 완벽한 예이다.

시간의 연속성에 대한 감각이 부족하면 일관성이 없어진다

스트레스를 받거나 감정적인 자극을 받으면, 미숙한 사람들은
자기가 지속적인 시간의 흐름 속에 포함되어 있다고 느끼지 못한다.
이들은 순간적으로 작은 빛들이 무작위로 켜지고 꺼지는 것처럼 별
개의 비선형적인 순간을 경험한다. 따라서 하나의 상호작용과 다른
상호작용 사이에 시간적인 연관성이 거의 없다. 의식이 하나의 경험
에서 다른 경험으로 바로 건너뛰기 때문에 변덕스럽게 행동하는 것
이다. 그들이 과거에 한 행동을 상기시키면 분개하는 이유도 그 때
문이다. 이들에게 있어 과거는 이미 사라진 시간이고 현재와 아무런
관련이 없다. 마찬가지로 여러분이 미래에 발생할 어떤 일에 주의를

기울일 경우, 그들은 아직 생기지도 않은 일을 걱정한다면서 여러분을 무시할 가능성이 높다.

그에 비해 정서적으로 더 성숙한 사람들은 시간을 하나로 연결된 자아 인식의 순간들로 경험한다. 만약 그들이 자기가 저지른 어떤 일을 후회한다면, 수치심이나 죄책감 같은 감정이 계속 마음에 남아 그들과 함께 시간 속을 여행하게 될 것이다. 그들이 미래에 어떤 위험한 일을 하는 것을 생각한다면, 일어날지도 모르는 일에 연관성을 느끼고 다른 것을 선택할 수도 있다. 그들이 살아가는 인생의 순간들은 서로 연결되어 있고, 각각의 순간이 다른 순간에 영향을 미치며, 다른 사람들과의 관계에도 전부 영향을 미친다.

미숙한 시간 감각이 어떻게 자기반성과 책임을 제한하는가

자기반성은 시간이 지나면서 자신의 생각과 감정 및 행동을 분석할 수 있게 되는 능력이다. 주로 현재에만 집중하는 사람들은 자기반성을 할 수 있는 시간적 관점이 충분치 않다. 대신 새로운 순간을 맞을 때마다 과거를 뒤에 남기고 오면서, 자신의 행동에 대한 책임감에서 자유로워진다. 그래서 누군가가 그들이 과거에 한 일 때문에 상처를 받았다고 하면, 그들은 오히려 그 사람이 정당한 이유도 없이 과거에 매달린다며 비난하는 경향을 보인다. 이들은 어째서 다른 사람들은 과거를 용서하거나 잊고 앞으로 나아가지 못하는지 이해하지 못한다. 시간의 연속성에 대한 감각이 제한되어 있기 때문에, 배신당한 마음을 치유하는 데 시간이 걸린다는 걸 이해하지 못하는 것이다.

　이런 사람들이 책임감을 느낀다는 게 얼마나 어려운 일인지 알수 있을 것이다. 그건 자신의 행동과 그것이 미래에 낳을 결과 사이에 존재하는 시간적인 연관성을 느끼지 못하는 사람에게는 너무 미약한 개념이다. 결과적으로 어떤 약속을 해놓고는 그 일을 하지 않은 채 형식적으로 사과하고, 이후 상대방이 그 문제를 계속 제기하면 억울해하는 게 이들의 자연스러운 스타일이다. 왜 그들은 이런 믿을 수 없는 시간 감각을 키우고, 자신의 일관성 없는 태도를 알아차리지 못하며, 본인의 행동을 제대로 관찰하지도 못하는가. 그것은 부족한 자기 계발과 불완전한 성격 통합, 극히 구체적인 문자 그대로의 사고를 하는 경향과 관련이 있다. 이들에게는 성격과 감정, 스트레스를 정리하는 중심점이 되는 지속적이고 연속적인 자아가 없기 때문에, 각각의 순간들이 시간 속에서 따로따로 표류하는 어린아이 같은 사고방식을 갖게 되는 것이다.

요약

감정적으로 미숙한 사람들은 사적인 역사에 대한 감각이 미약하고 과거에 한 행동이나 미래의 결과에 대해 책임을 지려 하지 않는다. 확고한 자아의식이 결여된 이들은 가족간의 친밀함이 곧 속박을 의미하고 사람들은 서로의 모습을 그대로 비춰주기 위해 존재한다고 생각한다. 이들은 공감 능력이 떨어지고 역할을 엄격하게 강조하기 때문에 진정한 의사소통이 거의 불가능하다. 관계 회복과 상호주의를 무시하고 다른 사람들의 감정을 예민하게 알아차리는 데 필요한 감정 노동을 태만히 한다. 그보다 그들은 다른 사람들이 자기를 돋보이게 해주는지 아니면 나쁘게 보이게 하는지에 초점을 맞춘다. 이들에게는 불안감을 방어하는 게 자녀를 비롯한 다른 사람들과 진실한 관계를 맺는 것보다 중요하다.

다음 장에서는 이러한 미숙한 특성이 어떻게 발생하는지 알아보기 위해 어머니-자식 사이의 초기 애착에 관한 연구를 몇 가지 살펴볼 예정이다. 그런 다음 이것이 어떻게 정서적으로 미성숙한 부모의 4가지 주요 유형으로 해석될 수 있는지 이야기할 것이다.

정서적으로
미성숙한
부모의

4가지
유형

정서적으로 미성숙한 부모의 유형은 다양하지만 이들은 모두 아이들에게 외로움과 불안감을 유발할 수 있다. 사랑을 키우는 방법은 기본적으로 한 가지지만, 사랑받고자 하는 아이들의 욕구를 좌절시키는 방법은 여러 가지가 있다. 이 장에서는 4가지 유형의 부모를 살펴볼 텐데, 각자 특정한 유형의 정서적 미숙함을 가지고 있다. 각각의 유형은 서로 다른 방식으로 정서적 무감함을 드러내지만 자녀들에게 정서적 불안감을 안겨준다는 점에서는 모두 똑같다.

　서로 다른 스타일에도 불구하고 4가지 유형 모두 동일한 정서적 미숙함이 내재되어 있다. 다들 본인에게만 관심이 있고 자기도취적이며 감정적으로 신뢰할 수 없는 경향을 보인다. 모두 자기 본위, 둔감함, 진정한 감정적 친밀함을 느끼는 능력의 제한이라는 공통된 특징을 공유한다. 다들 현실에 대처하기보다 왜곡하는 비적응적 대응 메커니즘을 사용한다(Vaillant, 2000). 그리고 모두들 자기 기분이 좋아지려고 자녀를 이용하고, 종종 부모 자식의 역할이 뒤바뀌고, 아이들을 저항하기 힘든 방식으로 어른의 문제에 노출시킨다.

　게다가 4가지 유형 모두 다른 사람들의 감정에 잘 공감하지 못한다. 이들은 극단적인 경계 문제를 겪고 있어서, 남에게 지나치게 개입하거나 아니면 반대로 전적으로 개입을 거부한다. 대부분은 좌절을 잘 참지 못하고, 자기가 원하는 것을 얻기 위해 언어적 의사소통보다 감정적인 전술이나 위협을 사용한다. 4가지 유형의 부모들은 모두 자기 자녀를 별개의 개인으로 보지 않고 철저히 본인의 욕구를 바탕으로 그들과 관계를 맺는다. 그리고 이 4가지 스타일의 부모 밑에서 자란 아이들은 모두 "자아를 박탈당한" 기분을 느끼게 된다(Bowen, 1978). 부모에게 중요한 것들에 가려 아이의 욕구와 관심사는 전부 빛을 잃기 때문이다. 하지만 이 4가지 유형을 탐구하기 전에, 다양한 형태의 육아 방식이 아기의 애착 행위의 질에 미치는 효과를 연구한 이전의 연구들을 잠깐 살펴보도록 하자.

다양한 육아 형태가 유아의 애착에 미치는 영향

메리 아인워스Mary Ainsworth, 실비아 벨Silvia Bell, 도넬다 스테이튼Donelda Stayton(1971, 1974)은 여러 해에 걸쳐 반복 시행된 유명한 유아 애착 연구를 진행했다. 이들이 한 연구 내용에는 아기의 안정 애착 또는 불안정 애착 행동과 관련된 모성 특성을 관찰하고 확인하는 것도 포함되어 있었다. 연구진이 1974년에 발표한 논문에 요약된 바와 같이, 이들은 자기 아기에 대한 산모들의 행동을 민감-둔감, 수용-거부, 협력-방해, 접근 가능-무시라는 4가지 차원에서 평가했다. 연구진은 어머니의 '민감도 수준'이 핵심적인 변수라는 사실을 알아냈다. "민감도 점수가 높게 나온 어머니들은 예외 없이 수용, 협력, 접근성 면에서도 높은 점수를 받은 반면, 이 3가지 척도 가운데 하나라도 점수가 낮게 나온 어머니들은 민감도 점수도 낮았기 때문이다."(1974) 아인워스와 동료들은 더 민감한 어머니의 아기들이 실험에서 더 안정적인 애착 행동을 보였다고 보고했다.

연구진은 안정적인 애착 행동을 보이는 아기를 둔 민감한 엄마들에 대해 이렇게 설명했다. "요약하자면, 매우 민감한 엄마들은 일반적으로 아기들에게 쉽게 접근하고, 아기의 미묘한 의사소통이나 신호, 소망, 기분 등도 매우 잘 알아차린다. 또 이런 어머니들은 자기가 인식한 사항을 정확하게 해석하고 아기에게 공감을 표현한다. 이런 이해와 공감으로 무장한 민감한 어머니는 상호작용이 필요한 시간을 파악해 아기를 잘 다룰 수 있기 때문에, 그녀의 상호작용은 종류 면에서나 질적으로나 적절하고 신속한 것처럼 보인다."(1974)

하지만 불안정한 애착 행위를 보이는 아기들의 어머니가 하는 행동은 이와 매우 달랐다. 이 책 2장과 3장 내용을 다시 생각해보면서 메리 아인워스와 동료들이 설명한 둔감한 어머니들의 특징이 내가 감정적으로 미숙한 부모라고 부르는 이들의 특성과 비슷한지 확인해보자. 민감도가 낮은 어머니들은 대조적으로 아기의 행동을 대부분 인식하지 못한다. 이는 아기를 무시하기 때문이거나 아니면 아기의 행동을 통해 드러나는 미묘하고 감지하기 힘든 의사소통 시도를 알아차리지 못하기 때문이다. 게다가 둔감한 어머니들은 아이의 행동에서 나타나는 이런 측면들을 이해하지 못하거나 왜곡하는 경우도 많다. 이런 어머니는 자기 아이의 행동과 기분은 어느 정도 정확하게 인식할 수 있을지도 모르지만 아이와 공감하지는 못한다. 민감도가 낮은 어머니들은 이해나 공감 능력의 부족 때문에, 반응 속도나 아기의 의사소통 시도에 대한 신속성 면에서 부적절하게 반응한다. 게다가 반응의 종류나 질적인 면에서 부적절한 반응을 보이는 경우도 많다(예: 단편적이고 불완전하게 해결된 상호작용)(Ainsworth, Bell, Stayton 1974).

이런 연구 결과는 모자 관계에서 어머니의 민감도와 공감 수준이 아기의 애착 행동의 질에 큰 영향을 미친다는 견해를 뒷받침한다.

정서적으로 미성숙한 부모의 4가지 유형

유아 애착에 관한 이 기존 연구를 기억하면서, 이제 내가 정서적으로 미성숙한 부모의 4가지 주요 유형으로 분류한 내용을 살펴보자. 이들은 모두 자기 자녀들에게 불안감을 안겨줄 가능성이 매우 높다. 각 유형이 아이의 정서적 안정을 저해하는 방식은 저마다 다르지만, 다들 자기 자식을 대할 때 한정적인 공감 능력과 신뢰할 수 없는 정서적 뒷받침을 보여주며 근본적인 민감성이 부족한 것은 모두 똑같다. 또 각 유형은 정도가 약한 것부터 심한 것까지 연속선 상에 존재하며, 자아도취 정도도 저마다 다르다는 것을 기억해야 한다. 심한 경우에는 부모가 정신 질환을 앓고 있거나 아이를 신체적, 성적으로 학대할 수도 있다.

○ **감정적인 부모**는 본인의 감정에 쉽게 좌우되며, 과도하게 몰입하다가 갑작스럽게 물러나는 태도 사이를 오락가락한다. 이들은 불안정하고 예측 불가능한 것을 두려워하는 경향이 있다. 불안에 떨면서 다른 사람이 자기를 안정시켜주기를 바라며 그들에게 의지한다. 아주 약간만 마음이 상해도 세상의 종말이 오기라도 한 양 난리를 치고, 다른 사람들을 구조자 아니면 자기를 저버리는 사람으로 여긴다.

○ **극성스러운 부모**는 강박적일 만큼 목표 지향적이며 매우 바쁘다. 그들은 다른 사람을 비롯해 모든 것을 완벽하게 다듬으려고 노력하는 걸 멈출 수가 없다. 하던 일을 멈추고 자녀들과 진정한 공감을 느낄 수 있을 만큼 충분한 시간을 내는 일은 거의 없지만, 자녀의 삶을 꾸려나가는 부분에서는 계속 통제하고 간섭한다.

○ **수동적인 부모**는 자유 방임주의적 사고방식을 가지고 있으며, 마음을 상하게 하는 일에는 절대 나서지 않는다. 이들은 다른 유형의 부모들보다 확실히 덜 해롭지만, 그들 나름의 부정적인 영향을 가지고 있다. 지배적인 배우자 앞에서는 절대 나서지 않고, 심지어 상대가 아이들을 학대하거나 무관심하게 굴어도 못 본 척한다. 이들은 문제를 최소화하고 묵인하는 방식으로 대처한다.

○ **자녀를 거부하는 부모**는 애초에 왜 가족을 꾸렸는지 궁금하게 만드는 여러 가지 행동을 한다. 겉으로 드러나는 행동이 가볍든 심하든 상관없이, 그들은 정서적인 친밀감을 좋아하지 않고 아이들에게 방해받고 싶어하지 않는 게 분명하다. 다른 사람들의

요구를 참아내는 인내심은 사실상 없다시피 하며, 타인과의 상호작용은 대부분 명령을 내리거나 불같이 화를 내거나 자신을 가족생활과 분리시키는 행동으로 이루어져 있다. 개중 정도가 덜한 사람은 진부한 가족 활동에 참여할 수도 있지만, 친밀감을 드러내거나 진심으로 교감하는 일은 거의 없다. 그들은 대부분 혼자서 자기 일을 하고 싶어한다.

다음의 설명을 읽을 때, 일부 부모에게는 이런 유형상의 특징이 여러 개 섞여 있다는 사실을 명심해야 한다. 대개는 한 가지 범주에 속하지만, 특정한 종류의 스트레스를 받을 때 다른 유형의 행동을 하는 부모들도 있다. 다음의 설명을 보면 통일된 맥락을 느끼게 될 것인데, 이중 어떤 유형의 부모도 아이가 부모와의 관계를 안전하다고 느낄 수 있는 일관된 행동을 하지 않는다. 하지만 각 유형에는 아이의 기대에 부합하지 못하는 각자만의 독특한 방식이 있다. 지금은 4가지 양육 방식을 개략적으로 설명하려는 것뿐이다. 정서적으로 성숙하지 못한 부모를 대하는 가장 좋은 방법은 책 후반부에서 이야기하겠다.

감정적인 부모

감정적인 부모는 4가지 유형 중에서 가장 어린애 같고 유치하다. 이들은 남의 보살핌을 받아야 하고 조심스럽게 대해야 하는 사람이라는 인상을 풍긴다. 사소한 일에도 화를 잘 내는데, 이들이 화를 내면 가족들 모두 앞다투어 진정시키려고 한다. 감정적인 부모는 허물어질 때 자신의 개인적인 파국에 아이들까지 끌어들인다. 이들의 자녀는 부모의 격렬한 절망과 분노, 증오를 온몸으로 느낀다. 그러니 가족 모두가 늘 눈치를 보고 있는 것도 당연하다. 이런 부모에게 가장 예측 가능한 부분은 이들의 정서적 불안정성이다.

감정 스펙트럼의 가장 심각한 끝부분에 위치한 이런 부모들은 솔직히 정신적으로 문제가 있는 사람들이다. 그들은 정신 이상이거나 조울증이 있거나 자기도취적이거나 경계성 인격 장애를 앓고 있을 것이다. 때로는 그들의 억제되지 않은 감정이 자살 시도나 다른 사람에 대한 물리적 공격으로 이어질 수도 있다. 주변 사람들이 불안해하는 이유는 그들의 감정이 너무 빨리 고조되고 또 아는 사람이 이성을 잃은 모습을 보는 것이 너무 무서운 일이기 때문이다. 자살 위협은 부모가 계속 살아 있게 해야 한다는 무거운 부담감을 느끼지만 뭘 어떻게 해야 할지 모르는 아이들에게 특히 위협적이다. 스펙트럼의 증상이 가벼운 쪽 말단에서 가장 큰 문제는 정서 불안인데, 아마 연기성 성격 장애나 좋은 기분과 나쁜 기분이 번갈아 생기는 것이 특징인 순환 기분 장애의 형태로 나타날 것이다.

이런 부모들은 모두 정도에 상관없이 스트레스와 정서적 자극을 잘 참지 못한다. 이들은 성숙한 성인이라면 충분히 대처할 수 있는 상황에서도 감정의 균형과 행동 통제력을 잃는다. 물론 약물 남용은 이런 불균형을 더욱 심화시키고 좌절감이나 괴로움을 참지 못하게 만들 수 있다.

이들의 자제력 수준이 어느 정도든 간에, 이런 부모들은 감정에 지배되고, 흑백논리로 세상을 바라본다. 손해를 보지 않으려고 하고, 남에게 원한을 품으며, 감정적인 술책을 이용해서 다른 사람들을 통제한다. 이들은 변덕스러운 기분과 반응 때문에 불안정하고 위협적인 사람이 된다. 늘 무력하게 행동하고 대부분 자신을 희생자로 여기는 반면, 가족들의 생활은 항상 그들 기분에 맞춰서 돌아가야 한다. 가족의 테두리 밖에서는 자신을 통제하면서 구조화된 역할을 따를 수 있지만 가까운 가족 관계의 도가니 속에서는, 특히 술이나 마약에 취한 경우 모든 충동성을 다 드러낸다. 그들이 얼마나 제약 없이 날뛸 수 있는지 알면 충격을 받을 것이다.

이런 부모를 둔 아이들은 대부분 다른 사람의 소망에 자신을 예속시키는 법을 배운다(Young & Klosko, 1993). 부모의 험악한 감정 상태를 예상하며 자랐기 때문에, 다른 사람들의 감정과 기분에 지나치게 신경을 쓰느라 본인은 손해를 보곤 한다.

브리트니의 이야기

브리트니가 40대고 독립해서 살고 있음에도 불구하고, 그녀의 어머니인 숀다는 여전히 브리트니를 감정을 통제하려고 한다. 한번은 브리트니가 아파서 며칠 동안 앓아눕자 하루에 전화를 다섯 번이나 할 정도로 불안해하는 기색이 역력했다. 그녀는 브리트니가 오지 말라고 했는데도 불구하고, 이제 브리트니를 깨울 때라며 딸의 집에 들르기까지 했다. 결국 브리트니는 스크린도어를 잠궈서 숀다가

안에 들어오지 못하게 했다. 나중에 숀다는 이렇게 말했다. "네가 나를 못 들어오게 했을 때, 너무 화가 나서 문을 부수고 싶었어!" 하지만 그녀의 거슬리는 태도에 정면으로 맞서자, 숀다는 상처 입은 듯 행동하면서 변명 뒤에 숨었다. "난 그냥 네 몸이 괜찮아졌는지 알고 싶었을 뿐이야." 하지만 사실 숀다의 가장 큰 관심사는 브리트니에게 무엇이 필요한지가 아니라 본인의 감정이었다.

극성스러운 부모

극성스러운 부모는 가장 평범해 보이는 유형이며, 심지어 아이들의 삶에 남다른 투자를 하는 것처럼 보이기도 한다. 이들은 추진력이 강하기 때문에 항상 일을 완수하는 데 초점을 맞춘다. 감정적인 부모들은 미숙함이 훤히 드러나는 반면, 충동적인 부모는 자녀들의 성공에 많은 투자를 하는 것처럼 보여서 그들의 자기중심적인 태도는 눈에 잘 띄지 않는다. 대개는 그들의 불건전한 부분을 알아차리지 못한다. 하지만 그들의 자녀는 진취성이나 자제력에 문제가 생길 수 있다. 역설적이지만 매우 열심히 일하는 이 부모들 때문에 아이들은 결국 의욕을 잃고 우울증에 걸리게 된다.

좀 더 자세히 살펴보면, 이 강직하고 책임감 있는 사람들의 감정적 미숙함을 발견할 수 있다. 그들이 다른 사람의 속내를 가정하는 방식이나 모든 사람이 자기와 똑같은 걸 원하고 중요하게 여기기를 기대하는 태도에서 그런 미숙함이 드러난다. 그들의 지나친 자기중심주의는 자기가 다른 사람에게 '이로운' 게 뭔지 다 안다는 확신으로 나타난다.

이들은 의식적인 수준에서는 자기 회의를 겪지 않고 모든 일이 해결된 척하는 것을 선호하며 이미 자기만의 해답을 가지고 있다. 그들은 자녀의 독특한 관심사와 삶의 방식을 받아들이지 않고, 그들이 원하는 것을 선별적으로 칭찬하고 밀어붙인다. 이들이 자녀의 삶에 자주 간섭한다는 건 유명한 사실이다. 게다가 일을 잘 끝내야 한다는 걱정 때문에 마치 모터가 돌아가듯 끊임없이 일을 진행한다. 또 자기 아이를 비롯한 다른 사람들의 감정보다 목표를 더 우선시한다.

극성스러운 부모들은 대개 정서적인 박탈감이 심한 환경에서 성장했다. 이들은 남이 돌봐주기를 기대하기보다는 자신의 노력을 통해 원하는 걸 얻는 법을 배웠다. 대부분 자수성가한 이들은 자신의 독립을 자랑스러워한다. 그들은 자녀가 성공하지 못해서 자신을 난처하게 할까 봐 두려워하지만, 아이들이 밖에 나가 목표를 달성하는 데 필요한 확고한 토대를 마련해주는 무조건적인 수용을 제공하지는 못한다.

그들이 의도하든 안 하든, 극성스러운 부모는 아이들에게 끊임없이 평가받는다는 느낌을 준다. 아이의 실수를 지적할 수 있도록 반드시 자기 앞에서 피아노 연습을 하게 하는 아버지가 바로 그런 예다. 이런 식의 과도한 감독 때문에 아이는 어떤 일을 할 때 성인의 도움을 받으려는 열의를 잃게 된다. 결과적으로 이들은 성인기에 만난 잠재적 멘토와의 관계에 저항할 수도 있다.

극성스러운 부모들은 자기가 일을 처리하는 가장 확실한 방법을 알고 있다고 확신하기 때문에 가끔 엉뚱한 짓을 한다. 한 어머니는 자기 딸이 청구서 지불을 제대로 하지 못할 것이라고 확신하면서 자기가 딸 집에 가서 그 일을 대신 해주겠다고 고집했다. 또 다른 어머니는 성인인 아들이 부탁하지도 않은 중고차를 사주고는 아들이 그걸 원하지 않자 상처를 받았다. 한 젊은이의 아버지는 아들이 살이 찌자 자기가 보는 앞에서 매일 체중을 재게 했다.

이 장 앞 부분에서 설명된 유아 애착 연구(Ainsworth, Bell, Stayton, 1971, 1974)를 생각해보면, 극성스러운 부모는 불안정한 애착을 느끼는 아기를 둔 정서적으로 둔감한 부모들과 일정 부분 비슷한 것처럼 보인다. 아이들이 매 순간마다 하는 경험에 보조를 맞추지 못하고 아이의 욕구에 적응하지 못하면서 오히려 아이가 해야 한다고 생각하는 일들 쪽으로 아이를 밀어붙인다. 결과적으로, 극성스러운 부모의 자녀들은 항상 더 많은 일을 해야 한다고 느끼거나, 지금 하고 있는 일이 아닌 다른 일을 해야 한다고 느낀다.

존의 이야기

존은 21살이나 됐지만, 여전히 부모님과 많은 시간을 함께 보냈고 자기 삶에 대한 소유권이 전혀 없다고 느꼈다. 그는 어머니 옆에 있는 기분을 "계속 어머니의 레이더망에 걸려 있는 기분"이라고 말했다. 존은 아들의 미래에 거는 부모님의 희망에 너무 큰 압박감을 느낀 나머지 본인의 미래에 대한 자신감을 모두 잃어버렸다. "나는 부모님이 내게 기대하는 것 때문에 너무 걱정을 많이 해요. 내가 원하는 게 뭔지 전혀 모르겠어요. 나는 부모님을 행복하게 해드려서 잔소리를 듣지 않으려고 애쓰고 있는 것뿐이에요." 존은 가족들이 다 같이 간 휴가 여행에서 자신이 제대로 즐기지 못하면 아버지가 심하게 화를 낸다고 생각하기까지 했다.

존은 목표를 세우는 것도 두려워했다. 그가 다음에 해야 하는 일에 대해서도 자신의 의견과 상관없이 부모가 그들의 의견을 밀어붙일 것 같았기 때문이다. 그들은 항상 존에게 좀 더 많은 일을 하거나 좀 더 열심히 노력하라고 충고하면서 그의 진취성을 저지했다. 의식적인 수준에서 그들은 존에게 최상의 것을 원했지만, 존의 자율성을 존중하고 육성하는 면에 대해서는 아무것도 몰랐다.

크리스틴의 이야기

변호사인 크리스틴의 매우 지배적인 아버지 조셉은 계속해서 딸이 성공하도록 밀어붙였다. 상담 초반에 크리스틴은 이렇게 말했다. "아버지는 나를 통제하셨어요. 다른 사람이 당신과 다른 의견을 가지는 걸 용납하지 못했는데, 나에겐 그런 아버지가 도저히 참을 수 없는 존재였죠. 나는 잘못된 선택을 할까 봐 너무 두려웠기 때문에 그 두려움을 바탕으로 많은 결정을 내렸어요. 마치 아버지가 나를 완전히 소유한 것처럼 느껴졌지요. 대학에 진학한 뒤에도 11시까지는 집에 들어와야 했어요. 매우 당혹스러웠지만 감히 아버지에게 반항하는 건 꿈도 꾸지 않았어요."

조셉은 크리스틴의 생각까지 통제하려고 했다. 크리스틴이 아버지 마음에 들지 않는 아이디어를 내놓으면 그는 곧바로 "그런 건 생각도 하지 마!"라고 했다.

조셉은 공감 능력이 부족한 형편없는 선생이었다. 그는 아이가 무엇을 무서워하는지 알아차리지 못했다. 그래서 말 그대로 크리스틴을 수영장에 던져넣고 수영하는 법을 가르치려고 했다. 크리스틴의 말처럼, "아버지는 나에게 잘하라고 지시만 할 뿐 어떤 지도나 도움도 주지 않았어요. 나는 성공하라는 명령을 받았을 뿐이에요." 크리스틴은 외적인 부분에서는 전부 성공을 거뒀지만, 내심으로는 자기가 하는 일이 뭔지 정말로 모른다는 엄청난 불안감을 느꼈다.

수동적인 부모

수동적인 부모는 다른 세 가지 유형의 부모들과 달리 화가 나 있지도 않고 강압적이지도 않지만, 마찬가지로 부정적인 영향을 미친다. 그들은 지배적인 인물의 행동을 수동적으로 묵묵히 따르고 자기처럼 미숙하지만 좀 더 격렬한 성향의 사람들과 협력하는 경우가 많은데, 이것은 정서적 성숙도가 비슷한 사람들끼리 서로 끌린다는 점에서 이치에 맞는 일이다(Bowen, 1978).

다른 유형과 비교해볼 때, 이런 부모들은 감정적으로 좀 더 다가갈 수 있는 것처럼 보이지만 어느 정도 선까지만 그렇다. 상황이 너무 격렬해지면 그들은 수동적인 태도를 취하면서 감정적으로도 움츠러들며 현실을 외면한다. 그들은 자녀가 세상을 헤쳐 나가는 것을 돕기 위해 실질적인 제한이나 지침을 제공하지 않는다. 아이를 사랑할지도 모르지만 도와주지는 못한다.

수동적인 부모는 다른 유형과 마찬가지로 미숙하고 자기에게만 관심이 있지만, 그들의 태평스럽고 장난스러운 방식 때문에 다른 세 유형(감정적 부모, 극성스러운 부모, 거부하는 부모)보다 훨씬 매력적으로 보인다. 종종 아이들이 선호하는 타입으로, 본인의 욕구에 방해가 되지 않는 한에서는 자녀들에게 약간의 공감을 보여줄 수도 있다. 그러나 수동적인 부모들도 다른 유형의 부모들만큼 이기적일 수 있기 때문에 자녀를 자신의 감정적 욕구, 특히 누군가의 애정 어린 관심의 초점이 되고 싶은 욕구를 충족시키는 데 이용하기도 한다. 그들은 아이들의 순수하고 열린 태도를 좋아하고 아이의 수준에 맞춰 즐겁게 지낼 수도 있다. 아이는 이런 부모와 함께 보내는 시간을 아주 좋아한다. 하지만 아이가 찬양과 자상한 친구에 대한 욕구를 채워주기 때문에, 일종의 감정적 근친상간 관계가 되기도 한다. 이런 유형의 관계는 다른 한쪽 부모의 질투를 유발할 위험을 내포하고 있고 심지어 성적인 특성이 부여될 수도 있기 때문에, 아이는 결코 완벽한 편안함을 느끼지 못한다.

아이들은 현명하게도 이런 부모에게 많은 도움을 기대하거나 구하지 말아야 한다는 걸 알고 있다. 수동적인 부모는 때로 아이들을 좋아하고, 함께 즐거운 시간을 보내거나 아이가 특별한 존재가 된 듯한 느낌을 주기도 하지만, 아이들은 자기 부모가 본질적인 면에서 자신들을 위해 그곳에 있는 게 아니라는 것을 느낀다. 사실 이런 부모는 아이들에게 해로운 가정 내 환경을 외면하면서 아이가 스스로 살아가도록 방치하는 것으로 유명하다. 어머니가 소극적인 부모일 때, 그녀는 독자적인 소득이 없어서 아이들을 비하하거나 학대하는 배우자와 함께 살 수도 있다. 그런 어머니들은 자기 주변에서 일어나는 일에 대해 무감각해지게 되는 일이 많다. 일례로 한 어머니는 훗날 아이들에 대한 남편의 폭력적인 공격을 언급하면서 "아빠는 가끔 자식들을 엄하게 대할 수도 있다"는 부드러운 표현을 썼다.

수동적인 부모는 어릴 때 위험에서 벗어나기 위해 항상 낮은 자세를 유지하고 자기보다 강한 사람에게 복종하는 법을 배운 경우가 많다. 성인이 된 그들은 부모는 아이들과 재미있게 놀아줄 뿐만 아니라 아이들을 보호할 의무도 있다는 사실을 깨닫지 못한다. 대신 그들은 최악의 상황이 발생하면 일종의 최면에 걸려 자기 내면으로 침잠하거나 이 고비를 무사히 넘길 다른 수동적인 방법을 찾는다.

이런 부모는 상황이 힘들어지면 아무 생각 없이 아이들을 버릴 뿐만 아니라, 더 행복한 삶을 살 기회가 생기면 가족을 떠날 수도 있다. 수동적이지만 감정적으로 더 연결된 부모가 어떤 이유 때문에 가족을 떠난다면, 아이는 자기에게 가장 큰 의미가 있는 부모에게 버림을 받은 셈이므로 그 상처가 특히 더 깊다.

수동적인 부모를 좋아하는 아이들은 다른 사람들의 유기 행위에 대해 변명을 늘어놓는 어른이 될 수 있다. 어린 시절 그들은 자신의 유년기 상황에 대해 할 수 있는 일이 아무것도 없다고 생각했고 수동적인 부모는 참으로 무력했다. 그들은 어린아이인 자신이 스스로를 보호할 수 없을 때, 멋지고 훌륭한 부모가 그들을 보호할 책임이 있다는 생각에 당황스러워한다. 부모가 자기 아이들의 정서적인 행복을 적어도 본인의 이익과 동등한 수준으로 올려놓을 의무가 있다고 생각해본 적이 없기 때문이다.

몰리의 이야기

몰리의 어머니는 성질이 급하고 육체적으로 아이들을 학대하는 여자로, 대개 장시간 근무를 마친 뒤 불쾌한 기분으로 집에 돌아왔다. 몰리의 아버지는 다정하고 애정이 넘치는 사람이었다. 그는 일이 없을 때는 차고에서 어슬렁거리는 걸 좋아했기 때문에, 몰리는 평소 그녀가 어떤 대우를 받든 전혀 상관하지 않으면서 그녀를 학대하고 비하하는 언니의 보살핌을 받았다.

아버지와의 관계는 몰리의 안식처였다. 아버지의 친절은 그녀의 삶에 단 하나뿐인 밝은 장소이자 사랑의 근원이었고, 몰리는 그를 경배하고 자기가 그를 보호해야 한다고 느꼈다. 아버지가 자기를 보호해주길 바라는 생각은 전혀 들지 않았다. 일례로 어머니가 화가 나서 서재에서 몰리를 때릴 때, 그녀는 아버지가 부엌에서 솥을 두드리는 소리를 들었다. 몰리는 이것이 아버지가 딸을 위해 그곳에 있다는 사실을 알리는 그만의 방식이라고 해석했다. 아버지가 상황에 개입해서 학대를 중단시켜야 한다는 기대는 하지도 못했다. 이것은 정서적으로 불우한 아이들이 자기가 가장 좋아하는 부모의 행동에서 어떻게든 긍정적인 면을 찾으려고 노력하는 모습을 보여주는 가슴 아픈 예시다.

몰리는 말을 약간 더듬었는데, 한 번은 몰리가 놀이 공원에 갔을 때 몰리의 언니와 그 친구들이 몰리를 너무 많이 놀려서 히스테리를 일으킨 적이 있다. 몰리의 아버지는 나이 많은 아이들을 훈계하거나 몰리의 감정에 주의를 기울이지 않고 그냥 그 일을 웃어넘겼다. 차를 타고 집으로 돌아가는 길에는 모두들 차례로 몰리의 언어 장애를 흉내 내며 요란하게 웃어댔다.

아이를 거부하는 부모

아이를 거부하는 부모는 주변에 벽을 둘러치고 있는 것 같다. 그들은 아이들과 시간을 보내고 싶어하지 않고, 자신이 원하는 일을 할 수 있도록 다른 사람들이 방해하지 않을 때 가장 행복해 보인다. 그들의 자녀는 자기가 존재하지 않는다면 부모님이 괜찮아질 것이라는 느낌을 받는다. 이런 부모의 짜증스러워하는 태도는 아이들에게 그들 가까이 접근하지 말라는 교훈을 준다. 그런 사람을 향해 달려가 봤자 자기 눈앞에서 문을 쾅 닫히는 꼴을 보게 될 뿐이다. 이들은 자기를 애정이나 감정적인 상호작용으로 끌어들이려는 시도를 즉각적으로 거부한다. 만약 반응을 강요받는다면, 화를 내거나 심지어 학대할 수도 있다. 이런 부모는 가혹한 물리적 공격을 할 수도 있다.

아이를 거부하는 부모는 또한 4가지 유형 중에서 가장 공감 능력이 떨어진다. 그들은 감정적인 친밀함에 대한 자신의 혐오를 알리기 위해 남들과 눈을 마주치지 않기도 하고, 때로는 다른 사람들을 주변에서 떠나게 하려고 일부러 멍한 시선이나 적대적인 시선을 던지기도 한다.

이런 부모들은 가정을 지배하며 이들의 희망에 따라 가족생활이 돌아간다. 이런 유형의 잘 알려진 예가 자녀들에게 감정적인 온기가 전혀 없는 냉담하고 무서운 아버지다. 모든 일이 그를 중심으로 돌아가고, 가족들은 본능적으로 그를 화나게 하지 않으려고 노력한다. 거부하는 아버지가 있으면, 자신의 존재 자체를 미안하게 여기기 쉽다. 하지만 어머니들 역시 이렇게 거부적인 모습을 보일 수 있다.

거부하는 부모의 자녀들은 스스로를 귀찮고 성가신 존재로 여기게 되어 쉽게 포기하게 되는 반면, 보다 안정적인 가정의 자녀들은 원하는 것을 얻기 위해 계속 요구하거나 불평한다. 이렇게 거부당한 아이들이 나중에 어른이 되면 자기가 원하는 걸 요구하기가 힘들어해서 심각한 결과를 가져올 수 있다.

베스의 이야기

베스의 어머니인 로사는 딸과 함께 시간을 보내는 데 전혀 관심이 없었다. 베스가 찾아가도 로사는 포옹을 거부했고 곧바로 베스의 외모에서 지적할 만한 부분을 찾아냈다. 로사는 베스가 집에 들어서자마자 마치 그녀의 관심을 다른 데로 돌리려는 듯이 친척에게 전화를 하라고 권했다. 베스가 함께 시간을 보내자고 하면 로사는 짜증을 내면서 베스가 너무 의존적이라고 말했다. 베스가 전화를 하면 로사는 베스의 말을 모두 짧게 자르면서 재빨리 전화를 끊을 구실을 찾거나 대개 베스의 아버지에게 전화기를 건넸다.

Exercise: 부모 유형 파악

여러분의 부모님은 이 4가지 유형 중에 어떤 것에 해당되는지 알아보기 위해, 다음 목록을 읽고 자기 부모님과 연관된 특성을 찾아보자. 어떤 유형의 부모는 스트레스를 심하게 받을 경우 다른 유형의 특성을 드러낼 수 있다는 점을 명심해야 한다. 모든 유형에 공통적으로 나타나는 정서적 미숙의 특성으로는 자기만족, 낮은 공감 능력, 경계 무시, 감정적 친밀감에 대한 저항, 의사소통 결여, 자기성찰 부재, 감정적 반응 유지 거부 등이 있다.

감정적 부모

☐ 자신의 욕구에 정신이 팔려 있다.

☐ 공감 능력이 낮다.

☐ 자녀를 속박하고 경계를 존중하지 않는다.

☐ 친하지 않은 사람에게 방어적으로 대한다.

☐ 상호 간의 의사소통이 이루어지지 않는다. 본인에 관한 얘기만 한다.

☐ 자기반성을 하지 않는다.

☐ 관계 회복 기술이 열악하다.

- [ ] 깊은 숙고 없이 순간적으로 반응하며 사려 깊지 못하다.
- [ ] 사이가 너무 가깝거나 너무 멀다.
- [ ] 화를 내거나 다른 사람의 말을 가로막는다.
- [ ] 무서울 정도로 격렬한 감정을 드러낸다.
- [ ] 자녀가 자기를 위로해주기를 기대하고 아이의 욕구에 대해서는 생각하지 않는다.
- [ ] 자기가 일을 꾸미지 않은 척한다.
- [ ] 자기 자신을 희생자로 여긴다.

극성스러운 부모

- [ ] 자신의 욕구에 정신이 팔려 있다.
- [ ] 공감 능력이 낮다.
- [ ] 자녀를 속박하고 경계를 존중하지 않는다.
- [ ] 친하지 않은 사람에게 방어적으로 대한다.
- [ ] 상호 간의 의사소통이 이루어지지 않는다. 자기 자신에 대한 얘기만 한다.
- [ ] 자기반성을 하지 않는다.
- [ ] 관계 회복 기술이 열악하다.
- [ ] 깊은 숙고 없이 순간적으로 반응하고 사려 깊지 못하다.
- [ ] 사이가 너무 가깝거나 너무 멀다.
- [ ] 엄격한 가치관과 완벽주의적인 기대를 품고 있다.
- [ ] 목표에 집착하고 기계처럼 좁은 시야를 고수한다.

- [ ] 아이를 자기 그림자처럼 여기면서 아이가 원하는 건 고려하지 않는다.
- [ ] 일을 꾸미는 걸 좋아한다.
- [ ] 자기를 해결사로 여긴다.

수동적인 부모

- [ ] 자신의 욕구에 정신이 팔려 있다.
- [ ] 공감 능력이 제한적이다.
- [ ] 자녀를 속박하고 경계를 존중하지 않는다.
- [ ] 감정적인 친밀함을 산발적으로 드러낸다.
- [ ] 상호 간의 의사소통에 최소한으로 관여한다. 대부분 자기 얘기만 한다.
- [ ] 자기반성을 하지 않는다.
- [ ] 관계 회복 기술이 제한적이다.
- [ ] 때에 따라 사려 깊을 수 있다.
- [ ] 사이가 너무 가깝거나 너무 멀다.
- [ ] 친절하고 재미있을 수도 있지만, 아이를 보호해주지는 않는다.
- [ ] 모든 게 다 괜찮다는 자유방임적인 태도를 지니고 있다.
- [ ] 아이에게 애정이 많지만, 아이를 옹호하지는 않는다.
- [ ] 다른 사람이 일을 꾸미거나 악역을 맡아주는 것을 좋아한다.
- [ ] 자신을 부드럽고 착한 사람이라고 여긴다.

거부하는 부모

☐ 자신의 욕구에 정신이 팔려 있다.

☐ 공감 능력이 전혀 없다.

☐ 뚫을 수 없는 경계를 유지한다.

☐ 남들과 단절되어 있고 적대적이다.

☐ 의사소통에 거의 참여하지 않는다.

☐ 자기반성을 하지 않는다.

☐ 관계 회복 기술이 전혀 없다.

☐ 깊은 숙고 없이 순간적으로 반응하고, 공격적이며, 모욕적
　이다.

☐ 사이가 너무 멀다.

☐ 아이를 무시하거나 아이에게 격노를 터뜨리기도 한다.

☐ 사람들을 거부하고 화를 낸다.

☐ 자기 아이를 귀찮아하고 아이와 가까워지고 싶어하지 않는다.

☐ 조롱이나 무시하는 걸 좋아한다.

☐ 자기 자신을 타인으로부터 독립된 존재로 여긴다.

요약

이 4가지 유형의 정서적으로 미성숙한 부모들은 모두 이기적이고
무신경하므로 아이들이 정서적으로 가까이 다가갈 수가 없다. 그

들은 공감 부족으로 인해 의사소통이 힘들고 관계를 맺기가 어렵다. 모두 진정한 감정을 두려워하고 자신의 위안을 위해 다른 사람들을 통제하려고 한다. 그들 중 누구도 아이들에게 감정적으로 배려받는다는 느낌을 주지 않는다. 다들 자기만의 방식으로 주변 사람들의 힘을 빼앗고, 결국 모든 상호작용이 그들을 중심으로 이루어진다. 게다가 이들 모두가 진정한 상호 간의 대인 관계를 진행하지 못한다.

정서적으로 미성숙한 부모는 일반적으로 4가지 유형이 있지만, 그 자녀들은 내부 발산자와 외부 발산자라는 2가지 범주에 속하는 경향이 있다.

정서적으로
미성숙한
부모의
양육 방식에 대한

아이들의
대처법

미성숙한 부모들이 자녀와 감정적으로 교감하지도 못하고 충분한 관심과 애정을 주지도 못하는 경우, 그 자녀들은 충족되지 못한 자신의 감정적 욕구가 미래에 어떻게 충족될 것인지에 대한 치유 환상을 품는 방법으로 그 상황에 대처한다. 그들은 또 특별한 가족의 역할을 찾아서 역할 자아role-self라는 걸 만들어서 대응하기도 한다. 역할 자아는 자기만 아는 부모에게 어느 정도 관심을 받기 위해 고안된 것이다. 이 장에서는 먼저 치유 환상과 역할 자아에 대해 살펴본 뒤, 아이들이 정서적 무관심에 대처하기 위해 사용하는 두 가지 매우 다른 대처 방식인 내재화와 외현화에 대해 자세히 알아볼 생각이다.

안타깝게도 두 가지 대처 방식 모두 아이들이 자신의 잠재력을 완전히 개발할 수 있게 해주지 않는다. 이런 아이들은 자기 부모의 자아 집착 때문에 자신의 진짜 자아로는 부모의 관심을 끌기에 충분하지 않다고 여기기 쉽다. 그 결과, 부모의 관심을 끌 유일한 방법은 진짜 자신이 아닌 다른 사람이 되는 것이라고 생각하기 시작한다.

슬프게도 한 아이의 타고난 적성과 순수한 감정들로 이루어진 진정한 자아는, 가족 내에서 자기 자리를 확보하기 위해 필요하다고 여겨지는 것에 밀려나 부차적인 것이 되어버린다. 표면 아래에는 여전히 진정한 자아가 존재하지만, 부모의 요구를 가장 우선시하는 가족 내의 규칙 때문에 그 자아를 억눌러야 하는 경우가 많다. 7장에서는 기저에 깔려 있던 진짜 자아가 다시 겉으로 드러나 사람들의 진짜 감정과 잠재력을 일깨울 경우 어떤 일이 벌어지는지 살펴볼 것이다.

하지만 지금은 일단 치유 환상과 가족의 역할이 사람들의 어린 시절과 성인기의 삶에 어떻게 영향을 미치는지부터 살펴보자.

치유 환상의
기원

미성숙한 부모 밑에서 자라는 아이들은 억지로라도 부모의 정서적 한계에 적응해야 한다. 아이들은 부모의 주의를 끌고, 관심을 받고, 서로 교감하려고 노력하면서 감정적으로 미숙한 육아에 다양한 방법으로 대응한다. 하지만 정서적인 보살핌을 받지 못한 아이들이 모두 갖고 있는 한 가지 공통점은, 자기들이 결국 원하는 것을 얻게 되리라는 환상을 품는다는 것이다.

어릴 때 우리는 자신의 삶을 설명하는 이야기를 만들어서 세상을 이해한다. 기분을 좋게 해주는 일들을 상상하고 언젠가 우리를 진정으로 행복하게 해줄 희망적인 이야기를 만들어내는데, 나는 이걸 '치유 환상'이라고 부른다.

아이들은 자기와 주변 사람들을 실제와 다른 존재로 변화시킬 방법을 찾으면 어린 시절의 고통과 정서적인 외로움을 치유할 수 있다고 여기곤 한다. 모든 치유 환상의 주제는 바로 그것이다. 그래서 모든 이들의 치유 환상은 '……라면 좋을 텐데'라는 가정법으로 시작한다. 사람들은 자기가 충분히 이타적이거나 매력적이라면, 혹은 세심하고 이타적인 파트너를 만난다면 사랑받을 수 있으리라고 생각한다. 혹은 유명해지거나, 아주 큰 부자가 되거나, 다른 사람들이 자기를 두려워한다면 본인의 인생이 치유될 수 있다고 생각할 수도 있다. 안타깝게도 치유 환상은 아이들의 머릿속에서 만들어진 아이들다운 해결책이기 때문에 어른들의 현실과는 맞지 않는 경우가 많다.

하지만 어떤 치유 환상을 품고 있건 간에, 그건 더 나은 미래에 대한 희망으로 고통스러운 어린 시절을 이겨낼 수 있는 낙관적인 태도를 아이들에게 심어준다. 많은 사람이 이런 식으로 비참한 어린 시절을 견뎌냈다. 언젠가는 사랑받고 보살핌받을 수 있을 것이라는 희망찬 환상 덕분에 계속 살아갈 수 있는 것이다.

치유 환상이 성인이 된 뒤의 관계에 미치는 영향

어른이 되면, 자기와 가장 밀접한 관계를 맺은 이들이 자신의 치유 환상을 실현해줄 것이라고 내심 기대하게 된다. 다른 사람들에 대한 무의식적인 기대는 이런 어린 시절의 환상 세계에 기인하는 것이다. 우리는 현실을 오랫동안 꾹 참고 견디면 언젠가는 사람들이 변할 것이라고 믿는다. 언제나 우리의 요구를 먼저 생각해주는 파트너나 우리를 실망시키지 않는 친구를 통해 정서적 외로움이 치유될 것이라고 여기기도 한다. 하지만 이런 무의식적인 환상이 문제를 오히려 키우는 예가 많다. 일례로 내가 상담한 한 여성은 우울해하는 아버지를 행복하게 해줄 수만 있다면 자유로운 삶을 살면서 자기가 원하는 일을 할 수 있을 것이라고 은연중에 믿고 있었다. 아버지가 계속 우울하게 지내더라도 자기는 자유롭게 혼자만의 삶을 살 수 있다는 사실을 깨닫지 못한 것이다.

또 어떤 여성은 남편이 원하는 걸 모두 해주면 그녀가 열망하는 남편의 사랑을 받을 수 있을 것이라고 확신했다. 하지만 그녀가 마땅히 받을 수 있다고 생각한 관심을 남편이 주지 않자 남편에게 불같이 화가 났다. 이렇게 최선을 다했는데도 치유 환상이 효과를 발휘하지 못하자 분노가 불안감을 압도할 정도로 치솟았다. 그녀는 어릴 때부터 자기가 '좋은' 사람이 되기만 하면 상대방에게 사랑받을 수 있다고 확신했었던 것이다.

사람들은 대개 자기가 누군가에게 치유 환상을 떠맡기려 한다는 걸 의식하지 못한다. 하지만 다른 사람의 사랑을 시험할 때 그런 모습이 드러난다. 관계없는 외부인의 시선에서 보면 그 환상이 얼마나 비현실적인지 쉽게 알 수 있다. 성공적인 부부 상담 사례에는, 사람들의 치유 환상 때문에 본인이 항상 바라던 사랑이 넘치는 어린 시절을 파트너가 대신 보상해주기를 강요했다는 사실이 드러나는 경우가 많다.

역할 자아의
발달

여러분이 어릴 때, 부모나 양육자가 여러분의 진짜 자아에 제대로 반응해주지 않는다면, 그들과 친밀한 관계를 맺기 위해 뭘 해야 하는지 궁리할 것이다. 그리고 그냥 있는 모습 그대로 살아가기보다는 가족 내에서 안전한 장소를 제공해줄 역할 자아 또는 가짜 자아를 발전시킨다(Bowen, 1978). 이 역할 자아가 점점 진정한 자아가 자연스럽게 드러나는 걸 대신하게 된다. 이런 역할 자아는 '내가 아주 헌신적으로 행동하면 다른 사람들이 나를 칭찬하고 사랑해줄 것이다' 같은 믿음을 바탕으로 할 수도 있다. 아니면 '어떤 방법을 써서든 저들이 내게 주목하게 만들 거야' 같은 부정적인 형태를 취할 수도 있다.

역할 자아를 취하는 과정은 무의식적으로 진행된다. 계획적으로 실행하는 사람은 아무도 없다. 그리고 다른 사람의 반응을 보고 시행착오를 거치면서 점진적으로 역할 자아를 완성해 나간다. 역할 자아가 긍정적으로 비춰지든 부정적으로 비춰지든 상관없이, 아이들은 그게 소속감을 느낄 수 있는 최선의 방법이라고 여긴다. 그리고 어른이 된 뒤에는 자기가 부모님에게 바라던 방식대로 누군가 자신에게 관심을 보여주리라는 희망을 안고 계속 그 역할을 수행하는 경향이 있다.

왜 모든 아이들이 멋지고 긍정적인 역할 자아를 만들지 않는지,

실패와 분노, 정신적 장애, 정서 불안, 여타 다른 종류의 고통을 느끼는 역할을 떠맡는 이들이 왜 그토록 많은지 의아하게 여길지도 모르겠다. 우선은 모든 아이가 타인과의 상호작용을 침착하고 성공적으로 이끌어가는 데 필요한 내적 자원을 지니고 있지 않기 때문이다. 어떤 아이들은 유전자와 신경학적 문제 때문에 건설적으로 행동하지 못하고 충동적인 반응을 보인다.

부정적인 역할 자아가 등장하는 또 다른 이유는, 정서적으로 성숙하지 못한 부모들은 무의식적으로 가족 내의 여러 아이들을 이용해서 본인의 역할 자아나 치유 환상 가운데 해결되지 않은 부분들을 드러내는 일이 많기 때문이다. 예를 들어, 한 아이는 완벽한 아이로 이상화해서 마음껏 사랑하는 반면, 다른 아이는 무능하고 늘 일을 엉망으로 만들어 도움이 필요한 애라는 꼬리표를 붙이는 것이다.

부모가 역할 자아의
발달에 미치는 영향

자신감 없는 어머니가 부모에게 매달리는 아이의 두려움을 강화해서 '아이 인생의 중심'이라는 안정적인 역할을 얻으려고 하는 것은, 아이에게 압박을 가해 역할 자아를 만들도록 하는 부모의 전형적인 예다('마침내 누군가가 나를 정말 필요로 하는구나'). 또 늘 자기가 부족한 인간이라고 느끼는 아버지가 아들보다는 강하고 유능한 사람인 듯한 기분을 느끼려고 아들을 과소평가하는 것도 또 하나의 예가 될 것이다('나는 유능한 사람이니까 다른 사람들을 바로잡아줘야 해'). 그리고 본인들의 근본적인 분노와 이기적인 태도에는 눈을 감고 대신 아이에게서 그런 특성을 찾아내는 부모도 마찬가지다('우리는 다정한 부모지만, 우리 아이는 심술궂고 무례해요'). 일부러 자녀의 미래를 망가뜨리려는 부모는 거의 없겠지만, 그들은 불안감 때문에 본인의 부정적이고 바람직하지 않은 자질을 자기 자녀에게서 발견할 수 있다(Bowen, 1978). 이것은 그들이 의식적으로 통제할 수 없는 강력한 심리적 방어 작용이다.

어릴 때 자물쇠에 꼭 맞는 열쇠처럼 부모님의 요구에 맞는 자신의 역할을 찾아냈다면, 여러분은 아마 금세 그 역할 자아와 본인을 동일시했을 것이다. 그 과정에서 여러분의 진정한 자아는 가족 시스템이 필요로 하는 존재로 바뀌어 더 눈에 띄지 않게 된다. 이렇게 진정한 자아에 대한 투자를 중단하면 성인이 된 뒤에 친밀한 관계를 망칠 수 있다. 역할 자아로는 깊고 만족스러운 관계를 맺을 수 없다. 상대방이 진정으로 연관을 맺을 수 있는 뭔가를 내주려면 진짜 자신을 충분히 표현할 수 있어야 한다. 그렇지 않으면 그 관계는 두 개의 역할 자아들 사이에서 진행되는 연기에 불과하다.

역할 자아의 또 한 가지 문제는 자체적인 에너지원이 없다는 것이다. 그러니 진정한 자아에게서 활력을 훔쳐 와야 한다. 어떤 역할을 연기하는 건 자신의 진짜 모습대로 사는 것보다 훨씬 피곤하다. 자기가 아닌 다른 존재가 되려면 엄청난 노력이 필요하기 때문이다.

그리고 역할 자아는 만들어낸 것이기 때문에, 남을 속이는 자신의 모습이 드러날까 봐 늘 불안하고 두렵다.

역할 자아를 연기하는 건 대부분 장기적으로는 효과가 없다. 사람들의 진짜 성향을 완전히 감출 수는 없기 때문이다. 이내 그들의 진짜 욕구가 분출되게 마련이다. 역할 연기를 그만두고 진짜 본연의 모습으로 살겠다고 결심해야 보다 가볍고 활기차게 앞으로 나아갈 수 있다.

Exercise: 자신의 치유 환상과 역할 자아 파악하기

이 실습을 하려면 종이 두 장이 필요하다. 그중 한 장에는 맨 위에 "치유 환상"이라는 제목을 적고 다른 한 장에는 "역할 자아"라고 적는다.

이 실습의 첫 부분은 여러분이 자신의 치유 환상을 파악하고 탐구하도록 도와줄 것이다. "치유 환상" 페이지의 상단에 아래의 문장을 옮겨 적고 문장을 완성해보자. 너무 깊이 생각하지 말고, 곧바로 머리에 떠오르는 걸 적으면 된다.

다른 사람들이 좀 더 [＿＿＿＿＿＿＿] 해주기를 바란다.

사람들이 [＿＿＿＿＿＿＿] 하기 힘든 이유는 무엇인가?

때때로 누군가를 나를 [＿＿＿＿＿＿＿] 처럼 대해주었으면 좋겠다.

아마 언젠가는 [   ] 해줄 사람을 만나게 될 것이다.
선량한 사람들이 사는 이상적인 세상에서는, 다른 사람들이
[   ] 할 것이다.

이제 이와 비슷한 과정을 이용해서 자신의 역할 자아를 찾아보자.
"역할 자아" 페이지에 아래의 문장을 옮겨 적고 문장을 완성하는
데, 이때도 머릿속에 가장 먼저 떠오르는 걸 적어야 한다.

나는 [   ] 하기 위해 열심히 노력했다.
사람들이 나를 좋아하는 가장 큰 이유는 내가 [   ]
때문이다.
다른 사람들은 내가 얼마나 [   ] 한지 인정해주지
않는다.
나는 늘 [   ] 하는 사람이 되어야 한다.
나는 [   ] 사람이 되려고 노력했다.

문장을 완성한 뒤, 거기에 사용한 단어와 아이디어를 이용해서 자
신의 치유 환상에 대한 설명문 하나와 역할 자아에 대한 설명문
하나, 이렇게 짧은 설명문 2개를 쓴다. 이 설명문은 여러분이 가치
있는 존재라는 느낌을 받으려면 다른 사람들이 어떻게 변화해야
하는지, 그리고 사랑받으려면 어떻게 행동해야 한다고 생각하는
지 등에 대한 내밀한 생각을 드러내줄 것이다.

마지막으로, 다른 사람들을 변화시키려고 노력하는 것이 어떠했고 이 실습에서 설명한 역할 자아를 수행할 때 기분이 어땠는지에 대해 간략하게 요약해보자.

여러분은 이런 환상과 역할을 유지하고 싶은가, 아니면 자신의 진정한 개성을 분석하고 표현할 준비가 되어 있는가? 만약 진정한 자아에 따라 살아갈 준비가 돼 있다면, 이 책의 나머지 부분이 여러분이 그렇게 하도록 도와줄 것이다.

정서적으로 미성숙한 부모에 대처하는 두 가지 스타일

치유 환상과 역할 자아는 그걸 만들어낸 어린이들의 개성만큼 독특하다. 하지만 전반적으로 볼 때, 정서적으로 미성숙한 부모를 둔 아이들은 대개 자신의 문제를 내재화하거나 외현화하는 두 가지 방법 가운데 하나를 이용해서 정서적 박탈감에 대처한다. 문제를 내부적으로 발산하는 아이들은 상황을 바꾸는 게 본인에게 달려 있다고 믿는 반면, 외부로 발산하는 아이들은 다른 사람이 자기를 위해 변화를 이루어주기를 기대한다. 어떤 상황에서는 아이가 이 두 가지 생각을 모두 가질 수 있지만, 대부분의 아이들은 자신의 요구를 충족시키기 위해 애쓰는 과정에서 이중 한 가지 대처 방식을 택한다.

어떤 스타일을 택하느냐 하는 것은 아마 선택의 문제라기보다는 성격과 체질의 문제일 것이다. 그리고 결국 두 가지 스타일 모두 욕구를 충족시키기 위한 시도다. 살아가는 동안 내재화가 더 두드러지거나 외현화가 더 강하게 드러나는 시기를 겪을 수도 있지만, 기본적인 본성은 둘 중 한쪽에 더 기울어져 있을 가능성이 높다. 그러나 이상적인 건 이 두 가지 방법을 균형 있게 활용해, 내부 발산자들은 외부의 다른 사람에게 도움을 구하는 방법을 배우고 외부 발산자들은 자기 내면을 들여다보면서 통제력을 발휘하는 법을 배우는 것이다.

내부 발산자

내부 발산자들은 정신적으로 활동적이고 뭔가를 배우는 것을 좋아한다. 이들은 자기반성적인 태도와 실수에서 교훈을 얻으려고 노력하면서 내부에서부터 문제를 해결하려고 노력한다. 이들은 민감하고 원인과 결과를 이해하려고 애쓴다. 인생을 자기 계발의 기회로 여기고, 더 유능해지는 걸 좋아한다. 열심히 노력하면 일을 더 잘할 수 있다고 믿고, 본능적으로 스스로 문제를 해결하기 위한 책임을 진다. 이들의 주된 불안 요인은 다른 사람을 불쾌하게 한 것에 대한 죄책감과 협잡꾼으로 폭로되는 데 대한 두려움이다. 이들이 겪는 가장 심각한 관계 악화는, 자신을 지나치게 희생한 뒤 다른 사람들을 위해 그렇게 많은 일을 한 것을 억울하게 여기게 되는 것이다.

외부 발산자

외부 발산자들은 문제에 대해 생각하기 전에 먼저 행동부터 취한다. 반응적인 성향이 강하고 불안감을 빨리 없애기 위해 충동적으로 일을 벌인다. 자기반성은 거의 하지 않고, 자신의 행동보다는 다른 사람이나 상황에 책임을 돌린다. 인생을 시행착오의 과정으로 여기지만, 실수를 통해 앞으로 일을 더 잘하기 위한 교훈을 얻는 경우는 거의 없다. 이들은 자기가 행복해지려면 외부 세상이 바뀌어야 한다는 생각을 고수하고, 다른 사람들이 자기가 원하는 걸 줘야만 문제가 해결될 것이라고 여긴다. 이들의 대처 스타일은 너무 자멸적이고 파괴적이라서, 이들의 충동적인 행동 때문에 발생한 손해를 복구하기 위해 다른 사람들이 개입해야 하는 경우가 많다.

외부 발산자들은 유능한 사람이 자기를 도와줄 의무가 있다고 생각하고, 좋은 일은 불공평하게도 다른 이들에게만 일어난다고 믿는 경향이 있다. 자아상self-image의 경우, 이들은 자신감이 매우 낮거나 지나친 우월감을 갖고 있다. 이들은 외부의 위안에 의존하기 때문에, 약물 남용, 중독적인 관계, 다양한 형태의 즉각적인 만족감에 취약하다. 이들의 주된 불안 요인은 자신의 안전이 달려 있는 외부 소스와 차단될지도 모른다는 것이다. 관계상의 가장 큰 문제점은 충동적인 사람에게 이끌리는 것과 지지와 안정감을 얻기 위해 다른 이들에게 과도하게 의존하는 것 등이다.

외부 발산자의
세계관 이해하기

어떤 대처 방식이 더 나쁜지는 판단하기 어렵다. 내부 발산자들이 좀 더 의식적으로 고통을 겪는 게 분명하지만, 스스로를 비난하는 그들의 성향은 타인의 위로와 지지를 이끌어낼 수 있는 밝은 전망을 약속한다. 그에 반해 외부 발산자들은 다른 사람의 짜증과 화를 불러일으키는 행동을 자주 하기 때문에, 그들에게 도움이 필요할 때도 다른 사람들은 그들과 거리를 유지하려고 한다. 하지만 외부 발산자는 보통 누군가가 자기를 돕기 위해 나설 때까지 계속 말썽을 부린다. 반대로 내부 발산자들은 침묵 속에서 고통받기 때문에, 그들의 내면이 붕괴되고 있을 때에도 겉으로는 계속 괜찮아 보인다. 그래서 내부 발산자에게 도움이 필요하다는 사실을 주변 사람들이 깨닫지 못하고 도와주지 못하는 경우가 많다.

아마 이 책에 관심을 보이는 사람은 주로 내부 발산자들일 것이다. 왜냐하면 이 책은 자기 자신과 타인을 이해하도록 도와주기 위해서 만들어진 것인데, 그런 문제는 외부 발산자들의 주된 관심사가 아니기 때문이다. 하지만 내부 발산자들이 외부 발산자에게 보다 효과적으로 대처하려면 그들의 세계관을 알아두는 게 필요하다. 정서적으로 미성숙한 부모들은 대부분 외부 발산자이고 그들은 현실에 대처하기보다는 그에 맞서 싸우려 하기 때문이다. 그들은 마치 현실이 잘못되었다는 듯이, 자기가 겪는 문제는 다 바깥세상 탓이라고 비난한다. 마치 어린아이의 행동 같다고 생각한다면 제대로 본 것이다.

외현화는 사람들의 심리적 성장을 가로막으므로 정서적 미성숙과 관련이 있다. 반면 내면화는 자기반성을 통해 정신적 발전을 촉진한다. 내부 발산자들에 대해서는 6장에서 심층적으로 다룰 예정이므로, 이 장의 나머지 부분에서는 외현화의 다양한 측면에 대해 얘기할 생각이다.

외부 발산자는 자기 파괴의 악순환을 만든다

외현화는 처벌과 거부를 유도하는 경향이 있다. 예의 바른 내부 발산자들과 대조적으로, 외부 발산자는 자기가 느끼는 불안, 고통, 우울함을 고스란히 겉으로 드러낸다. 그들은 당면한 문제들을 피하려고 충동적인 행동을 한다. 이런 행동을 통해 일시적으로 기분이 나아질 수는 있지만, 추후 더 많은 문제를 야기할 것이다.

외부 발산자들은 자기가 충동적으로 벌인 일의 결과에 직면해야 할 때의 강렬하지만 짧게 다가오는 수치심과 패배감에 취약하다. 하지만 그들은 대개 자기가 변해야만 하는지 혹은 어떻게 변할 것인지 고민하기보다는 부끄러움을 피하려고 자기 잘못을 부인하곤 한다. 이로 인해 충동성의 악순환에 빠져서 패배감을 느낄 때마다 충동적인 행동을 더 많이 하게 된다.

결과적으로 외부 발산자들은 낮은 자존감과 자기가 잘못되었다는 생각을 짧고 강렬하게 느끼는 걸 반복하게 된다. 그리고 총체적인 자기혐오를 피하려고 다른 사람을 비난하거나 핑곗거리를 만들어 수치심에서 벗어난다. 이런 전략은 많은 공감을 얻지 못하므로—성향이 비슷한 외부 발산자들은 제외하고—그들이 원하는 감정적 지지를 받지 못하고 끝나는 일이 많다.

외부 발산자는 밖에서
해결책을 찾는다 _____

외부 발산자들은 스트레스를 받을 때마다 재빨리 거기에서 벗어나기 때문에 실수를 통해 성장하거나 교훈을 얻을 기회를 가지지 못한다. 다른 사람이 자기 문제를 해결해줘야 한다고 생각하고, 다른 사람들이 자기 기분을 좋게 해주기를 기대하며, 때로는 더 빨리 도와주지 않은 것에 화를 내기도 한다. 이들은 항상 의지할 수 있는 외부 전원을 찾는 반면 내부 발산자들은 자기 안에 배터리를 가지고 있다고 생각하면 된다. 물론 때로는 내부 발산자들도 재충전이 필요하지만, 그들은 습관적으로 자기 문제를 다른 사람에게 떠안기거나 하지 않는다.

어릴 때부터 외부로 발산하는 대처 스타일을 방치하면 정서적으로 성숙하지 못한다. 정서적으로 미성숙한 부모들은 대부분 외현화된 대처 방식을 가지고 있다. 외부 발산자들은 늘 외부의 힘을 빌려서 기분을 회복하려고 하기 때문에 자제력을 발달시키지 못한다. 그들은 감정에 압도당하고 문제의 심각성을 부인하거나 다른 사람을 비난한다. 외부 발산자는 현실이 자기 뜻에 따라 움직여야 한다고 생각하는 반면, 보다 성숙한 사람들은 현실에 잘 대처하고 적응한다 (Vaillant, 2000).

아이들의 외현화는 부모와의 역학 관계에서 정서적 의존과 속박을 촉진시킨다(Bowen, 1978). 게다가 정서적으로 미성숙한 부모들은 외현화된 아이가 제멋대로 하게 놔둔다. 그러면 본인들의 해결되지 않은 문제에서 벗어나 그쪽에 주의를 돌릴 수 있기 때문이다. 통제 불능의 아이를 대할 때의 부모는 과거에서 기인한 본인의 고통을 생각할 시간이 없다. 대신 그들은 자기 없이는 살아가지 못하는 약하고 의존적인 아이를 돕는 강인한 부모라는 역할 자아를 떠맡을 수 있다.

외현화된 아이들은 행동 문제, 충동성, 정서적 변덕, 중독 등의 문제와 싸우는 경우가 많지만 이런 행동은 그들의 고통을 눈에 보이게 드러낸다는 이점이 있다. 그들의 고통은 내부 발산자의 경우처럼 남의 눈에 띄지 않을 걱정은 없지만 간혹 반항이나 반대, 무의미한 소동으로 오인될 가능성은 있다.

외부 발산자의 심각성은 사람마다 다르다

외현화의 심각성은 연속체 상에 존재한다. 심각도가 가장 높은 쪽 극단에는 약한 사람을 이용하는 반사회적인 자들이 있다. 이들은 다른 사람의 권리나 감정은 전혀 고려하지 않고 착취할 대상으로만 여긴다. 그보다 정도가 약하거나 좀 조용한 외부 발산자들은 다른 사람과 잘 대치하지 않기 때문에 내부 발산자처럼 보일 수도 있다.

하지만 자기가 아닌 타인이 바뀌어야 한다는 생각을 하기 때문에 외부 발산자인 것을 알 수 있다. 그렇긴 해도, 정도가 약한 외부 발산자들은 나이가 들면서 유순해져서 성장과 자기반성이 가능해지는 경우도 있다.

스트레스를 받으면 자주 자제력을 잃고 아내와 아이들에게 소리를 지르는 바람에 상담 치료를 받게 된 남자의 케이스가 온화한 외부 발산자의 예다. 그는 실수를 저지르면 맞거나 심한 창피를 당하는 엄격한 가정에서 자랐기 때문에, 외현화된 행동의 역할 모델이 매우 많았다. 하지만 자기 가정 내의 상황이 더 나아지기를 진심으로 바랐고 아내와 아이들을 제압해야 할 대상이라기보다 그들 각자의 권리를 지닌 감성적인 사람이자 함께 협력해야 하는 존재로 받아들이려고 열심히 노력했다.

온화한 외부 발산자는 다양한 형태로 나타날 수 있다. 앞서도 말했듯이, 표면적으로는 내부 발산자처럼 보일 수도 있다. 중요한 건 다음 이야기에서처럼 그들이 본인의 불행을 다른 사람 탓으로 돌리느냐 하는 것이다.

로드니의 이야기

외견상으로 로드니는 모든 사람을 행복하게 해주려고 애쓰는 공감 능력이 뛰어난 내부 발산자처럼 보였다. 로드니는 아내 사샤가 그가 할 수 있는 일과 없는 일을 일일이 정하고, 그의 행동에 대한 완전한 거부권을 행사할 수 있게 해주었다. 그는 우울하고 길을 잃은 듯한 느낌 때문에 상담 치료를 받으러 왔다. 그는 사샤를 화나게 하는 것을 두려워했고, 그녀가 자기를 떠날까 봐 절대로 아내에게 대들지 않았다. 겉으로는 자신의 선택을 스스로 책임지겠다고 공언했지만, 속으로는 자신의 삶을 제한하는 사샤를 비난했다. 진짜 외현적인 방식으로, 그는 아내가 자신의 행복과 불행을 조절한다고 여겼고 그녀의 허락 없이는 자기가 원하는 일을 할 수 없다고 느꼈다.

로드니는 자신을 애정으로 돌봐주지 않는 고압적인 어머니 밑에서 자랐고, 어른이 된 뒤에도 여전히 자기는 남에게 제압당하는 어린아이라고 여겼기 때문에 지금은 사샤에게 통제당하고 있다. 한 번은 상담 중에 자신을 죄수, 사슬에 묶여 있는 사람으로 묘사하기도 했는데 이것은 매우 외현화된 이미지다!

다른 외부 발산자들처럼 대담하게 요구하지는 않았지만, 그들처럼 로드니도 자기 문제의 해결책을 다른 사람이 갖고 있다고 생각했다. 그가 이 역학 관계를 인식하기 전까지는 그보다 더 심각한 외부 발산자들처럼 자기 문제에 갇혀 있기만 했다. 다행히 한동안 치료를 받은 로드니는 자기가 무슨 짓을 하고 있는지 깨닫고 자신을 강력하게 변호하기 시작했다. 사샤는 그가 그렇게 화가 나 있는지 몰랐다. 그녀는 로드니가 본인의 바람을 표현하지 않았기 때문에 주도권을 쥐고 있었을 뿐이다.

외부 발산자는 자기 형제자매를 함부로 대할 수 있다

내부 발산형인 상담자들 가운데 상당수는 통제가 불가능한 외부 발산형 형제자매와 같이 자랐다. 이 상담자들은 모두 똑같은 상황을 겪었다. 자기 멋대로 굴면서 남을 이용하기만 하는 손위 혹은 손아래 형제들 때문에 비참한 어린 시절을 보냈는데, 부모는 그런 상황에 전혀 개입하지 않았던 것이다. 그 형제자매는 지루하거나 화가 나면 내 상담자에게 화풀이를 했다. 그들의 부모는 이렇게 외부 발산형인 자식을 어떤 면에서 특별한 존재로 여겨, 그들이 온갖 나쁜 짓을 다 해도 벌을 주지 않았다. 어떤 경우에는 이런 나쁜 짓이 성적 학대의 형태로 나타나기도 했는데, 상담자들은 부모가 믿어주지 않을 것이라고 생각해서 아예 말을 하지 않거나, 말을 해도 부모가 오히려 나쁜 짓을 한 자식을 옹호했다.

외부 발산형인 형제자매는 남을 감정적으로 학대할 수도 있고, 본인의 골칫거리와 울화 행동으로 다른 가족들을 지배한다. 내부 발산자들은 벌을 피할 방법이 없다고 느끼는 반면, 외부 발산형인 이들의 형제자매는 여러 번 되풀이해서 곤경을 모면한다. 정서적으로 성숙하지 못한 부모는 외부 발산적인 자식을 달래거나 구해주는 경우가 많다. 외부 발산자들은 계속 충동적인 선택을 해서 자신의 삶을 통제 불능 상태에 빠뜨리기 때문에 그들에게는 이것이 유일한 해결책인 것처럼 보인다.

외부 발산형 형제자매가 있는 가족에서는, 그런 형제자매의 문제를 이해하거나 잘 지내도록 노력하라고 말하는 부모의 태도 때문에 내부 발산자가 부당한 상황을 불평하지 못하는 경우가 많다. 부모 입장에서는 감정을 전부 겉으로 드러내는 아이를 화나게 해서 이로울 것이 없다. 부모의 이런 태도는 내부 발산자들에게 그들의 요구는 뒤로 미루고 외부 발산자의 욕구에 초점을 맞춰야 한다는 메시지를 보낸다.

외부 발산자들은 또, 다른 사람이 자기를 학대했다고 모함하면서 본인을 특별한 관심이 필요한 학대받은 희생자로 내세우는 경향이 있다. 한 여성은 외부 발산형인 자기 남동생이 어릴 때 누나가 자기를 성적으로 학대했다고 비난하자 큰 충격을 받았다. 동생이 어릴 때 부모님은 늘 편찮으신 조부모에게 집중하느라 바빴기 때문에, 그녀는 동생을 돌보느라 자기 10대 시절의 많은 부분을 희생했다. 동생의 근거 없는 비난은 그가 왜 본인의 삶을 제대로 꾸려가지 못하는지에 대한 이유를 외부에서 찾는 평소 패턴과 일치하는 행동이다. 내 상담자가 당시 아무 일도 없었다고 맹세한 뒤에도, 그들의 부모는 동생 편을 들었다. 그녀의 부모와 동생이 구조자와 불행한 희생자라는 역할을 너무나 확고하게 연기했기 때문에 사실을 입증하기가 힘들었다.

대처 방식의 연속체: 복합적인 스타일

인간 본성의 다른 모든 것이 그렇듯이, 성격적인 특성도 순수한 형태로 나타나지 않는다. 어떤 특성이 연속체를 따라 존재하는 게 일반적이다. 내재화와 외현화도 스펙트럼 상에서 발생하며, 각 사례의 가장 극단적인 예들은 서로 완전히 다르다.

적절한 조건 하에서는, 각 유형에 속한 사람들이 일반적으로 다른 유형과 관련된 행동이나 태도를 보일 수도 있다. 예를 들어, 외부 발산자들이 완전한 실패를 맛보고 나면 세상이 자기에게 맞춰주기를 기대하기보다는 자기가 바뀌어야 할지도 모른다는 생각을 받아들이는 경우도 있다. 그리고 심한 스트레스를 받으면 외부 발산자처럼 충동적으로 반응하기 시작하는 내부 발산자도 있다.

외부 발산자가 내재화될 수도 있다

결국 외현화와 내재화도 인간이 지닌 두 가지 측면에 불과하다. 누구나 자기가 처한 상황과 연속체 상에서의 위치에 따라, 어떤 스타일을 더 많이 혹은 더 적게 드러낼 수 있다. 그렇기는 해도, 상담을 받으려고 하거나 자가 치유에 대한 책을 즐겨 읽는 사람들은 내재화된 대처 스타일을 가지고 있을 가능성이 훨씬 높다. 그들은 항상 자기 삶을 좋은 쪽으로 변화시키기 위해 뭘 할 수 있는지 알아내려고 노력한다.

그에 비해 자기 문제를 외부로 발산하는 사람들은 법원이나 부부관계에 대한 최후통첩, 재활 같은 외부의 압력을 받아야만 상담 치료에 임할 가능성이 높다. 중독 회복은 대부분 외부 발산자들이 좀 더 내재화된 대처 방식을 받아들이고 자기 자신을 책임지는 쪽으로 나아가도록 하는 것에 초점이 맞춰져 있다. 알코올중독 치료 모임인 AA 같은 단체도 외부 발산자를 내부 발산자로 바꿔서 자신의 변화를 책임지도록 하기 위해 고안된 운동이라고 생각할 수 있다.

내부 발산자도 스트레스를 받으면 감정을 겉으로 드러낼 수 있다

반면, 내부 발산자들도 과도한 스트레스를 받거나 외로움을 느끼면 외현화 쪽으로 바뀔 수 있다. 때때로 지나친 자기희생을 하는 내부 발산자들은 불륜이나 피상적인 성적 결합을 통해 자신의 괴로움을 드러내기 시작한다. 그리고 이것에 대해 엄청난 수치심과 죄책감을 느끼고 발각되는 걸 두려워하지만, 정서적 혹은 성적으로 척박한 삶에서 탈출하는 수단으로 이런 정사에 이끌리는 것이다. 불륜은 자기가 살아 있고 특별한 존재라는 기분을 다시 느끼게 해주고, 별다른 평지풍파를 일으키지 않고도 1차적인 관계 밖에서 관심에 대한 욕구를 충족시킬 수 있는 가능성을 제공해준다. 그들은 본능적으로 문제 해결을 위한 책임을 지려고 하기 때문에, 대개의 경우 먼저 파트너에게 자신이 느끼는 불행에 대해 이야기하려고 한다. 하지만 파트너가 귀를 기울여주지 않거나 이런 접근을 묵살한다면, 내부 발산자는 외부 발산자들의 고전적인 방식을 답습하여 자기를 구해줄 다른 사람을 찾아 나설지도 모른다.

이것은 원래 책임감 강했던 사람들의 가치관이 놀랍도록 반전되는 것처럼 보이는 중년의 위기를 설명하는 데 도움이 될 것이다. 그들은 개인적으로 좀 더 보람 있는 삶을 추구하면서 갑자기 의무와 책임을 거부하는 것 같다. 하지만 전형적인 내부 발산자의 경향에 비추어 볼 때, 중년의 변신은 그렇게 갑작스럽거나 놀라운 것이 아닐 수도 있다. 어쩌면 이건 오랜 세월 이어진 내부 발산자의 자기 부인과 그로 인해 다른 사람의 욕구를 우선시한 적이 너무 많다는 깨달음의 결과일지도 모른다.

다음 이야기에서 볼 수 있듯이, 약물 남용은 내부 발산자들이 스트레스를 받을 때 이용할 수 있는 또 하나의 외현화된 해결책이다.

론의 이야기

고질적인 요통을 앓고 있는 론은 평생 내부 발산자로 살면서 자신의 이기적인 어머니와 비판적인 상사를 기쁘게 해주려고 끊임없이 노력했다. 그는 원래 자기 인생을 바꿀 수 있는 방법을 찾고 싶다는 내부 발산자의 관점에서 상담을 받기 시작했다. 하지만 업무 스트레스가 증가하고 외로움과 삶을 지탱해주는 것들이 부족하다고 느끼기 시작하면서, 진통제를 더 복용하고 술을 더 많이 마시는 외현화가 시작되었다. 마침내 론이 내게 자기가 술과 약물을 남용하고 있다는 사실을 고백했고, 그 직후에 중독 증상을 억제하기 위해 거주 치료를 받았다. 그는 전문적인 치료를 받은 덕분에 약물에서 탈출구를 찾는 외현적인 방법에 의지하기보다는 다시 전처럼 내재적인 대처 방법을 통해 문제 해결을 시도할 수 있게 되었다.

이 실습은 여러분이 내부 발산자와 외부 발산자 중 어느 쪽 성향이 두드러지는지 확인하는 데 도움이 될 것이다. 또한 아래의 체크리스트를 이용해 다른 사람들을 평가하고 그들의 특징적인 대처 방식이 뭔지 확인할 수도 있다.

아래에 나열된 속성들은 스펙트럼의 양 극단에 존재하는 것들로, 이 두 가지 유형이 살면서 겪는 문제에 접근하는 방식의 기본적인 차이를 강조한다는 점에 유의하자. 다시 말해, 실생활 속에서 사람들은 이런 특성을 보여주는 연속체 상의 어딘가에 존재할 가능성이 있다. 그래도 대부분의 사람들은 둘 중 한 가지 유형과 더 비슷한 면이 많다.

| 외부 발산자의 특성 |

삶에 접근하는 방식

☐ 지금 이 순간만 생각하며 살면서 미래에 생길 결과는 고려하지 않는다.

☐ 외부에서 해결책을 제공해줄 것이라고 생각한다.

☐ 다른 사람들이 상황을 개선해주기를 바란다. "상황을 개선하려면 누가 무엇을 해야 할까?"

☐ 곧바로 행동을 취하고 생각은 나중에 한다.

☐ 힘든 상황을 과소평가한다.

문제 대응 방식

☐ 지금 일어나고 있는 일에 반응한다.

☐ 다른 사람의 잘못 때문에 문제가 발생했다고 여긴다.

☐ 주위 환경을 탓한다.

☐ 자기 문제에 다른 사람들을 끌어들인다.

☐ 기분이 좋아지려고 현실을 부정하거나 도피한다.

심리 스타일

☐ 충동적이고 자기중심적이다.

☐ 본인의 감정은 매우 특별하다고 생각한다.

☐ 쉽게 화를 낸다.

☐ 내면의 심리 세계에 관심이 없다.

관계 스타일

☐ 다른 사람들이 도와주기를 기대한다.

☐ 상황을 개선하기 위해서는 다른 사람이 바뀌어야 한다고 생각한다.

☐ 자신의 독백에 다른 사람들이 귀를 기울이고 상황에 개입해 주기를 기대한다.

☐ 다른 사람들에게 '잔소리'를 멈추라고 요구한다.

| 내부 발산자의 특성 |

삶에 접근하는 방식

☐ 미래를 걱정한다.

☐ 해결책에 대한 고민이 자기 마음속에서부터 시작된다.

☐ 사려 깊고 공감 능력이 있다. "상황을 개선하기 위해 내가 할 수 있는 일은 무엇일까?"

☐ 벌어질 수 있는 일들에 대해 생각한다.

☐ 힘든 상황을 과대평가한다.

문제 대응 방식

☐ 무슨 일이 벌어지고 있는지 알아내려고 애쓴다.

☐ 본인이 문제 발생과 관련해 어떤 역할을 했는지 알아본다. "여기에서 내가 한 역할은 무엇인가?"

☐ 자기반성을 하고 책임을 진다.

☐ 독자적으로 문제를 이해하고 해결하려고 노력한다.

☐ 있는 그대로의 현실에 대처하면서 변화를 모색한다.

심리 스타일

☐ 행동하기 전에 생각부터 한다.

☐ 감정을 관리할 수 있다고 믿는다.

☐ 쉽게 죄책감을 느낀다.

□ 내면의 심리 세계가 매혹적이라고 여긴다.

관계 스타일

□ 다른 사람들이 필요로 하는 것을 먼저 생각한다.

□ 상황을 개선하기 위해 스스로를 변화하는 것을 우선적으로
  고려한다.

□ 문제에 대해 대화를 나누자고 요청한다.

□ 문제가 발생한 이유를 다른 사람들이 이해할 수 있도록 도와
  주고 싶어한다.

테스트 결과 여러분이 주로 내부 발산자의 특징을 지니고 있다
면, 타인과의 관계 속에서 너무 많은 감정 노동을 하느라 지쳐 있
을지도 모른다. 다음 장에서 다른 사람을 위해 너무 많은 일을 하
도록 유도하는 내부 발산자의 특성에 대해 알아볼 것이다. 반면,
여러분이 외부 발산자에 가깝다는 결과가 나왔다면, 다른 사람들
에게 본인의 인상에 대한 피드백을 요청하고 싶어질 것이다. 어
쩌면 여러분은 자신을 지원해주는 시스템을 소모시키고 있을지
도 모른다.

균형이
중요하다 _____

어느 한쪽 대처 방식의 극단에 속하는 사람들은 대개 살면서 중대한 문제를 겪게 된다. 극단적인 외부 발산자들은 신체적인 증상이 생기거나 자기 행동 때문에 문제가 생기는 경향이 있는 반면, 극단적인 내부 발산자들은 불안감이나 우울증 같은 감정적 증상에 시달리기 쉽다.

앞의 체크리스트를 살펴보면, 어떤 특성이든 상황에 따라서 유익할 수도 있고 골칫거리가 될 수도 있다는 걸 알게 될 것이다. 일례로 내부 발산자들은 행동을 취하지도 않고, 자신을 변호하지도 않고, 도움을 요청하지 않으면서 자기 패배적인 성향을 키우는 모습을 볼 수 있다. 반대로, 외부 발산자들은 자기 삶이 엉망이라고 생각하더라도 충동적인 성향 때문에 적극적으로 행동을 취하거나 다양한 해결책을 시도하려고 하는 경우가 많다. 때로는 바로 그런 성급함이 필요하기도 하므로, 어떤 상황에서는 그게 힘이 될 수 있다. 적합한 조건 하에서는 각 스타일이 다 유용할 수 있다. 본질적으로, 문제는 사람들이 어느 한 가지 대처 방식의 극단에 갇힐 때 발생한다.

그래도 외부 발산자의 전체적인 프로필은 대체로 좀 더 비현실적이고 적응력이 떨어지는 성격을 반영한다. 이건 극단적인 외부 발산자의 미숙한 대처 방법이 성공적인 관계 유지에 효과가 없고 성숙한 심리 발달을 촉진하지 못하기 때문이다.

요약

아이들은 정서적으로 미성숙한 육아에 저마다 다른 방식으로 반응하지만, 다들 그 상황을 개선할 방법으로 무의식적인 치유 환상을 품는다. 부모가 아이들의 진짜 자아를 받아들여주지 않으면, 그 아이는 가족 안에서 중요한 역할을 차지하기 위해 역할 자아를 취하게 된다. 게다가 아이들은 정서적으로 미성숙한 육아에 대응해 외현화 혹은 내재화라는 두 가지 주된 대처 방식을 발전시킨다. 외부 발산자들은 자기 문제에 대한 해결책이 외부에서 생길 것이라고 생각하는 반면, 내부 발산자들은 문제 해결을 위해 본인의 내면을 들여다보는 경향이 있다. 두 스타일 모두 특정한 상황에서 유리할 수 있지만, 내재화 쪽이 갈등을 일으키거나 다른 사람을 곤란하게 할 가능성이 훨씬 낮다. 내부 발산자가 겪는 곤경은 외부적인 문제보다 내적인 고통을 야기할 가능성이 훨씬 높다.

다음 장에서는 내재화 스타일에 대해 자세히 살펴볼 예정이다. 내부 발산자들이 유년기에 품은 치유 환상이 어떻게 그들을 자기 패배의 늪에 빠뜨리는지, 그리고 진짜 자아를 회복하면 어떻게 다시 자유로워질 수 있는지 알게 될 것이다.

내부
발산자로

살아간다는
것

통찰력 있는 내부 발산자들은 어릴 때부터 부모가 자기와 진심 어린 관계를 맺고 있지 않다는 사실을 알아차릴 수밖에 없다. 그들은 자각 능력이 모자란 아이와는 다른 방식으로 그 상처받은 감정을 기억하므로, 정서적으로 미성숙한 부모 밑에서 자라는 동안 그것에 많은 영향을 받는다. 내부 발산자들은 사랑하는 사람과의 관계에 나타나는 미묘한 차이에 민감하기 때문에, 자신과 감정적으로 교감하지 않는 부모를 둔 경우 그들이 초래하는 고통스러운 외로움을 훨씬 더 잘 안다.

이 장에서는 내부 발산자들의 특성을 자세히 알아볼 것이다. 또한 친밀한 관계를 맺고자 하는 희망 때문에 자신의 욕구는 무시하고 다른 사람을 위해서만 너무 많은 걸 해주는 등의 내재화 스타일이 지닌 위험성도 살펴볼 예정이다.

내부 발산자들은 매우 민감하고 통찰력이 있다

만약 여러분이 내부 발산자라면, 자기가 어떻게 다른 사람의 내면 상태를 그렇게 민감하게 알아차리게 되었는지 궁금할 것이다. 신경계 같은 기본적인 체계에 의해서 다른 사람의 감정과 욕구에 맞추게 되었을 수도 있다.

내부 발산자들은 극히 민감하며, 대부분의 사람들보다 훨씬 많은 것을 알아차린다. 이들은 마치 감정의 소리굽쇠처럼 다른 사람이나 주변 세계의 떨림을 알아차리고 거기에 공명한다. 이런 지각 능력은 축복이자 저주다. 한 상담자가 설명한 것처럼, "내 뇌는 모든 걸 흡수해요! 얼마나 많은 일들을 알아차리는지 믿을 수가 없을 정도예요, 나한테 바로 스며드는 느낌이에요."

내부 발산자는 태어날 때부터 남달리 예민한 신경계를 타고났을 수 있다. 한 연구에서는 아기들의 환경에 대한 적응 수준 차이가 아주 어린 나이부터 나타난다는 걸 알아냈다(Porges, 2011). 생후 5개월 된 유아의 경우에도, 어떤 아기들은 다른 아기보다 뛰어난 지각력을 가지며 지속적인 관심을 보일 수 있다. 게다가 이런 특징은 아이들이 성장하면서 하는 행동 유형과도 상관관계가 있는 것으로 밝혀졌다.

신경과학자인 스티븐 포지스Stephen Porges(2011)는 자신의 연구와 다른 사람들의 연구를 검토한 결과, 신생아에게도 선천적인 신경학적 차이가 존재한다는 강력한 논거를 제시했다. 그의 연구는 어릴 때부터 스트레스를 받았을 때 스스로를 달래고 생리 기능을 조절하는 능력에 큰 차이가 나타날 수 있음을 보여준다. 내 생각에 이건 특정한 대처 스타일에 대한 성향이 유아기부터 존재한다는 가능성을 보여준다.

내부 발산자들은
격렬한 감정을 느낀다 _____

내부 발산자는 외부 발산자와 달리 자신의 감정을 즉각적으로 표출하지 않기 때문에, 그 감정을 속에 담아두는 동안 더 격해질 가능성이 있다. 그리고 남보다 깊은 감정을 느끼기 때문에 지나치게 민감하거나 너무 감정적인 것처럼 보이는 경우가 많다. 내부 발산자는 고통스러운 감정을 느낄 때 슬픈 표정을 짓거나 눈물을 흘릴 가능성이 훨씬 높은데, 감정을 혐오하는 부모는 이런 모습을 견딜 수 없어 한다. 그에 비해 외부 발산자들은 격한 감정을 느끼면 심한 내적 고통을 경험하기 전에 행동을 통해서 그 감정을 표출해버린다. 따라서 감정 때문에 그런 행동이 야기되었음에도 불구하고, 다른 사람이 보기에 외부 발산자는 감정적인 문제보다는 행동상의 문제를 가지고 있다고 여기기 쉽다.

정서적으로 미성숙한 부모들은 이런 외부 발산자의 행동을 보면 소리를 지르거나 벌을 주는 반면, 내부 발산자들의 감정 표출에 대해서는 모욕과 경멸, 조롱하는 태도로 무시하거나 거부할 가능성이 높다. 그리고 외부 발산자들은 그들의 행동이 문제라는 말을 듣는 반면, 내부 발산자들은 그들의 본성 자체에 문제가 있다는 메시지를 받게 된다. 일례로 한 상담자의 아버지는 그녀가 본인 인생에 관한 책을 쓴다면, 제목을 "엎질러진 우유 보며 울기"로 지어야 할 거라고 비꼬는 투로 말했다고 한다. 그녀는 자신의 감정상의 강도는 결코 바꿀 수 없는 특성이라는 걸 알고 있었기 때문에 이 말에 깊은 상처를 받았다. 아버지의 빈정거림이 핵심을 찔렀던 것이다.

내부 발산자는
친밀감을 갈망한다

내부 발산자들은 감정에 아주 민감하기 때문에, 관계에 있어서 감정적 친밀감의 질에 매우 민감하다. 그들의 전체적인 성격이 감정적 자발성과 친밀감을 갈망하므로 그보다 못한 것에는 만족할 수 없다. 따라서 미숙하고 감정을 두려워하는 부모 밑에서 자랄 경우, 고통스러울 정도로 외로움을 느낀다.

내부 발산자에게 공통점이 하나 있다면, 자신의 내적 경험을 공유하려는 욕구다. 어릴 때는 진정한 감정적 교감에 대한 욕구가 그들 존재의 중심이었다. 이런 그들과 감정적으로 교감하려고 하지 않는 사람 곁에 있는 것만큼 그들의 정신을 해치는 것도 없다. 무표정한 얼굴은 그들 마음속의 무언가를 죽인다. 이들은 다른 사람의 표정을 자세히 읽으면서 자기가 그들과 관계를 맺고 있다는 징후를 찾는다. 이건 사람들과 대화를 나누고 싶다는 등의 사회적인 욕구가 아니다. 자기를 이해해줄 수 있는 생각이 비슷한 사람과 마음을 터놓고 연결되고 싶다는 강력한 갈망이다. 자기를 이해해주는 사람과 마음이 통하는 것보다 더 신나는 일은 없다고 생각한다. 이런 관계를 맺을 수 없을 때, 그들은 감정적인 외로움을 느낀다.

안정적으로 애착 관계를 형성한 아기들의 경우, 부모의 감정적 반응과 상호작용에 대한 욕구를 느끼는 게 정상적이라는 4장 내용을 떠올려보자. 부모 자식간의 유대감은 이런 식으로 형성된다. 연구에 따르면, 안정적 애착을 형성한 아기들은 엄마가 자기에게 반응을 보이지 않고 무표정한 얼굴만 하고 있어도 괴로워하면서 감정을 주체하지 못한다고 한다(Tronick, Adamson, Brazelton, 1975). 유튜브에서 "무표정 실험"이라는 키워드를 검색하면 이런 괴로움이 얼마나 강렬한지 확인할 수 있다.

내부 발산형인 아이의 부모가 자기중심적인 경우, 그 아이는 자기 욕구를 숨기고 부모에게 도움이 되어야만 사랑받을 수 있다고 생각하게 된다. 안타깝게도 부모가 자녀를 믿는 것과 사랑하는 것은 별개의 문제이기 때문에, 결국 이 전략의 감정적 공허함이 분명하게 드러난다. 세상 어떤 아이도 자기중심적인 부모의 사랑을 이끌어낼 수 있을 만큼 착하게 굴 수는 없다. 그럼에도 이 아이들은 친밀한 관계를 맺는 대가로 다른 사람들을 자기보다 우선시하고 그들을 더 중요하게 대해야 한다고 믿게 된다. 이 아이들은 끊임없이 주는 편이 되어야 관계를 유지할 수 있다고 생각한다. 부모의 사랑을 얻기 위해 착한 아이가 되려고 노력하는 아이들은, 조건부 행동으로는 무조건적인 사랑을 살 수는 없다는 사실을 알 길이 없다.

로건의 이야기

전문 음악가인 41살의 로건은 폭풍우 구름처럼 부풀어 오른 빨간 머리카락을 휘날리면서 맹렬한 기세로 내 사무실을 찾아왔다. 그녀는 위아래 다 검은색 옷을 입고 있었고 꼬챙이처럼 깡말랐다. 로건은 지체 없이 본론으로 들어갔다.

그녀는 사람들에게 점점 더 짜증이 나고 도저히 긴장을 풀고 쉴 수가 없어서 심리치료를 받으러 왔다고 했다. 로건은 자기가 겪는 대부분의 문제가 그녀에 대해 적절한 감정적 반응을 보이지 않는 가족들에게 느끼는 분노 때문이라는 것을 알고 있었다. 그녀는 가족 간의 친밀함과 충성심을 강조하는 전통적이고 종교적인 가정 출신이지만, 그들과 연결되어 있다는 느낌을 받지 못했다. 로건은 부모나 형제자매들과 진정한 관계를 맺으면서 동시에 자신의 본모습을 지키려면 어떻게 그들과 상호작용해야 하는지 알 수가 없었다.

"전 그들의 무반응에 지칠 대로 지쳤어요." 로건은 화가 나서 말했다. "그들이 내 말에 귀 기울이게 할 수도 없고, 내 본모습을 보게 할 수도 없다고요!" 하지만 이내 그녀는 어깨를 축 늘어뜨리더니 작고 자신 없는 목소리로 이렇게 말했다. "언제나 착한 아이가 되어야 한다는 말을 들으면서 자랐지만 그렇게 되지 못했어요. 내가 화를 내면 가족들은 무시했어요. 내 몸에 불이 붙어도 가족들은 알아차리지 못할 걸요."

로건의 분노 아래에는 오랜 슬픔이 깔려 있었다. 그녀는 겉보기에 정상처럼 보이는 자기 부모의 행동에 왜 그렇게 거절당하는 기분을 느꼈는지 이해하려고 계속 애써왔다. 그녀가 느끼는 고독감은 사랑하는 사람들이 함께 한다는 공식적인 가족의 모습과 일치하지 않았다. 로건은 혹시 본인에게 무슨 문제가 있는 건 아닌지 궁금했다. 그녀는 언제나 가족들에게 너무 벅찬 존재였던 걸까?

내부 발산형인 로건은 진정한 감정적 교감을 열렬히 원했다. 하지만 안타깝게도 늘 자기 생각만 하는 그녀의 형제자매와 부모는 그런 관계에 관심이 없었다. 로건의 가족 중 감정에 관심을 가지는 사람은 아무도 없었고, 그녀의 열정적인 표현은 무시당했다. 로건의 부모는 정서적으로 미성숙한 사람들답게 가족 내에서 한정된 역할을 연기하는 데만 전념했고 그녀의 형제자매들도 마찬가지였다.

로건은 이런 말로 상황을 요약했다. "부모님은 공감 능력이 전혀 없어요. 우리는 파장이 같았던 적이 한 번도 없죠. 아니, 그분들은 나와 파장이 같아지고 싶어하지 않아요. 그게 부모님에게는 더 안전하겠지만 나로서는 맥 빠지는 일이죠."

로건이 아무리 노력해도 그녀는 정서적으로 미성숙한 부모가 공감할 수 있는 평범한 사람이 될 수 없었고, 그녀는 가족과 진정한 친밀감을 느끼려고 노력하는 과정에서 패배감을 느꼈다. 이렇게 노력이 실패로 돌아가자 로건은 자기 회의와 극심한 혼란이라는 위기에 빠졌다. 그녀가 가족에게 그런 걸 원한 것 자체가 미친 짓이었던 걸까?

오랫동안 감정적인 고통에 시달렸지만, 로건은 매우 똑똑했고 외적으로 큰 성공을 거두었기 때문에 아무도 알아차리지 못했다. 하지만 그녀는 본인의 성취에도 불구하고, 가족과의 감정적 친밀감이 부족해 늘 속으로 공허했다. 로건은 이런 부족한 친밀감을 보충하기 위해 종종 사람들을 웃기고 기분 좋게 해주려고 노력했다. 그녀는 자기 자신이 아닌 다른 사람들을 위해 할 수 있는 일을 통해서만 가치 있는 존재가 된다고 느꼈다.

내부 발산자는 진정한 교감을 원하는 강력한 본능을 지니고 있다

고립되고 단절된 느낌은 스트레스를 안겨주는데, 왜 그런지 생각해본 적이 있는가? 혼자 있으면 별로 즐겁거나 재미있지가 않아서? 아니면 인간에게 아주 근본적인 어떤 심오한 비밀 때문에 외면이나 배척, 독방 감금, 추방 등이 지금까지 고안된 최악의 형벌에 속하는 걸까? 정서적 관계가 그토록 중요한 이유는 무엇일까?

신경과학자 스티븐 포지스Stephen Porges(2011)의 말에 따르면, 포유류는 다른 이들과 가까이 있거나 교감하면서 마음을 안정시키는 독특한 대처 본능을 발전시켜왔다고 한다. 포유류는 파충류처럼 투쟁fight, 도피flight, 경직freeze 같은 무의식적인 스트레스 반응만 보이는 게 아니라, 동족에 속하는 다른 이들과의 접촉을 통해 마음을 진정시킴으로써 심박수를 낮추고 스트레스로 인한 물리적 비용을 감소시킨다. 포유류의 특정한 미주 신경 경로는 신체적 밀착, 접촉, 마음을 달래주는 소리, 시선 마주치기 같은 형태의 위안을 통해 스트레스 호르몬과 심박수가 감소되도록 진화해왔다. 이런 진정 효과는 귀중한 에너지를 아껴줄 뿐만 아니라 즐거운 사회적 유대를 조성해 강력한 집단을 이룰 수 있게 해준다.

인간을 비롯한 모든 포유류의 경우, 위안을 얻고자 하는 이런 욕구가 발동할 때 마법 같은 일이 일어난다. 위험은 사라지지 않았을 수도 있지만, 자신의 무리나 동료, 사랑하는 이들과 연결되어 있다고 느끼면 비교적 차분한 태도를 계속 유지할 수 있다. 대부분의 포유류는 스트레스가 많은 삶을 살지만, 다른 동족들과 어울리는 본능 덕분에 우호적인 접촉을 통해 편안하게 마음을 진정시키고 에너지를 회복할 수 있다. 포유류는 위협을 감지할 때마다 투쟁, 도피, 경직 모드에 처하지 않고 에너지 효율이 높은 방법으로 스트레스에 대처할 수 있다는 점에서 다른 동물들보다 엄청난 이점이 있다.

친밀한 관계는 종속적인 것이 아니라 정상이라는 사실을 이해한다

내부 발산자들은 감정 교감을 원하는 본능적인 욕망을 자기가 너무 궁색하고 의존적인 모습을 보인다고 해석하기보다는 긍정적인 것으로 받아들여야 한다. 스트레스를 받을 때 다른 이들에게 본능적으로 의지하는 건 우리를 더 강하게 하고 적응력도 키워준다. 반응 없는 부모에게 관심을 갈구하다가 창피를 당한 경험이 있더라도, 이런 정서적 욕구는 타자에게서 위안을 구하는 포유류의 본능이 잘 기능하고 있음을 보여주는 증거다. 내부 발산자는 모든 포유류의 진화 방식처럼 상호 의존을 통해 힘을 얻을 수 있다는 사실을 본능적으로 알고 있다. 감정을 두려워하고 정서적으로 미성숙한 사람들만이 공감과 이해를 원하는 것이 나약함의 징후라고 여긴다.

가족 밖에서 감정적인 관계 형성

내부 발산형인 아이들은 그 지각 능력과 사회적 관계에 대한 강한 욕구 때문에 대부분 가족 밖에서 감정적 관계를 맺을 수 있는 잠재적인 원천을 찾는 데 능숙하다. 이들은 사람들이 자기에게 따뜻한 반응을 보이는 걸 금세 알아차리고, 안정감을 높이기 위해 자연스레 가족 외부의 안전한 사람들과 관계를 맺으려고 한다. 내 의뢰인들 가운데 상당수는 이웃이나 친척, 교사에 대한 따뜻한 기억을 가지고 있는데, 그들은 상담자들이 스스로를 가치 있는 사람이라 여기고 돌봄 받는다는 느낌을 받게 해주는 등 큰 영향을 주었다. 애완동물이나 어린 시절의 친구들에게서 비슷한 도움을 받은 사람들도 있다. 내부 발산자들은 아름다운 자연이나 예술품에 공감하면서 정서적 자양분을 얻기도 한다. 영성도 이런 정서적 양육 기능을 제공할 수 있는데, 내부 발산자는 종교를 통해 어떤 상황에서도 자신과 함께 하는 더 큰 존재를 경험하고 관계를 맺을 수 있기 때문이다.

외부 발산자들도 정서적 안정을 원하지만, 그들은 다른 사람에게 이런 욕구를 강요하는 경향이 있고 자신의 반응도를 이용해서 타인을 감정적 인질로 삼는다. 그들은 자신의 행동을 이용해 다른 사람에게 특정한 반응을 강요하는 경우가 잦지만, 그 반응은 속임수를 통해 얻은 것이기 때문에 그렇게 받은 관심은 자유롭고 진정한 감정적 친밀감의 교환만큼 만족스럽지 못하다. 외부 발산자들은 또, 다른 사람을 비난하거나 죄책감을 느끼게 하는 방법으로 관심을 요구하기도 한다. 결과적으로 사람들은 자기가 원하건 원하지 않건 간에 도움을 줘야 한다고 느끼게 될 수 있는데, 그러다 보면 장기적으로 분노를 느끼게 된다.

관계(참여) 회피와 정서적 미숙함 사이의 관계

감정이 미숙한 사람들은 대부분 진정한 정서적 교감을 통해 스스로를 진정시키는 방법을 모르는 외부 발산자인 경향이 있다. 그들은 불안감을 느낄 때 다른 사람들을 통해 위안을 얻는 게 아니라 오히려 위협감을 느끼면서 투쟁, 도주, 경직 행동을 시작하곤 한다. 이들은 관계가 불안한 순간에 경직되고 방어적인 행동을 하므로, 상대방이 가까이 다가오기는커녕 더 멀어지게 된다. 분노, 비난, 비판, 지배 등은 모두 위안을 구하는 기술이 제대로 기능하지 못하고 있다는 증거다. 외부 발산자들은 마음을 진정시키기 위해 어떻게 남들에게 손을 뻗어야 하는지 모른다.

마음이 많이 상한 외부 발산자들은 정서적인 교감을 열렬하게 원하는 것처럼 보일 수도 있지만, 사실 그들이 타인에게 접근하는 건 관계 형성을 위해서라기보다 공황 상태에 빠졌기 때문이다. 그들을 진정시키려면 많은 수고가 들고, 일단 진정된 뒤에도 완전한 관계를 형성할 만큼 마음을 열지 않기 때문에 애매하게 남을 의심하거나 불만스러워 보인다. 마음이 상한 외부 발산자를 진정시키려고 노력하는 건 두 사람 모두에게 만족스럽지 않은 경험이다. 위로하는 사람 쪽에 정말 돕고 싶다는 마음이 들지 않기 때문이다.

물리적인 생존에 있어 정서적 유대감 형성 기술이 하는 역할

친밀한 관계를 통해 위안을 얻으려는 강한 욕구는 사람들을 기분 좋게 하는 것 이상의 이점이 있다. 이것이 우리의 목숨을 구해줄 수도 있다. 안심과 지지를 얻기 위해 가까운 관계를 이용하는 건 생명을 위협하는 극단적인 상황에서 살아남을 수 있게 도와주는 특징들 중 하나다(Gonzales, 2003). 만약 스트레스를 받을 때의 유일한 대처 방법이 싸우거나, 도망가거나, 그대로 경직되는 것뿐이라면 그 사람이 기나긴 생존 과정을 견디는 게 얼마나 힘들지 상상해보라. 거의 불가능한 상황을 견뎌낸 사람들에 관한 연구 결과를 보면, 그들 모두가 현재의 관계와 사랑하는 이들에 대한 기억을 생존에 필요한 영감과 투지의 원천으로 이용했다는 걸 알 수 있다.

감정적인 관계가 큰 재앙을 겪은 사람을 지탱할 수 있을 만큼 강력하다면, 일상적인 문제에 대처할 때는 그게 어떤 역할을 할 수 있을지 생각해보라. 누구나 완벽하게 안전하다고 느끼려면 깊은 유대감이 필요하며 이건 절대 나약한 게 아니다.

내부 발산자는 도움을 구하는 걸 미안하게 여긴다

　　내부 발산자가 마침내 상담 치료 등의 도움을 구하게 되면, 그걸 부끄러워하거나 자기는 그런 도움을 받을 자격이 없다고 생각하는 경우가 많다. 정서적으로 미성숙한 부모 밑에서 자란 내부 발산자들은 남들이 자기 감정을 진지하게 받아들여주는 것에 항상 놀란다. 자기가 겪는 고통이 "바보 같은 짓"이라며 얕보곤 했기 때문이다. 심지어 어떤 이들은 자기보다 더 도움이 필요한 사람들이 그렇게 많은데 자기 때문에 귀중한 상담 시간을 낭비하면 안 된다고 말하기도 했다. 아마 이들은 도움이 필요한 건 관심을 요구하는 외부 발산자들뿐이라고 여기는 가정에서 자랐을 것이다.

　　내부 발산자들이 어릴 때 자신의 민감한 감정을 부끄러워하면서 자랐다면, 성인이 된 뒤에도 깊은 감정을 드러내는 걸 부끄러워할 것이다. 이들은 치료를 받다가 눈물이 나오기 시작하면 "미안하다"고 사과한다. 마치 본인의 감정적 고통을 얘기할 때도 그 고통을 드러내서는 안 된다고 여기는 듯하다. 심지어 상담 치료사의 사무실에 비치된 티슈를 다 써버리지 않으려고 직접 티슈를 챙겨오는 사람도 있다. 그들은 가장 깊은 감정을 드러내면 다른 사람들이 성가셔한다고 확신한다.

　　내부 발산자들은 누군가가 그들의 감정에 진심으로 관심을 보이면 늘 의표를 찔린 듯한 표정을 짓는다. 심리치료를 막 시작한 한 여성은 당황스러워하며 이야기를 멈추더니 이상한 표정으로 나를 바라보았다. 그리고 놀란 목소리로 "정말 나를 봐주시는군요"라고 말했다. 나는 그녀가 평소에 보이는 활기찬 모습에도 불구하고 그녀의 설명처럼 내면에서는 근본적인 고통을 겪고 있다는 걸 이해할 수 있었다. 그녀는 이런 타인의 이해를 결코 기대하지 못한 듯했는데, 그녀가 내부 발산자라는 점을 고려하면 그건 당연한 일이었다.

내부 발산자는 눈에 잘 띄지 않고 쉽게 무시당한다

아무것도 아닌 일에 화를 내는 어린아이, 계속 말썽을 부리는 청소년, 문제를 일으키는 어덜트 차일드adult child 등 외부 발산자는 가족 내에서 쉽게 눈에 띄는 아이 같은 존재다. 그들이 안고 있는 문제가 무엇이든 간에, 외부 발산자는 항상 부모의 관심을 한몸에 받는다. 그들의 부모는 다른 자녀보다 그들에게 더 많은 에너지를 쏟고 걱정을 한다.

내부 발산자는 자기 내면의 자원에 의존하기 때문에 외부 발산자에 비해 주위의 관심과 배려가 덜 필요한 것처럼 보이는 경우가 많다. 내부 발산자들은 도움을 청하는 걸 부끄러워하기 때문에 스스로 문제를 해결하려고 한다. 그들은 성가신 존재로 느껴지는 것을 싫어한다. 이런 성향 때문에 손이 많이 안 가는 이들은 부모에게 간과당하기 쉬운 아이가 된다. 바쁘거나 딴 데 정신이 팔린 부모들의 경우, 이런 자립심이 방치를 초래할 수도 있다. 부모들은 이 아이는 별로 관심을 주지 않아도 잘 살아간다고 생각할지도 모른다. 실제로 독립적인 내부 발산자들은 관심을 덜 받아도 그럭저럭 살아가는 것처럼 보인다. 하지만 그렇다고 해서 이들이 감정적인 무관심을 견뎌 낼 수 있다는 의미는 아니다.

정서적으로 미성숙한 부모들은 자기 아이가 스스로를 잘 돌볼 수 있다고 생각하기 때문에, 이런 독립적인 아이들이 가족 밖에서 더 많은 삶을 살아가게 한다. 하지만 내부 발산자들이 아무리 독립적으로 대처할 수 있다 하더라도, 그들 역시 부모와 교감하면서 그들의 관심을 받고 싶어한다. 부모에게 정서적인 관심을 받지 못하는 건 어떤 아이에게도 괜찮은 일이 아니며, 특히 민감하고 감정적으로 남과 잘 동조하는 내부 발산자들의 경우에는 더욱 그렇다.

제한적인 인정을 받으면서 그럭저럭 살아간다

자라는 동안 정서적으로 소외된 내부 발산자들은 계속해서 모든 일을 혼자 해내야 한다고 느끼며, 이에 능숙한 경우가 많다. 내부 발산자들은 경험을 통해 배우고 기억하는 걸 좋아하고 다른 사람에게 받은 건 뭐든지 기억할 수 있기 때문에, 아주 가끔가다 한 번씩 받은 관심과 애정으로도 오랜 시간을 버틸 수 있다. 이들은 다른 사람에게 많은 관심을 받지 못할 때에도 뛰어난 정서 기억을 이용해 자기 머릿속에 저장되어 있는 관심을 되돌아볼 수 있다. 내 상담자 중 한 명은 이를 가리켜 "부질없는 공상을 통한 극복"이라고 하면서 이렇게 설명했다. "사회적 관계는 미량 무기질이나 비타민과 같아요. 많은 양이 필요하지는 않지만, 하나도 없으면 병에 걸릴 수 있죠."

어떤 남성은 다른 사람들을 돕는 데 너무 익숙해져 있어서, 여동생이 그가 몇 년간 해준 일들에 감사를 표하자 깜짝 놀랐다. 남들이 그렇게 알아주는 게 너무 뜻밖이어서, 그는 여동생의 다정한 말에 거의 대꾸도 하지 못했다. 내부 발산자들은 다른 사람에 대한 많은 책임을 떠맡는 게 일상이기 때문에 그 노고를 조금이라도 인정해주면 깊은 감사를 느낀다. 사실 이렇게 남의 인정이나 특별한 애정에 지나칠 정도로 감사하는 게 내부 발산자의 특징 가운데 하나다.

유년기의 방치 인정

정서적으로 미성숙한 부모가 키운 자녀들은 거의 틀림없이 상당한 정서적 무관심을 경험할 것이다. 그러나 아이들은 이런 정서적 결핍을 조용하고 눈에 띄지 않는 형태로 경험한다. 공허함을 느끼지만 그 감정을 뭐라고 불러야 할지 모른다. 감정적인 외로움으로 고통 받으면서 자라겠지만, 뭐가 문제인지 깨닫지 못한다. 그들은 진정으로 마음이 편한 듯한 이들과는 다르게 느낄 것이다. (자기가 어릴 때 정서적 박탈감을 느꼈는지 알아보고 싶다면, 제프리 영Jeffrey Young과 자넷 클로스코Janet Klosko가 1993년에 펴낸 《새로운 나를 여는 열쇠Reinventing Your Life》가 여러분의 정서적 박탈 여부를 판단하는 데 필요한 추가적인 정보를 제공해줄 것이다.)

이 책을 읽기 전까지 자기가 감정적으로 무시당했다는 걸 깨닫지 못했던 사람들이 많을 것이다. 이들은 심리치료를 받으러 올 때, 자기가 무시당했다는 사실을 인정하지 않는다. 하지만 좀 더 깊숙이 파고들어보면, 어릴 때 부모가 제대로 보살펴주지 않는다고 느꼈던 일을 드러내는 기억이 존재하는 예가 많다. 이런 기억에는 잠재적으로 위험한 상황에서 보호받지 못하고 있다는 외로운 기분이나, 부모나 돌봐주는 사람이 자신에게 무슨 일이 일어날지 충분히 신경 쓰지 않는다는 기분 등이 수반된다. 그들은 계속 주위를 경계하면서 조심해야 하고 자기 힘으로 스스로를 돌봐야 한다는 걸 알고 있었다. 한 여성은 4살 때 1시간 넘게 바닷가에 혼자 방치되어 있는데도 어머니가 자기를 찾으려 하지 않았던 기억이 있는데, 다른 사람들이 진짜 그런 적이 있었다고 확인해주었다고 한다. 또 어떤 사람은 어릴 시절 수영장에 갔을 때 어머니가 자기를 지켜봐주지 않으리라는 걸 알고 있기에 스스로 수영장 가장자리에서 멀리 떨어져 있었던 일을 떠올렸다.

다시 한 번 말하지만, 내부 발산형인 아이들은 자급자족하는 능력 때문에 필요한 게 별로 없다는 인상을 준다. 누군가 그들을 주의 깊게 지켜보지 않아도 괜찮을 테고 잘 지낼 것이라고 예상하는 것이다. 부모는 그들을 "애늙은이"라고 칭하면서 늘 올바른 행동을 할 거라고 기대한다. 이들은 기꺼이 남을 돕고 지나치게 자립적인 모습을 보이는데, 이 때문에 어른이 된 뒤에도 다른 사람들을 위해 본인 능력 이상의 일을 하는 상황이 자주 생긴다.

산드라의 이야기

산드라가 11살이었을 때, 그녀와 7살 된 남동생은 여름 방학 동안 친척집에서 지내기 위해 다른 주로 가게 되었다. 그들의 어머니는 밤새 800킬로미터를 달리는 야간 버스에 아이들을 태우면서도 전혀 걱정하는 기색이 없었고, 아이들은 한밤중에 버스를 갈아타기까지 해야 했다. 산드라는 어찌할 바를 몰라 두려움에 떨었지만, 자기가 남동생을 보호해야 한다는 걸 알았다. 여느 아이라면 극심한 공포를 느낄 만한 상황에서도 내부 발산자들은 극도의 집중력을 발휘해 상황에 대처하는 법을 알아낸다. 산드라는 이렇게 말했다. "동생은 완전히 겁에 질려서 많이 울었어요. 하지만 저는 극기심을 발휘했죠. 모든 일이 제게 달려 있으니 최선을 다해야 한다는 걸 알았거든요."

베서니의 이야기

베서니가 10살이었던 해의 여름, 그녀는 책임감 없는 오빠와 젊은 올케가 낳은 어린 아들을 돌보기 위해 브라질에 가게 되었다. 10살 된 베서니가 아기 조카를 돌보는 동안 오빠와 올케는 파티를 즐기면서 제멋대로 집을 들락날락했다. 베서니의 어머니는 여름 방학이 끝난 뒤에도 베서니가 계속 브라질에 머물면서 오빠 가족을 돕게 해서, 결국 그녀는 학교까지 빠져야 했다. 그러다가 집에 있던 어머니에게 무슨 심경 변화가 생겼는지, 마침내 브라질에 가서 베서니를 데리고 왔다. 그녀의 어머니는 자기만 아는 정서적으로 미성숙한 부모의 전형적인 표본으로, 베서니가 유능한 내부 발산자이긴 해도 아직 부모가 돌봐줘야 하는 어린아이라는 걸 몰랐던 것이다.

자신의 감정을 무시하는 법을 배운다

스스로 강해져서 모든 일을 혼자 처리해야 하는 아이들은 본인의 감정을 거부하는 태도를 취할 수도 있다. 아마 그들은 정서적으로 미성숙한 부모가 도와줄 수 없다는 것을 알기에, 고통스러운 감정과 거리를 두는 법을 배웠을 것이다.

레아의 이야기

정서적으로 무시당하는 분위기 속에서 자란 레아는 어느 날 상담을 받던 중에 "아직도 우울한 기분을 떨칠 수 없다"면서 내게 사과했다. 슬퍼하는 그녀의 모습에 내가 짜증과 분노를 느낄 것이라고 확신했던 것이다.

레아는 내가 성공한 치료사로서 자부심을 느낄 수 있도록, 그녀의 상태가 훨씬 좋아졌다는 말만 듣고 싶어할 것이라고 생각했다. 내가 그녀의 진짜 감정에 관심을 가질 거라고는 감히 상상도 못했다. 이건 냉정하고 비판적이었던 그녀의 어머니가 레아가 감정을 드러낼 때마다 짜증을 내곤 했던 어린 시절의 잔재였다. 이런 상황에서 레아는 감정적인 욕구가 없는 "호감 가는" 사람이 되는 게 관계를 맺는 가장 좋은 방법이라는 믿음을 키우게 되었다. 그래서 감정을 숨기고 다른 사람들이 좋아할 만한 역할을 하려고 했다.

레아는 유년기 내내 자기 일은 전부 스스로 알아서 하려고 노력했다. 그녀는 종종 '어떻게 해야 만족스러운 사람이 될 수 있을까? 어떻게 해야 안심할 수 있을까?' 궁금해했다. 이런 건 아이들이 고민할 문제가 아니라는 생각은 떠오르지 않았다. 감정적으로 자상하게 대해주는 부모만이 레아는 있는 그대로의 모습만으로도 충분하다고 느끼게 해줄 수 있었을 것이다.

표면적인 지원만 받는다

정서적으로 미성숙한 부모가 겁에 질린 아이에게 아무 도움도 안 되는 피상적인 위안만 주는 것도 또 다른 형태의 방치다. 한 여성은 어린 시절에 겁을 먹을 때마다 혼자 힘으로 이겨내야 한다는 것을 알고 있었다고 했다. 두려움에 떨 때 도움을 받은 기억이 있는지 물어보자 그녀는 이렇게 말했다. "그건 내게 낯선 개념이에요. 누군가가 나를 이해해준다면 좋은 일이겠지만, 내가 두려움을 이기도록 도와줄 수 있는 사람은 아무도 없었어요. 그냥 '아무 일도 없을 거야', '금방 괜찮아질 거야', '그렇게 생각할 필요 없어. 곧 기분이 나아질 거야' 같은 일반적인 말들만 했죠."

내부 발산자들은 지나치게
독립적이다

감정적인 무관심은 때 이른 독립을 미덕으로 여기게 할 수 있다. 어릴 때 방치당한 많은 이들이 그들의 독립심이 선택이 아닌 필수였다는 사실을 깨닫지 못한다. 상담자들은 이 경험을 다양한 방식으로 설명한다. "저는 언제나 저 자신을 지켜야만 했어요." "내 손으로 직접 하지 못하는 일은 아무것도 없었죠. 다른 사람들에게 의지하는 걸 싫어했거든요." "다른 사람 도움 없이 해낼 수 있어야 해요. 진땀 흘리는 모습을 아무에게도 들키면 안 되죠."

안타깝게도 이런 식으로 독립심을 키운 아이들은 나중에 손쉽게 도움을 얻을 수 있는 상황이 되어도 도와달라고 부탁하는 법을 배우지 못한다. 이런 사람들을 구슬려서 도움이 필요하다는 사실을 인정하도록 유도하는 건 심리치료사나 다른 상담 전문가들이 맡는 경우가 많다.

내부 발산자는 학대를 있는 그대로
받아들이지 않는다

내부 발산자들은 일이 잘못된 원인을 자기 내부에서 찾으려고 하기 때문에, 학대를 있는 그대로 인식하지 못할 수 있다. 만약 부모가 자신의 행동을 학대로 여기지 않는다면 그 자녀들도 그걸 학대라고 부르지 않을 것이다. 어른이 된 뒤에도, 어린 시절에 자기가 겪은 일들이 학대라는 걸 모르는 사람들이 많다. 그 결과, 성인이 되어 맺은 관계에서 발생하는 학대 행위도 제대로 인식하지 못하게 된다.

비비안은 자기 남편의 분노에 대해 얘기하는 건 너무 어리석고 하찮은 일 같다면서 말하기를 주저했다. 그러다가 결국 남편이 화가 나면 물건들을 부수는데, 한 번은 집을 더 깔끔하게 유지하라면서 그녀가 직접 만든 공예 작품을 바닥에 내던진 일도 있다고 소심하게 얘기했다. 알고 보니, 비비안은 내가 남편의 행동은 정상적인데 그녀가 별 것도 아닌 일로 호들갑을 떤다고 말할까 봐 두려워서 털어놓기를 꺼렸던 것이다.

중년 남성인 또 다른 상담자는 어린 시절에 자기가 받은 학대가 얼마나 심각한 것인지 인식하지 못한 채, 무심한 어투로 아동 학대 사건에 대해 이야기했다. 예를 들어, 한 번은 아버지가 오줌을 지릴 정도로 심하게 자기 목을 조르다가 지하실에 가뒀다고 했다. 또 아버지가 스테레오 세트를 집어던진 적도 있다고 상기하면서, "아마 아버지는 성미가 급한 사람이었던 것 같다고" 인정했다. 그가 얘기할 때의 태도를 보면, 이런 행동들을 정상적인 것으로 받아들이고 있음을 분명하게 알 수 있었다.

내부 발산자는 타인과의 관계에서
대부분의 감정 노동을 떠맡는다 _____

내부 발산자는 가족 관계에 많은 감정 노동을 쏟아 붓는다. 감정 노동은 공감이나 선견지명, 자제심 등을 발휘해 관계를 발전시키고 다른 사람들과 잘 지내는 것을 말한다. 건강한 가정에서는 부모가 자녀들과 함께 대부분의 감정 노동을 수행한다. 하지만 부모가 제대로 대처하지 못하는 경우, 내부 발산형인 아이가 부모의 육아 공백을 대신 채우는 경우가 종종 있다. 부모가 위기에 처했을 때 어린 형제자매를 돌보는 등 과도한 책임감의 형태로 나타날 수도 있고, 누가 화가 나서 진정시켜야 하는지 알아내기 위해 모든 사람의 감정에 주의를 기울이기도 한다.

상황을 보완하려고 쾌활한 태도를 취한다

특히 부모가 우울해하거나 감정이 빈약한 경우, 내부 발산형인 아이들은 자기가 명랑하고 밝은 역할을 떠맡아서 침울한 가족들의 분위기에 행복과 활기를 불어넣으려고 노력한다. 그들은 생기 있는 태도와 뛰어난 유머 감각으로, 다른 사람들이 상황이 그리 나쁘지만은 않다고 느낄 수 있도록 돕는다. 한 여성은 이런 역할 연기에 대해서 다음과 같이 설명했다. "저는 늘 행복한 아이였어요. 예를 들어, 크리스마스에 '트리 장식을 하자!'고 말하는 사람은 늘 저였죠. 그렇게 행동한 이유는 다른 가족들이 모두 무심하고 냉담했기 때문이에요. 이제는 그때의 제가 가족끼리의 교감을 바랐다는 걸 알아요." 그녀는 혼자 힘으로 가족들에게 명절 기분을 불어넣는 등, 그들이 자기와 함께 즐거움을 느끼도록 하기 위해 많은 감정 노동을 했다.

부모를 위해 감정 노동을 한다

정서적으로 미성숙한 부모들은 할 수만 있다면 감정 노동을 피하려고 한다. 그 결과, 자녀들이 학교에서 겪는 정서적 문제나 주의력 문제에 함께 대처해주지 않으므로 아이들은 혼자서 당황스러워한다. 자녀에게 정서적인 지원이 필요할 때 이 부모들은 특히 도움이 되지 않는다. 예컨대 자기 아이가 또래 친구들에게 상처를 받거나 거부당해도 그냥 무시한다. 아이가 겪는 사회적 곤경을 이해하려 하지 않고, 쓸모없거나 경솔한 충고만 던진다. 결국 아이들은 부모가 자신의 상처 입은 감정을 어루만져주기 위한 감정 노동을 일체 하지 않을 것이라는 사실을 깨닫는다.

게다가 내부 발산자들은 타고난 감수성 때문에 부모를 위한 감정 노동까지 떠맡게 되는 경우가 많다. 내부 발산형 아이의 감정 노동은 때로 부모를 양육하는 선까지 확장된다. 부모의 말에 귀 기울이고, 확신을 주고, 조언까지 해주는 것이다. 이 아이들은 그런 일을 할 수 있을 만큼 성숙하기 훨씬 전부터 감정적인 지원자 역할을 하도록 강요받을 수도 있다. 설상가상으로 때로는 부모가 고통스러운 감정 문제를 아이에게 털어놓고는 아이가 해주는 충고는 다 무시해버리기도 한다. 이런 역할 역전은 아이가 성인이 된 뒤에도 오랫동안 계속될 수 있다. 이건 절망적인 상황일 뿐 아니라 아이에게 과도한 감정 노동을 요구하기까지 한다.

캔디스의 이야기

캔디스는 어릴 때부터 성인이 된 뒤까지, 어머니의 고질적인 관계 문제에 귀를 기울여줘야 했다. 어떻게 어머니와 이런 좌절감을 주는 역할을 하게 되었는지 묻자, 그녀는 이렇게 대답했다. "전 제가 어머니보다 정서적으로 더 안정되어 있다는 걸 알아요. 어머니의 도움 없이도 자기 문제를 처리하는 데 익숙하죠. 우리 둘 중에 도움이 더 필요한 사람은 확실히 어머니 쪽이에요. 어머니가 남에게 좌우되지 않고 혼자 힘으로 서려면 제 격려가 필요하거든요. 늘 사랑받지 못한다고 느끼고 자존감이 부족하니까요. 그래서 전 어머니가 행복을 찾도록 도와드리는 것뿐이에요."

어른이 되어 맺은 관계에서도 혹사당한다

내부 발산형인 아이들은 대부분 자기가 크면 혼자 힘으로 다른 사람을 만나 사랑하고 그와 좋은 관계를 맺을 수 있을 것이라고 낙관적으로 믿는다. 한 여성은 실패한 결혼 생활을 되돌아보면서 이렇게 말했다. "저는 제가 우리 두 사람 몫을 충분히 할 수 있을 거라고 생각했어요." 내부 발산자들은 대부분의 공감을 제공하고 상대방과 잘 지내기 위해 자기 몫 이상으로 노력하는 데 익숙하며, 상대는 전혀 변하지 않는데 자기 혼자만 소모되고 있다는 사실을 오랫동안 알아차리지 못한다.

내부 발산자들은 때로 사람들과의 상호작용에서 두 가지 역할을 모두 수행하면서 감정적인 여유를 얻는다. 상호 관계가 존재하지 않을 때에도 마치 존재하는 것처럼 행동하기도 한다. 예를 들어, 실제로 사람을 불편하게 하는 건 상대방인데도 그 사람에게 인내심을 발휘해줘서 고맙다고 인사하거나, 자기중심적인 사람들에게 결코 보답받지 못할 사려 깊은 태도로 계속 손을 내민다. 자기 가족들에게 결여된 세심함을 제공하는 데 너무 익숙해진 나머지 가족 이외의 모든 이들에게 자동으로 이런 태도를 보이는 것이다. 이들은 다른 사람을 실제보다 더 친절하고 사려 깊은 사람으로 여기면서 그들에게 부족한 교감 능력을 벌충해준다.

한 남자는 자기 여자친구에 대해 품고 있는 긍정적인 환상에 대해서 이야기했다. "내가 아주 멋진 모습을 보이면, 그녀가 평소 느끼지 못하던 어떤 감정을 내게 느끼게 되리라고 생각했지요. 그녀를 행복하게 해주고 그녀가 날 사랑하게 할 수 있다고 확신했어요." 그는 여자친구의 감정을 자기 힘으로 바꿀 수 있다고 믿었던 것이다.

어떤 여성 상담자는 자기가 친구들과의 관계에서 얼마나 많은 감정 노동을 했는지 털어놨다. "제 문제는 항상 친절하고 남을 잘 도와주는 사람이 되려고 애쓴다는 거예요. 제가 원하거나 필요한 걸 생각하면 다른 사람들이 절 무신경하거나 무례한 사람으로 여길까봐 걱정이 돼요. 그래서 늘 남들 걱정을 하지 않으면 제가 나쁜 사람이 된 듯한 기분이 들어요."

또 다른 여성은 이혼 후에야 비로소 자기가 남편과의 관계에서 얼마나 많은 감정 노동을 했는지 깨달았다. "남편이 사소한 일로 화를 내면 '정말 말도 안 된다'고 말하지 않고 오히려 그를 진정시키고 요구를 들어주려고 애썼어요. 그는 감정 표현이 정말 서툰 사람이 었죠. 어떻게 그걸 10년이나 알아차리지 못했는지 모르겠어요. '우리 둘 다 잘 해보려고 애쓰고 있는 거야'라고 스스로에게 말하곤 했어요. 아마 내가 좋은 아내가 아닌가 보다고 생각하면서 상황을 개선하기 위해 내가 달리 할 수 있는 일이 뭐가 있을지 궁리했죠. 저는 다들 이렇게 힘들게 살고, 결혼 생활이란 다 이런 건가 보다고 생각했어요."

왜 내부 발산자들은 감정 노동을 자기 몫 이상으로 많이 하는 한 쪽으로 치우친 관계를 맺는 경우가 많을까? 한 가지 이유는 이런저런 요구가 많은 외부 발산자들이 마음이 따뜻하고 자기희생적인 내부 발산자를 좋아하는 경향이 있기 때문이다. 처음에 그들은 내부 발산자와의 관계를 안정시키기 위해 그들이 특별한 사람인 듯한 기분을 느끼게 해준다. 하지만 일단 마음을 사로잡고 나면 둘 사이에서 오가던 감정 노동을 중단한다. 그러면 내부 발산자는 이런 태세 전환에 놀라 자기 자신을 탓하곤 한다.

요구가 많은 사람을 매료시킨다

내부 발산자들은 어릴 때부터 너무 자립적으로 보여서 정서적으로 미성숙한 사람들은 그들에게 의지하고 싶다는 유혹을 뿌리칠 수가 없다. 내부 발산자들은 통찰력과 분별력이 매우 뛰어나서 처음 만난 사람들도 스트레스를 받는 상황에서 본능적으로 그들을 신뢰할 수 있다. 내 상담자 중 한 사람인 마틴은 이 상황을 이렇게 설명했다. "저는 사람들이 자기 말을 들어줄 귀와 도움의 손길이 필요할 때 찾아오는 그런 사람입니다. 차분하고 지혜로운 목소리를 원할 때도요. 평소 그런 반응을 많이 얻지 못하기 때문에, 마치 제가 자기들 문제를 다 쏟아 부어도 되는 쓰레기 하치장이라도 되는 것처럼 제게 몰려드는 거죠. 저는 그저 좋은 친구이자 지지자가 되려고 노력하는 것뿐이지만, 사람들은 이런 제 모습을 보고는 자기들 문제를 지나치게 떠넘기려고 해요. 저한테는 이런 일이 상당히 자주 벌어져요."

마틴 같은 사람들은 자기도 모르는 새에 친절과 지혜의 분위기를 물씬 풍기면서 힘든 처지에 있는 사람들을 강하게 매료시킨다. 다행히 마틴은 자연스러운 공감 능력과 이타심을 발휘하는 범위를 좀 더 제한해야 본인에게 이롭다는 사실을 깨달았다. 자신의 시간과 관심을 무차별적으로 나눠주는 행동을 그만두자, 본인의 삶을 위해 쓸 수 있는 에너지를 더 얻게 되었다.

또 다른 상담자는 상담 치료 과정에서 자신의 무의식적인 관심 범위가 지나치게 넓어져서 심지어 모르는 사람에게까지 손길을 뻗고 있다는 사실을 깨달았다. 엘리베이터에서 수다스러운 낯선 이들과 잡담을 하거나, 반갑지 않은 대화를 시작하려는 외로운 행인들과 어울리고 있는 자신을 문득 깨닫기도 했다. 그녀는 '내가 목에 무슨 표지판을 걸고 있기라도 한 건가?' 의아해졌다. 그녀는 모든 사람에게 따뜻한 반응을 보이고 전에 만난 적이 없는 사람들을 위해서도 감정 노동을 해야 한다는 의무감을 느꼈다. 그리고 남의 관심을 갈구하는 낯선 이들은 약간의 기회만 생기면 비행기에서든 엘리베이터에서든 줄을 서서 기다리는 동안에든 상관없이 세심한 사람의 관심을 집어삼킬 것이다.

자기 무시가 사랑을 가져다줄 것이라고 믿는다

대부분의 내부 발산자들은 자기를 무시하는 게 곧 좋은 사람임을 나타내는 징후라고 무의식적으로 믿는다. 자기에게만 관심이 있는 부모들은 자녀의 에너지와 관심을 과도하게 요구하는 동시에 자기희생이야말로 가장 가치 있는 이상이라고 가르치는데, 내부 발산형인 아이들은 이 메시지를 매우 진지하게 받아들인다. 아이들은 부모의 자기중심적인 태도로 인해 자신의 희생이 건전하지 못한 수준에까지 이르렀다는 걸 깨닫지 못한다. 때로 이런 부모들은 자기희생을 조장하기 위해 종교적인 원칙을 사용하기도 하고, 아이들이 스스로를 위해 뭔가를 원하는 것에 죄책감을 느끼게 한다. 이런 방식의 경우, 영적인 자양분이 되어야 하는 종교 사상이 이상주의적인 아이가 다른 사람을 돌보는 일에만 집중하도록 유도하는 데 사용되는 것이다.

아이들은 자신의 에너지를 보호하는 방법을 날 때부터 알고 있는 게 아니다. 올바른 자기 관리 방법을 배워야 하는데, 이는 어른들이 아이의 필요에 관심을 기울이면서 그들에게 휴식과 연민, 존중이 필요하다는 사실을 강조해야만 가능한 일이다. 예를 들어, 세심한 부모는 휴식을 원하는 건 나태한 행동이라며 아이를 불안하게 만드는 게 아니라, 아이에게 자기가 언제 피로한지 알아차리고 쉬라고 가르친다.

안타깝게도 정서적으로 미성숙한 부모는 너무 자기중심적이라서 아이들이 어쩔 줄 몰라 하거나 너무 무리하게 애쓰는 순간을 알아차리지 못한다. 이런 부모는 아이가 세심하고 배려 넘치는 성격을 남용하지 않도록 보호하기는커녕 그런 성격을 이용할 가능성이 크다. 그리고 부모가 자녀에게 올바른 자기 관리 방법을 가르치지 않으면, 이 아이들은 어른이 된 뒤에도 자신의 욕구와 다른 사람들의 욕구 사이에서 건전한 감정적 균형을 유지하는 방법을 모를 것이다.

이는 특히 내부 발산자들에게 해당되는 사항이다. 이들은 다른 사람의 기분을 맞춰주려고 하기 때문에, 타인의 문제에만 너무 집중한 나머지 자신의 필요를 망각하고 감정 고갈이 얼마나 본인에게 해로운지 간과할 우려가 있다. 게다가 이들은 더 많은 자기희생과 감정 노동이 언젠가는 만족스럽지 못한 현재의 관계를 변화시킬 것이라고 비밀리에 확신하고 있다. 그래서 어려움이 클수록 더 많은 노력을 기울인다.

터무니없는 얘기 같이 느껴진다면, 이런 치유 환상은 상황을 개선하는 방법에 관한 아이들의 발상에 바탕을 두고 있다는 점을 기억하자. 내부 발산자들은 어릴 때 구조자로서의 역할 자아를 택하는 경우가 많으며, 다른 사람들을 도와야 한다는 책임감 때문에 본인의 욕구는 무시하는 지경에까지 이른다. 그들의 치유 환상에는 항상 '이 문제를 해결하는 건 내게 달려 있어'라는 생각이 포함되어 있다. 다만 그들은 본인이 떠맡은 일이 지금까지 그 누구도 해내지 못한 일, 즉 스스로 변화하려는 의지가 없는 사람들을 변화시키는 일이라는 것을 모른다.

내부 발산자들이 사랑받기 위한 투쟁을 포기하는 건 어려운 일이지만, 때로는 다른 사람이 그들과 관계를 맺는 방식을 혼자 힘으로 바꾸는 건 불가능하다는 것을 깨닫기도 한다. 그러면 결국 그 상황에 분노를 느끼고 감정적으로 발을 빼기 시작한다. 내부 발산자는 오랫동안 계속 손을 내밀면서 관계 형성을 위해 노력해왔기 때문에 내부 발산자가 결국 포기해버리면 상대방은 허를 찔릴 수도 있다.

요약

내부 발산자들은 통찰력이 매우 뛰어나고 다른 사람들의 감정에 극히 민감하다. 이들은 정서적인 관계를 맺고자 하는 욕구가 강하기 때문에, 감정이 미숙한 부모 밑에서 자라는 것은 이들에게 특히 고통스러운 일이다. 내부 발산자들은 강렬한 감정을 지니고 있지만 다른 사람들을 귀찮게 하는 걸 피하기 때문에 정서적으로 미성숙한 부모들은 이들을 무시하기 쉽다. 이들은 다른 사람에게 지나치게 집중하는 역할 자아와 자기가 다른 사람의 감정과 행동을 바꿀 수 있다는 치유 환상을 발전시킨다. 다른 사람의 도움은 거의 받지 못한 채로 살아가고, 결국 타인과의 관계에서 너무 많은 감정 노동을 도맡는 바람에 이것이 분노와 탈진으로 이어질 수 있다.

다음 장에서는 마침내 내부 발산자들의 진정한 자아가 깨어나 자기가 남들에게 너무 많은 것을 퍼주고 있다는 사실을 알게 되면 어떤 일이 일어나는지 살펴보겠다.

좌절과
각성

이 장에서는 사람들이 자기가 너무 오랫동안 부적절한 역할을 연기했다는 걸 깨닫고 거기에서 벗어나는 게 어떤 경험인지 설명한다. 이런 각성 단계는 대개 패배감이나 자기 통제력 상실에서 시작되곤 한다. 우울증, 불안, 만성 긴장, 불면과 같은 고통스러운 증상들은 모두 현실을 고쳐 쓰려는 낡은 전략들을 더 이상 지속할 수 없다는 신호일 수 있다. 이런 심리적, 신체적 증상은 우리의 본질과 진정한 감정을 다시 일치시킬 필요가 있다는 경고 시스템이다.

진정한 자아란 무엇인가?

진정한 자아에 대한 개념은 우리에게 영혼이 있다는 생각이 처음 등장한 고대 시대로 거슬러 올라간다. 인간은 진정한 내적 자아의 존재를 항상 느껴왔는데, 이 자아는 모든 것을 보고 경험하지만 우리가 바깥세상에서 하는 일들과는 거리를 두고 있다. 이 자아는 독특한 개성의 원천이고, 우리의 역할 자아를 형성하는 가족의 압력에 영향을 받지 않는다. 이런 내적 자아를 일컫는 이름은 여러 가지가 있지만 ─참자아, 진정한 자아, 핵심 자아 등(Fosha, 2000)─결국은 다 우리 존재의 중심에서 진리를 말하는 의식을 가리키는 말들이다.

진정한 자아는 개인이 최적의 에너지와 기능을 발휘하도록 이끄는 매우 정확하고 스스로 정보를 제공하는 신경 피드백 시스템이라고 생각할 수 있다. 진정한 자아를 경험할 때 동반되는 육체적인 느낌들은 이 자아가 무엇이든 간에 인간의 생명 활동에 기반을 두고 있음을 암시한다. 이것은 타인에 대한 즉각적이고 정확한 인상을 비롯해 우리의 모든 직감과 직관의 원천이다. 우리는 진정한 자아의 에너지 변동을 우리가 언제 자신에게 가장 잘 맞는 삶의 경로와 일치하는지 알려주는 유도 장치로 이용할 수 있다(Gibson, 2000).

진정한 자아와 조화를 이루면 사물을 더 분명하게 볼 수 있고 자기가 몰입 상태에 있다는 느낌이 든다. 그리고 문제보다는 해결책에 초점을 맞추게 된다. 자신의 진정한 필요와 욕망에 주의를 기울이면 어떤 일이든 훨씬 가능성이 높아 보인다. 지금껏 미처 상상하지 못했던 방식으로 우리 삶에 도움을 주는 기회와 사람들이 찾아온다. 그리고 우리는 실제로 '더 운 좋은' 사람이 된다.

진정한 자아는 무엇을 원하는가?

여러분의 진정한 자아는 잘 자라고 있는 건강한 아이와 같은 욕구를 지니고 있다. 즉, 성장하고, 남들이 알아주고, 자신을 표현하기를 바라는 것이다. 무엇보다도 진정한 자아는 여러분의 자아실현이 지구상에서 가장 중요한 일인 것처럼 계속해서 확장해 나가라고 요구한다. 이 목적을 달성하기 위해 진짜 자아는 자신의 안내를 받아들이고 정당한 욕구를 인정하라고 한다. 이것은 치유 환상이나 역할 자아 등 여러분이 어릴 때 만들어낸 절박한 아이디어에는 전혀 관심이 없다. 그저 다른 사람들에게 진실한 모습을 보이고 자기가 좋는 목표에 진심을 다하기를 바랄 뿐이다.

아이들은 자기 인생에서 중요한 어른들이 지지해주기만 한다면 자신의 진정한 자아와 계속 조화를 이루며 지낸다. 하지만 비판을 받거나 수치심을 느끼면 자신의 진짜 욕구를 당혹스러워하게 된다. 아이들은 부모가 원하는 모습을 보이는 것으로 부모의 사랑을 얻을 방법을 찾았다고 생각한다. 이들은 자신의 진정한 자아를 침묵시키고 대신 역할-타아와 치유 환상의 지침을 따른다. 그리고 그 과정에서 자신의 내면과 외부의 현실에 대한 감각을 잃는다.

Exercise: 자신의 진정한 자아 각성

여러분이 내부 발산자든 아니면 외부 발산자든, 자신의 가장 심층적인 욕구가 무엇인지 모르고 있다면 진정한 자아가 감정적인 증상들을 이용해 여러분을 깨워서 자신을 돌보기 시작하도록 한다. 진정한 자아는 여러분이 현실에 발맞추면서 평화롭게 살아가기를 바란다. 그 비결은 여러분을 궁지에서 벗어나게 해주는 이런 고통의 신호들을 인식하는 것이다.

이 실습은 여러분이 진정한 자아를 잘 인식할 수 있게 도와줄 것이다. 종이 한 장과 펜만 준비하면 된다. 종이 가운데 부분을 세로로 길게 접어서 한 번에 페이지의 반만 볼 수 있게 한 다음, 양쪽에 각각 "나의 진정한 자아"와 "나의 역할 자아"라는 제목을 쓴다.

먼저 "나의 진정한 자아"라는 제목이 적힌 쪽만 보이도록 종이를 놓는다. 그리고 어릴 때의 자기 모습을 돌이켜보자. 깊게 파고들어 정직하게 대답해야 한다. 진짜 자기가 아닌 다른 사람이 되려고 애쓰기 전에는 어땠나? 스스로를 판단하고 비판하는 방법을 배우기 전에 좋아하던 일은 무엇인가? 어떤 일들이 기분 좋게 느껴졌나? 진정한 자기 모습으로 살아올 수 있었다면(그리고 돈 걱정을 할 필요가 없다면), 지금 여러분의 인생은 어떠할까?

가능하면 초등학교 4학년 이전의 자기 모습을 되돌아보는 것이 좋다. 그때 여러분은 무엇에 관심이 있었는가? 여러분이 가장 좋아하는 사람은 누구였고, 그들의 어떤 점이 좋았나? 자유 시간에 즐겨 하던 일은 무엇인가? 노는 걸 좋아했나? 당시 완벽한 하루란 어떤 하루라고 생각했는가? 기운이 불끈 솟게 만드는 일은 어떤 것이었나? "나의 진정한 자아"라는 제목 아래에, 이런 질문에 대한 여러분의 생각을 순서 상관없이 머릿속에 떠오르는 대로 적어보자.

목록 작성이 끝나면, 종이를 뒤집어서 이번에는 "나의 역할 자아"라는 제목이 있는 쪽이 위로 오게 한다. 남들의 존경과 사랑을 느끼기 위해 여러분은 어떤 사람이 되어야 했는지 생각해보자. 여러분은 지금 별로 관심 없는 일들에 관여하고 있는가? 자기가 좋은 사람이라는 걸 보여주기 위해 억지로 하고 있는 일은 무엇인가?

관련된 사람들 중에 여러분의 에너지를 고갈시키고 진 빠지게 만드는 사람들이 있는가? 자기가 시간을 쏟는 일 가운데 지루하게 느껴지는 일은? 자기가 하고자 하는 사회적 역할을 설명해본다면? 다른 사람들이 여러분을 어떻게 봐주었으면 좋겠는가? 여러분의 성격 가운데 남들이 모르게 가리려고 애쓰는 것은? 자신에 대해서 아무도 몰랐으면 하는 부분은?

작성을 끝낸 다음에는 적어도 하루 이상 종이를 치워둔다. 그런 다음 접혀 있던 종이를 펼치고 양쪽 내용을 비교해보자. 여러분은 진정한 자아에 따라 살아가고 있는가, 아니면 역할 자아가 여러분의 삶을 지배하고 있는가?

각성을 위한
좌절

역할 자아와 치유 환상에 맞춰 살아가는 데서 오는 고통이 잠재적인 이익을 능가하기 시작하면 우리는 좌절을 겪는다. 심리적 성장 과정에서는 대개 우리가 살면서 해온 일에 대한 고통스러운 진실이 드러난다. 심리 요법 같은 방법은 우리가 이미 뼛속 깊이 알고 있는 진실을 인식하도록 도와준다. 좌절을 겪을 때 던져야 하는 좋은 질문은 실제로 좌절된 게 무엇인가 하는 것이다. 우리는 보통 자신의 자아라고 생각한다. 하지만 일반적으로 벌어지는 일은 자신의 감정적 진실을 부정하려는 노력이 좌절되는 것이다. 정신적인 고통은 감정을 의식하지 않는 상태를 유지하는 게 점점 더 어려워지고 있다는 신호다. 이는 우리가 가짜 이야기의 이면에 존재하는 자신의 진정한 자아를 곧 발견하게 될 것이라는 의미다.

진정한 자아는 실제로 어떤 일이 진행되고 있는지 여러분이 깨닫기를 원한다. 자아가 여러분을 일깨우려고 하는 이유는, 정서적으로 미성숙한 부모가 여러분에게 최선의 방법이 뭔지 알고 있으리라는 믿음과 자기 본모습으로 사는 것보다 역할 자아를 만드는 게 낫다고 여기는 생각을 버리기를 바라기 때문이다. 환상이 여러분의 삶을 지배하게 하는 것보다는 그 편이 낫다.

발달 심리학자인 장 피아제Jean Piaget(1963)는 사람들이 새로운 걸 배우려면 낡은 정신적 패턴이 깨지고 새롭게 들어오는 지식을 중심으로 패턴이 다시 만들어져야 한다고 말했다. 이런 내부 붕괴와 수용 과정은 지속적인 지적 발달의 열쇠다. 마찬가지로 폴란드의 정신과 의사인 카지미에르즈 다브로프스키Kazimierz Dabrowski(1972)는 정신적 고통은 어떤 병의 증상이 아니라 성장의 잠재적 징후일 수 있다는 이론을 제시했다. 그는 새롭게 활성화된 성장 충동 때문에 심리적 증상들이 발생하는 것이라고 여기며, 사람들의 내면이 붕괴되면서 감정적으로 더 복잡한 존재로 재편되는 시기를 설명하기 위해 '긍정적 비통합positive disintegration'이라는 용어를 만들었다.

다브로프스키는 이런 격변기를 거친 결과 본인의 개성을 확장할 수 있는 사람들이 있는가 하면, 금세 원래 모습으로 되돌아가는 사람들도 있다는 사실에 주목했다. 그는 자신의 심리 상태를 자각하지 못하는 사람들은 감정적 격변을 거친 후에도 별로 많이 변하지 않았다고 했다. 하지만 어떤 이들은 이런 고통스러운 시기를 자신에 대해 배울 기회로 여기면서, 호기심과 거기에서 뭔가를 배우려는 욕구를 품고 힘겨운 감정 상태에 맞서기도 한다. 다브로프스키는 이런 사람들은 더 유능하고 자율적인 존재가 될 수 있는 발전 가능성을 가지고 있다고 보았다.

다브로프스키는 부정적인 감정을 견딜 수 있는 사람이 가장 높은 발달 잠재력을 가지고 있다고 믿었고, 부정적인 감정이 인간의 심리 발달을 뒷받침하는 원동력이라고 여겼다. 이런 감정이 야기하는 불편함이 야심 찬 사람들에게 해결책을 찾아 나설 동기를 부여할 수도 있기 때문이다. 발달 가능성이 있는 사람들은 어려운 경험에 직면했을 때 마음의 문을 닫아걸거나 방어적인 태도를 취하는 대신, 자신과 현실을 더 깊이 이해하려고 노력한다. 이를 위해서는 비록 고통스러운 자기 회의가 수반되더라도 기꺼이 자기반성을 하려고 한다. 비록 이런 자기 진단 과정에 내재된 불확실성 때문에 불안감과 죄책감, 우울증 등의 부산물이 생기기도 하지만, 이런 심오한 질문에 솔직하게 맞서다 보면 결국 더 강인하고 적응도 높은 성격이 될 수 있다.

에일린의 이야기

내 상담자인 에일린은 다브로프스키의 아이디어에서 지지와 확신을 얻었다. 통찰력 있는 여성인 그녀는 수년간 심리치료를 받으면서 큰 도움을 얻었다. 그녀는 배움에 대한 애정으로 자기 자신과 다른 사람들을 이해하고 싶었지만, 그녀의 가족은 이런 심리학적 관심을 부적응의 흔적으로 여겼다.

에일린이 아주 괴로운 연애를 경험한 뒤 심리치료를 받으려고 하자, 가족들은 스스로 '아픈 사람' 낙인을 찍으려는 그녀가 이상하다고 생각했다. 에일린이 감정적 고통을 성장과 자기 이해를 위한 도구로 이용한다고 여기기보다는, 과거를 재현하는 데 그렇게 많은 시간과 돈을 낭비하는 이유가 뭔지 의아해했다.

에일린은 심리치료를 받는 게 옳은 일이라는 걸 알면서도 자기가 집안의 골칫거리일지도 모른다고 걱정했다. 하지만 부모님의 미숙함과 충동성, 정서적 친밀함을 회피하는 모습 등을 인식하면서부터 그들보다 더 많은 걸 알게 되었다. 하지만 가족 중에서 도움이 필요하다고 느낀 사람이 자기뿐이라는 것은 여전히 이상해 보였다.

다브로프스키의 긍정적 비통합이라는 개념을 알게 된 에일린은 자신의 고통을 성장통으로 여기게 되었다. 그리고 다브로프스키의 성장 이론을 알게 되면서부터는, 자기가 보다 건전한 존재 방법을 알아내기 위해 본인의 고통을 기꺼이 탐구하는 유일한 가족 구성원이라는 사실을 자랑스러워하게 되었다.

낡은 역할 자아에서
깨어나자　　　　　　　　　　――――――――――

　어린 시절의 역할 자아를 어른이 된 뒤에도 계속 연기하는 이들이 많은데, 그 이유는 그게 자신을 안전하게 지켜주고 또 남들에게 받아들여질 수 있는 유일한 방법이라고 믿기 때문이다. 하지만 진정한 자아가 이런 역할 연기에 진력이 나면, 예상치 못한 감정적 증상의 형태로 경종을 울리기도 한다.

버지니아의 이야기
버지니아에게 울린 경종은, 포악하고 남을 비판하기만 하는 오빠 브라이언에게 비난받았을 때 갑작스럽게 발생한 공황 발작의 형태로 나타났다. 버지니아는 늘 다른 사람들이 자기를 어떻게 생각할까 걱정했기 때문에, 사교 행사에 참석할 때마다 상대방의 마음을 읽고, 화를 내지 않으려고 애쓰고, 당장 거부당하는 모습을 상상하느라 철인 3종 경기라도 치르는 기분이었다. 직장에서도 사람들이 자기를 보는 시선에 비참할 정도로 집착했다. 버지니아는 원래 공황 발작을 억제하기 위해 상담을 받으러 왔지만(억제하는 데 성공했다), 상담 과정에서 자기가 어릴 때 얼마나 사람들에게 거부당하는 기분을 느꼈는지도 깨닫게 되었다.
버지니아는 상담 치료를 통해, 돌아가신 아버지 때문에 늘 무능하고 사랑받지 못하는 인간이라는 기분을 느꼈던 것처럼 브라이언 역시 자신을 못마땅해 하는 태도로 부정적인 감정을 불러일으켰다는 걸 깨달았다. 그녀는 자신의 사회적 불안이 항상 자기를 비판하고 무시하던 아버지의 사랑을 얻기 위해 노력하던 어린 시절의 역할이 반영된 것임을 이해하기 시작했다. 그녀가 무의식중에 품고 있는 치유 환상은 언젠가는 아버지의 인정을 받을 정도로 '올바른' 인간이 될 것이라는 내용이었다. 그녀는 무의식적으로 아버지의 현명하고 힘 있는 모습에 겁먹은 무능한 아이를 연기했고 이제는 브라이언이 아버지의 대역이 되었다.

버지니아의 불안 발작은 권위적인 인물은 항상 옳다는 어린 시절의 믿음에 의문을 품기 시작했음을 가리킨다. "사람들, 특히 남자가 제게 불만을 표시하면 겁에 질려서 반사적으로 제가 잘못한 게 틀림없다고 생각했어요." 하지만 이제는 브라이언과의 관계를 보다 명확하게 바라볼 수 있게 되었다. "그동안은 브라이언이 무슨 신이라도 되는 것처럼 높은 대좌에 모셔놓고 있었어요. 오빠는 저한테 신경도 쓰지 않았지만, 제 기분은 늘 오빠에 의해 좌우되었죠. 지금까지는 늘 오빠 의견이 어떨지 걱정하곤 했지만, 이제는 좀 더 독립적으로 생각할 수 있게 되었어요. 한 개인으로 살아가는 방법을 막 배운 기분이에요."

공황 발작이라는 경종이 울리지 않았다면, 버지니아는 자기 비하적인 불안의 구름 속에서 계속 다른 사람에게 결정을 맡기고 있었을 것이다. 그녀의 공황 발작은 어릴 때부터 세뇌된 '남자는 무조건 옳다'는 생각, 성인이 된 뒤에도 그녀의 자존감을 박살낸 그 생각을 더 이상 받아들일 필요가 없다는 새로운 자각을 불러 일으켰다. 브라이언과 연락을 하고 싶은지 아닌지 스스로 선택할 수 있다는 사실을 깨닫자 약하고 혼란스러운 어린 소녀로서의 역할 자아가 붕괴되었다. 그리고 둘이 힘을 합쳐 버지니아를 가족들 가운데 가장 중요하지 않은 사람으로 만든 아버지와 오빠에 대해서 자기가 실제로 어떤 감정을 느끼는지도 마침내 알게 되었다. 이제 주문은 깨졌다.

Exercise: 자멸적인 역할에서 해방되기

주변 사람들 가운데 여러분을 불안하고 주눅 들게 만드는 사람의 성격을 간략하게 적어보자. 그런 다음 그 사람 주위에 있을 때 여러분이 어떻게 행동하는지 생각해보고, 여러분이 그 사람 앞에서 연기하는 역할 자아를 짤막하게 설명하는 글을 쓴다. 그리고 무슨 수를 써서든 그 사람에게 인정받으려고 애쓰게 만든 치유 환상이 무엇인지 찾아낼 수 있는지 보자. 그가 당신에게 다른 행동을 보여주기를 바라면서 얼마나 많은 시간을 보냈는가? 자신에게 더이상 도움이 되지 않는, 표면에 나서지 않는 역할을 연기하고 있다는 생각이 드는가? 자신을 지금까지와 다른 시각으로 바라보면서, 다른 사람들과 관계를 맺듯이 이런 새로운 자신과 관계를 맺을 준비가 되어 있는가?

자신의 진짜 감정을
깨닫자　　　　　　　　　　　————————

　자기가 결국 사랑을 얻을 수 있는 방법에 대한 치유 환상을 포기한다는 것은 때로 가까운 사람들에 대한 원치 않는 감정을 마주해야한다는 뜻이기도 하다. 자기가 남들에게 받아들여지지 못하는 사람이라는 생각에 죄책감과 부끄러움을 느끼는 이들이 많다. 그리고 좋은 사람이 되는 유일한 방법은 이런 감정을 억제하는 것이라고 확신한다. 하지만 자신의 진짜 감정을 너무 오랫동안 억누르다 보면 결국 그 감정이 부글부글 끓어오르게 마련이다. 그러니 하던 일을 멈추고 무엇이 잘못된 건지 살펴볼 수밖에 없다.

틸데의 이야기

틸데는 감사해야 할 일들이 너무 많아서 끊임없이 죄책감을 느낄정도였다. 그녀의 어머니는 미혼모였고 두 식구를 부양하기 위해가사 노동을 했다. 어머니인 카이사는 아이를 위해 더 나은 삶을 꾸리려고 스웨덴을 떠나 미국으로 왔다. 그녀는 틸데가 좋은 교육을받을 수 있도록 힘들게 여기저기서 돈을 긁어모았다. 틸데는 주어진 기회를 최대한 활용했고 결국 장학금으로 그래픽 디자인 석사학위를 받았다. 그녀가 심각한 우울증 때문에 나를 만나러 온 건 교육 과정이 거의 끝나갈 무렵이었다. 아직 일을 할 수는 있었지만, 매일 아침 몸을 움직이기 위한 힘든 투쟁으로 하루를 시작했다. 침대에서 일어나자마자 다시 이불 속으로 기어 들어가고만 싶었다.

우리가 추적해본 결과, 이 우울증의 시작점은 틸데의 어머니가 거는 전화였다. 그녀의 어머니는 딸의 학업이 끝나감에 따라 점점 더 심하게 심통을 부렸다. 카이사는 예전부터 늘 감성적이었고, 틸데의 아버지에게 버림받고 미국에 온 뒤 어떻게 혼자 힘으로 딸을 키웠는지 틸데가 절대 잊지 못하게 했다. 카이사는 딸과 대화를 나눌 때마다 자신의 육체적인 질환과 최근에 자기에게 잘못을 저지른 사람들에 대해 불평했다. 틸데는 동정심이 많은 사람이었고 또 모든 걸 어머니에게 빚지고 있다고 생각했지만, 카이사의 분노와 고통에 속수무책으로 귀를 기울여야 하는 부담감에 신경이 마모되고 말았다. 틸데는 자기가 어머니에게 무슨 말을 해도 전혀 도움이 되지 않는다고 느꼈다.

나는 카이사가 딸의 위로를 무시하고 계속 불평을 늘어놓으면 어떤 기분이 드느냐고 틸데에게 물어봤다. 처음에 틸데는 자기는 어머니의 기분을 풀어주지 못하는 것에 큰 죄책감을 느끼며, 카이사가 고통받는 동안 본인 인생을 즐긴 나쁜 딸이라는 말만 했다. 하지만 내가 더 집요하게 파고들어서 어머니 목소리를 들을 때 몸에 어떤 반응이 나타나느냐고 물어보자, 마침내 틸데도 솔직하게 본인의 감정을 느끼게 되었다. 그녀는 자기가 그런 감정을 느낀다는 걸 확인하고는 깜짝 놀란 것 같았다. "저는 어머니를 좋아하지 않아요." 틸데는 속삭이는 소리로 말했다.

이게 틸데의 감정적 진실이었는데, 카이사의 실망스러운 삶을 만회

할 수 있을 만큼 그녀에게 충분한 사랑을 주겠다는 어린 시절의 치유 환상과 이 감정이 계속 전쟁을 벌였던 것이다. 틸데의 과장된 죄책감과 감사가 어머니에 대한 그녀의 진정한 감정을 느끼는 걸 방해했다. 카이사는 딸을 위해 모든 걸 희생했으니 틸데의 완전한 관심과 헌신을 받을 자격이 있다는 것이 이 가족의 완벽한 논거였다. 틸데가 어머니의 끊임없는 불평에 분개하기 시작하자, 그녀의 죄책감이 아직 의식하지 못한 분노를 우울함으로 바꾸었다.

틸데는 카이사에 대한 자신의 진짜 감정을 인정하자마자 우울증에서 해방되었다. 자기가 어머니에게 감사하기는 해도 좋아하지는 않는다는 사실을 마침내 깨닫게 되자, 불가능한 속박에서 풀려날 수 있었다. 어머니와 계속 연락을 취할 수는 있지만, 굳이 '올바른' 방식으로 느끼는 척할 필요는 없다는 걸 알았다.

Exercise: 숨겨진 감정이 있는지 살펴보자

유독 불안하거나 기분이 우울할 때면 언제든 이 실습을 할 수 있다. 그런 기분이 들면, 혹시 자기가 어떤 감정을 숨기고 있지는 않은지 자문해보자. 기분이 최악일 때를 떠올려보고 그게 혹시 특정 인물에 대한 생각과 관련이 있는지 확인해보자. (내 경험에 따르면, 사람들이 가장 인정하기 꺼리는 두 가지 감정은, 누군가를 두려워하거나 좋아하지 않는 것이다.)

그 사람에 대한 억압된 감정을 어떻게 글로 표현해야 할지 고민이라면, 초등학교 4학년 학생들처럼 간단하고 명료한 문장을 사용하는 게 좋다. 또 다른 사람들의 반응을 걱정할 필요가 없도록 혼자 있을 수 있는 장소에서 이 작업을 해야 한다. 그런 다음 자신의 솔직한 마음을 큰 소리로(혹은 속삭이는 소리로) 말해보자. "그 사람이 _____할 때 싫었다"처럼 그들의 행동을 나타내는 표현을 사용할 수도 있다. 자신의 진정한 감정을 느끼면 몸의 긴장이 풀리거나 안도감이 드는 걸 느낄 것이다. 죄책감 때문에 방해를 받아서는 안 된다. 이건 자아 발견을 위해 자기 혼자 하는 얘기일 뿐이다. 아무도 여러분이 하는 말을 들을 수 없으니 전적으로 안전하다.

어떤 사람들은 진정한 해결을 위해서는 다른 사람과 직접 맞서는 게 필요하다고 생각하지만, 내가 보기에 그 방법은 종종 역효과를 낳고 너무 큰 불안감을 유발한다. 자신의 진짜 감정과 막 접촉하기 시작했을 때 감정을 너무 성급하게 드러내면 반발을 살 위험이 있는 건 물론이고 불필요한 불안감에 잠식당할 수도 있다. 원한다면 언제든 나중에 그 사람과 얘기를 나눌 수 있지만, 우선은 자기 감정을 스스로에게 말할 수 있는 능력을 회복할 필요가 있다. 분명히 말해 여러분에게 도움이 되는 건, 상대방에게 말하는 것이 아니라 자신의 진짜 감정이 뭔지 스스로 깨닫는 것이다. 진짜 감정을 인정하고 큰 소리로 말하기만 해도 감정적인 평화를 되찾는 큰 변화를 가져올 수 있다.

분노를
의식하자

분노는 개성의 표현이기 때문에, 정서적으로 미성숙한 부모들이 자녀를 가장 많이 혼내는 경우가 바로 감정을 드러낼 때이다. 하지만 분노는 우리가 다른 방식으로 일을 할 수 있는 힘을 안겨주고 자기는 옹호할 가치가 있는 사람이라고 느끼게 한다는 점에서 도움이 되는 감정이다. 책임감이 지나치게 강하거나 불안하거나 우울한 사람들이 의식적으로 분노를 느끼기 시작하는 건 좋은 징조다. 그건 그들의 진정한 자아가 표면화되고 본인에게 관심을 가지기 시작했음을 나타낸다.

제이드의 이야기

제이드는 화를 자주 내는 자신 때문에 마음이 불편했는데, 특히 자신의 분노가 부모님을 향하는 경우가 잦아서 더 그랬다. 그녀는 오랫동안 그런 감정을 품지 않는 척하는 게 해결책이라고 생각했다. 제이드는 속으로 자기는 아무 이유도 없이 짜증을 내는 불평분자라며 걱정했다.

하지만 제이드의 분노는 오만하고 정서적인 교감 능력이 없는 부모가 그녀의 감정을 줄곧 무시했던 것에 뿌리를 두고 있었다. 제이드가 마침내 무시당한 감정적 욕구라는 측면에서 자신의 분노를 생각하기 시작하자, 상황을 다른 시각으로 바라볼 수 있게 되었다. "지금 생각해보면, 내가 부모님에게 화를 내지 않았다면 그게 오히려 문제였을 거예요. 내가 화를 내는 데는 많은 이유가 있었고, 그 분노는 내 존재의 핵심에서 우러난 거였어요. 화를 내면 내게 많은 힘이 생겨요. 이제 더 이상 거짓된 삶을 살고 싶지는 않네요. 부모님과 관계를 맺으려고 애쓰는 건 외롭고 실망스러운 과정이었어요. 그들과 같이 있어도 늘 고립된 기분이었죠."

제이드는 자신의 분노를 인정한 뒤, 난생처음으로 자기가 품고 있는 치유 환상을 똑바로 확인할 수 있게 되었다. 그녀는 자기가 아주 애정 넘치는 사람이 되면 가족을 치유할 수 있다고 생각했다. 제이드는 자신의 기분을 이렇게 털어놨다. "사람은 누구나 선하다고 생각하려고 애썼어요. 그리고 다들 서로를 사랑한다고 생각했어요. 너무 순진했던 거죠. 그래서 내가 사람들에게 친절하게 대하면, 언젠가는 일이 해결될 거라고 생각했어요. 우리 부모님은 사실 날 사랑하고, 형제자매들도 내 관심사에 신경을 써줄지 모른다고요. 하지만 이제는 내게 어울리는 일을 하고 나 자신을 신뢰해야 한다는 걸 배웠어요. 지인들과 함께 보내는 시간이 정말 즐거워요. 더 이상 시간을 낭비하고 싶지 않습니다. 내가 믿을 수 있는 사람들을 찾고 싶어요. 쌀쌀맞거나 나를 지지해주지 않는 사람들과 잘 지내려고 애쓰지 않을 거예요. 물론 그런 사람들에게도 다정하고 예의 바르게 행동하기는 하겠지만, 가까이 다가갔다가 실망만 맛보는 일은 이제 없을 거예요."

자기를 돌볼 수 있는
더 나은 방법을 깨닫자 _____

내부 발산자들은 스스로를 잘 돌보지 않는 것으로 악명이 높다. 모든 상황을 개선하고 고치는 책임이 자신에게 있다고 믿는 그들은 종종 본인의 건강, 특히 휴식의 필요성을 무시하곤 한다. 그들은 자기가 해야 한다고 믿는 모든 일들을 돌보기 위해 애쓰는 와중에 통증과 피로 같은 기본적인 신체적 단서들을 간과한다.

레나의 이야기

레나는 일을 단순하게 처리하려고 최선을 다하는데도 불구하고 매우 압박감이 큰 삶을 살았다. 그녀는 늘 시간이 없다고 느꼈다. 머릿속에서는 끊임없이 스스로를 밀어붙이라는 목소리가 들렸고 아무리 노력해도 절대 충분하지가 않았다. 피아노 치기 같은 즐거운 활동조차도 게으름을 극복하고 최선을 다해야 하는 마라톤이 되었다. 그녀는 완전히 기진맥진할 때까지 쉬는 법이 없었다.

직장에서 온종일 열심히 일하는 것 외에도, 돌봐야 하는 애완동물과 정원에서 먹이를 주는 새에 이르기까지 그녀의 삶은 다른 이들에게서 끊임없이 감지되는 요구에 온통 지배받고 있었다. 말라서 축 늘어진 식물을 보면 좀 더 일찍 물을 주지 않은 것에 심한 죄책감을 느끼기도 했다.

긴장을 풀려고 다니는 운동 교실에서도 남들에게 뒤처지지 않고 모든 걸 완벽하게 하려고 애쓰다가 심신이 더 지쳤다. 수업 시간이면 "이 정도는 할 수 있어야 돼. 이건 애들도 하는 거잖아"라고 혼잣말을 했다. 다음 날 아침에 일어나면 머리도 멍하고 몸 상태도 안 좋았지만, 계단을 오르려고 하기 전까지는 자기가 운동을 너무 무리하게 했다는 걸 깨닫지 못했다. 그때가 되어서야 비로소 다리가 너무 아파서 들어 올리지도 못할 지경이라는 걸 안 것이다.

레나에게는 요구가 많은 어머니 때문에 생긴 오래된 습관이 있었는데, 바로 자기 몸이 보내는 피로 신호를 무시하는 것이었다. 어린 레나가 일을 빨리 끝내지 못하거나 열심히 하지 않으면 어머니는 게으르다고 꾸짖었다. 그 결과, 레나는 자기 페이스대로 일을 해본 적이 없고 자신의 신체적 한계에도 둔감해졌다.

레나는 좋은 사람이 되려면, 균형이 좀 깨지거나 완벽하게 준비된 적이 없더라도 항상 목표 달성을 위해 안간힘을 다해야 한다고 배웠다. 레나는 어머니의 인정과 사랑을 얻으려고 애쓰는 과정에서 정말 열심히 노력할 때만 뭔가를 얻을 가치가 있는 사람이 된다는 믿음을 갖게 되었다. 그녀가 어린 시절에 품었던 치유 환상은, 자기가 정말 열심히 노력하면 늘 불만스러워하는 감독관 같은 어머니도 언젠가는 딸이 자기를 기쁘게 하려고 얼마나 열심히 노력하는지 알아주고 감탄하는 부모로 바뀔 거라는 것이었다.

사회의 전반적인 분위기도 "최대한 노력해라", "절대 포기하지 말아라", "항상 최선을 다해라" 같은 문화적 격언을 통해 레나가 최선의 노력을 기울이도록 독려했다. 레나처럼 필요 이상으로 의욕이 넘치는 사람에게 있어 이런 메시지는 정신적인 독이 된다. 항상 최선을 다하는 건 불필요하고 피곤한 일이다. 최선을 다해야 하는 때와 그러지 않아도 되는 때를 아는 게 더 현명하다. 다행히 레나는 이런 치유 환상이 본인에게 어떤 영향을 미치는지 깨달은 뒤 가치관을 다시 정립하고 본인의 욕구도 고려하게 되었다.

관계 파탄을 통한 각성

관계 문제는 각성을 위한 중요한 기회를 제공한다. 우리가 어린 시절에 배운 고통스러운 패턴을 성인이 된 뒤에 맺은 중요한 관계에서도 반복하는 경향이 있다는 사실을 생각하면, 관계 문제 때문에 상담 치료를 받으러 오는 사람들이 그렇게 많은 것도 놀랄 일이 아니다. 그리고 성인들의 친밀한 관계는 감정적인 자극이 매우 크기 때문에, 충족되지 않은 정서적 욕구와 관련된 미해결 사안들을 다시 수면 위로 끌어올리는 경향이 있다. 우리는 자기 부모와 관련된 문제를 파트너에게 제기하는 경우가 많다. 그런데, 그러고 나면 무의식적인 수준에서 현재 벌어지고 있는 일 외에 과거의 일까지 떠올리게 되기 때문에 파트너에게 더 화가 치민다.

마이크의 이야기

마이크는 최근에 근무 시간이 줄고 이혼 과정에서 무일푼이 되는 등 큰 고난을 겪었다. 그의 삶은 언제나 다른 사람, 특히 아내와 자기 어머니의 눈에 성공한 사람으로 비춰지려고 노력하는 과정이었다고 할 수 있다. 지금 그는 상담 치료를 받으면서 자신의 진정한 자아에 맞는 가치관을 찾기 위해 노력 중이다. 그리고 그 과정에서 자신만의 강점과 재능 등 본인의 본모습을 인정하기 시작했다.

마이크는 자신의 과거를 되돌아보면서 이렇게 말했다. "저는 제 기분에 따라 결정을 내린 적이 없어요. 늘 다른 사람들이 원하는 것을 토대로 결정을 내렸죠. 사랑 없는 결혼생활을 견디는 걸 포함해 35년 동안이나 그렇게 살아왔는데, 그 결과물로 보여줄 게 하나도 없네요. 하지만 어쩌면 저는 최근에 있었던 그런 문제들이 벌어지기를 바랐던 건지도 몰라요. 모든 게 이렇게 엉망진창으로 무너지기를요. 호되게 얻어맞고, 허물어지고, 심한 굴욕을 당하고, 이제 곧 해고될 처지에 놓였지만, 확실히 말할 수 있는 건 지금 행복하다는 겁니다."

물질적인 손실과 실망감은 컸지만, 마침내 마이크는 자기가 손해를 감수하면서 다른 사람들을 돌본다면 사랑받을 수 있을 것이라는 치유 환상을 버리게 되었다. 이혼 때문에 지게 된 막대한 재정적 부채는 오랫동안 자기 본모습과 다른 사람으로 살아온 대가로 치러야 하는 비용에 대한 적절한 은유였다.

자기가 얼마나 절박하게 다른 이들에게 받아들여지기를 바랐는지 깨달은 마이크는 예전의 자신은 "자기가 다른 사람들처럼 훌륭하다고 생각하지 않았다"고 말했다. 나를 보고 씩 웃으면서, "그럼 성공한 사람은 어떻게 정의해야 할까요?"라고 물어본 그는 결국 자기 질문에 스스로 대답했다. "무엇보다 '성공'에 집착하지 말고, 저를 한 명의 개인으로 바라봐야 할 것 같네요."

타인을 이상화하는 버릇에서 벗어나자

쉽게 깨어나기 가장 어려운 환상 가운데 하나가 부모가 자기보다 더 현명하고 아는 것도 많다는 믿음이다. 아이들 입장에서 자기 부모의 약점을 보는 건 당황스럽고 심지어 두려운 일일 수 있다. 그리고 어른이 된 뒤에도, 부모의 미숙한 부분을 확인하는 걸 강력히 거부하게 된다. 어쩌면 우리는 무의식적으로 부모님의 취약한 부분을 보호해야 한다고 느끼는 것일지도 모른다. 하지만 그들의 한계를 모르는 채로 있는 것보다는 객관적으로 바라보는 편이 낫다.

팻시의 이야기

팻시라는 상담자는 충동적인 남편이나 그녀의 집에서 함께 살던 심통 사나운 어머니에 비해 확실히 정서적으로 성숙한 사람이었다. 하지만 팻시에게 당신이 가족들 가운데 가장 성숙한 사람 같다고 말하자 그녀는 흠칫 놀랐다. "아, 저는 그렇게 생각하고 싶지 않아요!"라며 반발했다. 그런 생각은 불손하게 느껴지고, 또 자신은 어떤 식으로든 스스로를 특별하거나 우월한 사람이라 여기지 않는다는 것이었다. 겸손은 좋은 자질이지만, 팻시에게는 아무런 도움도 되지 않았다. 그녀는 확연하게 드러나는 현실을 무시하기 위해 겸손함을 이용했기 때문이다. 자기 어머니와 남편을 이상화하거나 자신의 장점을 부정하는 건 그녀에게 도움 되는 행동이 아니었다. 자기가 남편이나 어머니보다 성숙하다는 사실을 받아들이자, 그제야 팻시는 그들의 행동을 좀 더 객관적으로 바라보게 되었다. 그들이 사실 가지고 있지도 않은 긍정적인 자질을 부여하려는 노력을 멈추고, 그들과의 사이에 경계를 정할 수 있게 되었다. 또 상대방이 실제보다 나은 척할 수 있도록 스스로가 실제보다 못난 사람으로 보이게 하느라 에너지를 낭비하던 것도 그만두었다.

자신의 장점을 깨닫자

자신의 장점을 의식적으로 인정하는 건 중요한 일이다. 안타깝게도 정서적으로 미성숙한 부모의 자녀들은 대개 자신의 긍정적인 특성에 대한 올바른 인식을 발달시키지 못한다. 자기도취적인 부모는 자녀들의 장점에 대해서 심사숙고할 수 있는 능력이 없기 때문이다. 그 결과 이 아이들은 본인의 가장 긍정적인 자질에 대해 생각하는 걸 약간 당황스러워한다. 그들은 다른 사람들이 주목받게 하는 것에 익숙하고, 자신의 강점을 알면 자만하게 될까 봐 걱정한다.

하지만 자기가 어떤 자산을 가지고 있는지 알고 그걸 분명하게 표현할 수 있는 능력을 갖추는 게 중요하다. 그래야 자기 확증이 서고, 본인이 세상에 기여하는 것들을 기분 좋게 느낄 수 있다. 이런 자기 인식은 에너지와 긍정성을 형성한다. 겸손하고 겸허한 태도는 사물을 균형 잡힌 시각으로 바라볼 수 있게 도와주기는 하지만, 그것 때문에 자기가 지닌 최고의 자질을 몰라서는 결코 안 된다.

새로운 가치관에 눈뜨자

가족 치료사이자 사회사업가인 마이클 화이트Michael White는 이야기 치료narrative therapy라는 이름으로 알려진 심리치료 방식을 개발했다(2007). 그의 방법은 우리가 의지하며 살아온 스토리라인의 의미와 의도를 인식하는 게 중요하다는 생각을 바탕으로 한다. 치료사는 상담자의 인생 이야기를 알아내는 과정에서, 사람들이 삶의 신조로 삼고 있으면서도 정작 스스로는 무시하기 일쑤인 가치관을 드러내려고 노력한다. 그리고 낡은 행동 원칙을 갱신하고 좀 더 의식적으로 새로운 가치관을 선택하도록 인도한다.

아론의 이야기

아론은 타인의 인정을 강요하지 않겠다는 방침을 지키며 살아온 강인하고 조용한 사람이다. 그는 청소년기부터 연극과 연기를 좋아했지만, 역할을 달라고 요청하거나 감독에게 자기 분량을 늘려달라고 호소한 적이 없었다. 스스로를 홍보하면 버릇없고 다루기 힘든 사람처럼 보일 것이고, 자신을 위해 로비하는 건 나약함을 드러내는 행동이라고 여겼다.

그러나 성인이 된 아론은 스스로를 변호하지 않겠다는 본인의 방침 때문에 다른 사람들이 자신을 앞서 가는 결과를 낳는다는 걸 알기 시작했다. 게다가 다른 사람들이 아무런 보답도 없이 그의 재능을 이용하는 일도 종종 있었다. 아론은 권위 있는 사람들이 저절로 그의 잠재력을 인정해주기를 바라는 치유 환상이 결실을 맺지 못하는 모습을 보았다. 그래서 자기가 원하는 걸 추구하는 새로운 가치관을 발전시키기로 결심했다. 적극적으로 기회를 찾고 그것에 대한 권리를 주장하기 시작했다. 이직을 고려하던 그는, "과거에는 나 자신을 위해 이런 일을 하는 게 내키지 않았겠지만 지금은 그렇지 않다"고 말했다. 마침내 그는 자신을 지지하고 투자할 만한 가치가 있는 사람으로 여기게 되었다.

어린 시절의 문제에서 벗어나 각성하자

어릴 때 입은 감정적 상처를 극복하는 것은 과거를 되풀이하는 데서 벗어날 수 있는 가장 효과적인 방법이다. 내가 말하는 '극복'이란 고통스러운 현실과 직면하는 정신적, 감정적 과정을 뜻한다. 너무 커서 한꺼번에 삼키기 힘든 뭔가를 잘게 부수는 과정으로 생각하자. 그게 이해 가능한 자기 역사의 일부가 될 때까지 계속 곱씹는 것이다.

연구 결과에 따르면, 사람들에게 일어난 일 자체는 그들이 그 일을 잘 처리했는지 여부보다 덜 중요하다고 한다. 안정적인 애착 관계를 형성한 자녀를 키우는 부모들의 특성을 연구한 이들은, 자녀와 안정 애착을 형성한 부모는 기꺼이 본인의 어린 시절을 회상하고 얘기하는 경향이 있다는 걸 알아냈다(Main, Kaplan, Cassidy, 1985). 이 부모들 가운데 일부는 매우 힘겨운 어린 시절을 보냈지만, 어린 시절의 경험에 대해 자주 생각하고 그 기억들을 통합하면서 과거의 부정적인 면과 긍정적인 면을 모두 편한 마음으로 받아들였기 때문에 자녀와의 관계가 안정적이었다.

그런 부모를 둔 아이들이 왜 안정 애착을 형성했는지는 쉽게 상상할 수 있다. 이 부모들은 현실을 회피하지 않는다. 그들은 자신의 과거를 해결했기 때문에, 마음을 활짝 열고 자기 아이들과 관계를 맺으면서 안정적인 애착을 형성할 수 있다.

요약

진정한 자아는 정해진 역할을 연기하거나 치유의 환상 속에서 살아가려는 노력에도 불구하고 자신을 표현할 방법을 찾아낼 것이다. 사람들이 자신의 진정한 자아를 너무 오랫동안 무시하면 여러 가지 심리적인 증상이 나타난다. 진정한 자아의 필요에 눈뜨는 것이 처음에는 실패처럼 느껴질 수도 있다. 공황, 분노, 우울감 등은 보다 나은 자기 관리와 건전한 가치관 형성을 위한 감정적 각성을 알려주는 몇 가지 증상일 뿐이다. 사람들이 어린 시절에 겪은 문제들을 처리하고 본인의 강점을 깨달으면, 진정한 자아에 따라 살수 있는 자신감을 얻게 된다.

다음 장에서는 이런 새로운 객관성과 자기 인식을 이용해 정서적으로 미성숙한 가족 구성원들과 새로운 방식으로 소통할 수 있는 방법을 알아보자.

정서적으로
미성숙한
부모에게

괴롭힘당하지
않는 방법

자기 부모도 잘못을 저지를 수 있는 사람이라고 인정하는 건 어려운 일이다. 어릴 때 우리는 부모님이 뭐든지 할 수 있다고 믿었다. 청소년기와 성인기의 독립 과정을 거치면서 부모가 전능하다는 시각이 약해질 수는 있지만 완전히 사라지지는 않는다. 따라서 그들이 애정 어린 모습을 보여주지 않더라도, 그들 스스로 원하기만 하면 충분히 그런 모습을 보여줄 수 있을 것이라고 희망적으로 생각한다.

때론 문화적 신조들이 우리가 자기 부모의 모습을 똑바로 바라보는 걸 막는다. 우리 대부분은 다음과 같은 믿음을 서서히 주입받았다.

- 모든 부모는 자기 자식을 사랑한다.
- 부모는 내가 세상에서 믿을 수 있는 유일한 사람이다.
- 부모님은 항상 내 곁에 있어줄 것이다.
- 부모에게는 무슨 얘기든지 다 할 수 있다.
- 부모는 무슨 일이 있어도 나를 사랑해줄 것이다.
- 원하면 언제든지 집에 돌아갈 수 있다.
- 부모는 내게 가장 이로운 것들만 바란다.
- 부모는 나보다 아는 게 많다.
- 부모가 하는 일은 전부 나를 위한 것이다.

하지만 여러분의 부모가 정서적으로 미숙하다면, 이 가운데 상당 부분은 사실이 아닐 수 있다.

본 장에서는 자기 부모를 좀 더 정확하게 파악할 수 있도록 여러분이 어린 시절에 품었던 소망과 문화적 가정[假定]의 이면을 볼 수 있게 도와줄 예정이다. 앞으로는 부모가 줄 수 없는 걸 기대하지 않도록 그들과 새롭게 관계를 맺는 방법도 배우게 될 것이다. 부모가 감정적으로 견딜 수 있는 좀 더 중립적인 방식으로 다가가, 여러분 자신의 감정과 개성을 보호할 수 있는 방법을 배우게 된다. 하지만 우선 사람들이 현실적인 방법으로 부모와 관계를 맺는 걸 가로막는 일반적인 환상부터 살펴보자.

부모가 변할 것이라는 환상

정서적으로 미성숙한 부모를 둔 아이들이 공통적으로 품는 환상은, 자기 부모가 언젠가 마음이 바뀌어서 자기를 사랑하고 관심을 보여줄 것이라는 환상이다. 불행히도 자기만 아는 이기적인 부모들은 아이의 치유 이야기에서 본인들의 역할을 다해달라는 요청을 모두 거부한다. 이 부모들은 본인의 치유 환상에만 집중하면서, 아이들이 자기가 어린 시절에 겪은 고통을 보상해주기를 기대한다.

자신을 치유해줄 부모의 사랑을 갈구하는 많은 이들은 배고픈 새처럼 부모 주위를 종종거리고 돌아다니면서 긍정적인 반응의 부스러기라도 얻으려고 애쓴다. 이 아이들은 어른이 된 뒤에 여러 가지 건전한 의사소통 기술을 배우고는, 이런 기술이 부모와의 관계를 개선하는 데 도움이 되기를 바란다. 마침내 자기 부모를 보람 있는 대화로 이끌어내는 데 필요한 기술을 갖추게 된 것이라고 여긴다.

애니의 이야기

종교적 신념이 강한 애니의 어머니 베티는 항상 감정적으로 둔감했고, 어린 애니를 대하는 방식은 거의 신체적, 정서적 학대에 가까웠다. 애니는 오랫동안 이런 취급을 받으면서도 꾹 참고 견뎠지만, 애니의 직장에서 열린 시상식에서 상을 받을 때 베티가 동료들이 다 있는 앞에서 자기를 모욕하는 말을 하자 결국 한계에 이르고 말았다. 애니는 마음속 깊이 상처를 받았고, 동료들 앞에서 당혹감을 감출 수 없었다. 너무나 노골적인 모욕이라서 애니는 아무리 어머니라도 평소와는 달리 그 발언의 대단히 부적절한 성격과 타이밍을 부정할 수는 없을 것이라고 확신했다. 하지만 베티는 자기 행동에 책임을 지지 않았고, 본인이 문제되는 짓을 했다는 걸 차갑게 부인했다.

그 후로 며칠 동안, 애니는 베티가 자기에게 얼마나 심한 상처를 주었는지 이해시키려고 계속 노력했다. 그녀는 마침내 어머니에게 편지를 써서 자기 기분이 어떤지 얘기하고, 함께 마주앉아 이 문제에 대해 허심탄회하게 이야기를 나누자고 요청했다. 편지를 쓰면서 애니는 정말 많이 고심해서 자신의 감정을 아주 명확하게 서술했고, 베티가 그걸 읽고 자기가 오랫동안 만성적으로 둔감한 행동을 했다는 걸 깨닫고 후회하기를 바랐다. 하지만 베티는 아무런 반응도 보이지 않았다. 그들 사이에는 공허함만이 존재했고, 애니는 자기 어머니가 정말 무심하다고 느꼈다.

"어머니한테 '나는 당신 딸이에요'라고 말하고 싶어요." 애니는 울부짖었다. "살인자들이 사람을 죽여도 그들의 어머니는 여전히 그들을 사랑해요. 우리는 가족이고, 그 사람은 제 엄마예요. 그런데 어떻게 그렇게 무심할 수가 있죠?"

애니가 베티에게 감정적으로 다가가려고 시도한 건 이번이 처음이 아니었다. 애니는 상담 치료를 받기 시작한 뒤, 부모가 자기에게 심술궂게 굴거나 무례하게 대할 때마다 자기 감정을 표현하고 건전한 방법으로 일을 해결하려고 애썼다. 베티는 애니가 내민 손길을 늘 무시했지만, 애니가 낳은 세 명의 손자들을 만나려고 연락은 계속 유지했다. 하지만 이번에는 달랐다.

"내가 견딜 수 없는 건 돌아오는 반응이 전혀 없다는 거예요. 심지어 화도 내지 않아요. 내가 원하는 건 그냥 화만 내는 게 다라고 하더라도, 어머니가 이 일에 신경 쓴다는 걸 보여주는 어느 정도의 반응이에요."

애니는 상처받았을 뿐만 아니라 혼란스럽기도 했다. 베티는 반응을 보이기를 거부했지만, 애니는 자기 어머니가 사교적이고 다른 사람들에게는 친절하고 관대하다는 걸 알고 있었다. 그런 관계는 깊이가 없는 피상적인 관계일 뿐이라는 걸 알고 있었지만, 아무리 그걸 알아도 감정 면에서는 도움이 되지 않았다. "엄마에게도 우리 사이를 좀 더 원만하게 만들고 싶다는 자연스러운 욕구가 있다고 생각하시겠죠. 어떤 식의 인정이나 아빠를 통해서라도 말이에요." 애니의 얼굴에는 슬프고 이해할 수 없다는 표정이 어려 있었다.

애니는 자기 어머니는 감정적으로 도움이 되지 않는다는 사실에 비통해했고, 이 문제를 극복하려면 시간이 걸릴 것이다. 하지만 그녀는 자신의 항의가 상황을 악화시킨다는 것도 알고 있었기에, 그걸 해결하는 것도 중요했다. 애니는 혼란스러웠다. 그녀는 자기 의사를 명확하게 전달하고, 원하는 걸 정중하게 요청하고, 감정을 솔직하게 드러내는 등 모녀 관계를 회복하기 위해 자기가 아는 방법은 다 동원했다. 하지만 당사자들끼리 그 문제를 얘기하지 않는다면 어떻게 해결이 가능하겠는가.

"애니, 당신은 어머니와 좋은 관계를 맺기 위해 온갖 방법을 다 동원했어요. 어머니와 감정적인 친밀감을 느끼고 싶어하는 건 정말 당연한 일이지만, 아무래도 당신 어머니는 그걸 받아들일 수가 없는 모양이네요. 당신은 그냥 관계를 맺으려고 애쓰는 것뿐이지만, 어머니 입장에서는 그게 본인의 평형 상태를 뒤흔드는 중대한 위협일지도 몰라요. 어쨌든 오랫동안 그런 식으로 살아왔으니까요. 당신의 솔직하고 개방적인 태도는 그녀가 감당할 수 있는 한계를 넘어섰어요. 어머니에게 뱀 공포증이 있다고 가정해보세요. 당신 행동은 마구 몸부림치는 크고 뚱뚱한 뱀을 계속 어머니 무릎에 던지는 거나 마찬가지예요. 그게 당신에게는 아무리 의미 있는 일이라도, 어머니는 참을 수가 없는 겁니다." 정서적인 친밀감은 애니의 어머니가 가지지 못한 수준의 정서적 성숙도를 요구했다. 하지만 어머니의 침묵 때문에 애니는 감정적인 인질이 된 듯한 기분을 느꼈다. 어머니가 자기와 함께 행복함을 느끼기 전까지는 마음이 안정되지 못할 것이다.

나는 베티의 마음을 돌릴 수 있는 유일한 방법은, 베티의 잘못된 행동이나 그게 애니에게 얼마나 큰 상처가 되는지 더 이상 얘기하지 않는 것이라고 말했다. 애니는 어머니가 관여하지 않고도 앞으로 나아갈 방법을 찾아야 했다. 이게 정서적 친밀감을 두려워하는 부모들에게 효과가 있는 유일한 방안이다. 나는 애니에게 어머니와 관계를 맺을 수는 있지만, 그녀가 갈망하는 그런 관계는 아닐 것이라고 설명했다. 그녀가 할 수 있는 최선의 선택은 감정적 친밀감을 추구하기보다는 두 사람 사이의 상호작용을 계획적으로 관리하는 것이다.

애니는 내 제안을 받아들이면서도 여전히 혼란스러워했다. 애니는 자기가 어릴 때 베티와 함께 그녀의 어머니, 즉 외할머니를 만나러 갔던 일을 떠올렸는데, 그녀도 딸의 접근을 거부했기 때문에 무척이나 고통스러운 방문이었다. 그곳에 다녀온 후, 베티는 자기 어머니에게 사랑받지 못한다는 기분에 흐느껴 울었고 이런 그녀를 위로할 수 있는 사람은 애니뿐이었다. "그랬던 사람이 어떻게 이제는 자기 딸에게 이럴 수가 있을까요?" 애니가 물었다. "본인이 그렇게 큰 고통을 겪었으면 자기 아이에게는 그런 짓을 하지 말아야 하는 거 아니에요?" 물론 옳은 지적이지만, 베티는 자신의 트라우마를 후대에 물려주려고 하고 있다. 이는 유년기의 고통을 억누르려고 하는 사람들이 많이 하는 행동이다.

애니는 어머니의 인정을 받는 데 너무 열중한 나머지 관계에 대한 평가를 중단했다. 그녀는 베티가 평소 자기 주변에 두고 싶은 사람인지 아닌지 자문해본 적이 없다.

새로운
관계 형성

이제부터는 정서적으로 미성숙한 부모나 타인들을 상대하기 위해 여러분의 기대치를 바꾸고 '반응'을 '관찰'로 대체하는 방법을 알아보자. 초연한 관찰, 성숙도 인식, 낡은 역할 자아에서 멀어지기, 세 가지 핵심적인 방법을 이용하면 부모의 정서적 미숙함에 휘말리지 않고 자유로워질 수 있다.

초연한
관찰

감정적 자유를 얻기 위한 첫 번째 단계는 자기 부모 중에 정서적으로 미성숙한 이가 있는지 평가하는 것이다. 여러분이 이 책을 여기까지 읽었다는 점을 감안하면, 아마 부모님 중 한 명은 이 설명에 부합한다고 판단했을 것이다. 그런 부모는 여러분이 어릴 때 품었던 애정 넘치는 부모의 비전을 충족시켜주지 못한다. 이럴 때 달성 가능한 유일한 목표는 부모를 기쁘게 해주기 위한 역할 자아에서 벗어나 자신의 진정한 본성에 따라 행동하는 것이다. 그러면 부모를 자기 편으로 끌어들일 수는 없다 해도, 최소한 자신을 구할 수는 있다.

나는 가족 치료사 머레이 보웬Murray Bowen의 가족 체계 이론(1978) 덕분에 이것이 작용하는 방식을 이해했는데, 이 이론은 정서적으로 미성숙한 부모들이 어떻게 개인의 정체성을 감정적으로 속박하는지 설명해준다. 속박은 부모가 경계를 존중하지 않고, 자신의 해결되지 않은 문제들을 자녀에게 투사하고, 자녀들의 일에 지나치게 간섭할 때 발생한다. 정서적으로 미성숙한 이들이 지배하는 가정에서는 가족관계를 '가깝게' 유지하기 위해 속박과 역할 연기를 중요시한다. 물론 이런 가정에는 진정한 상호 작용과 정서적 친밀감이 존재하지 않는다.

어느 누구도 진정한 자아를 인정받지 못한다. 게다가 속박받는 가정에서는 누군가와 문제가 생겼을 때 그 사람과 직접 해결하는 게 아니라 다른 사람들에게 그 사람 얘기를 한다. 보웬은 이를 '삼각관계'라고 칭했고, 속박은 이런 가족을 하나로 이어주는 접착제라고 했다.

보웬은 또 일부 가족 구성원들을 위해 이 상황을 해결할 수 있는 방법을 분석했다. 그 결과, 관찰과 감정적 분리를 통해 개인이 가족 체계에서 벗어날 수 있는 여지를 얻게 된다는 것을 알아냈다. 중립적인 관찰 태세를 유지하면, 다른 사람들의 행동에 상처를 받거나 감정적인 함정에 빠지지 않는다.

관찰 태세 취하기

정서적으로 미성숙한 이들과 상호작용할 때 차분하게 사색하는 관점에서 행동하면, 상대방에게 감정적으로 대응하지 않고 중심을 유지할 수 있다. 마음을 가라앉히고 거리를 두고 상대방을 관찰하는 기분으로 시작해야 한다. 그렇게 할 수 있는 방법이 여러 가지 있다. 예를 들어, 천천히 호흡수를 세거나, 긴장을 풀고 근육을 체계적으로 순서에 따라 이완시키거나, 마음을 차분하게 해주는 이미지를 떠올리는 것이다.

그런 다음, 과학자처럼 계속 감정적으로 분리된 상태를 유지하면서 다른 사람들이 어떻게 행동하는지 관찰한다. 여러분이 인류학자인데 현장 연구를 실시한다고 가정해보자. 다른 사람들의 표정을 묘사할 때 어떤 단어를 사용하겠는가? 그들의 몸짓 언어는 어떤 의미를 전달하는가? 그들의 목소리는 차분한가 아니면 긴장되어 있는가? 융통성 없는 태도를 보이는가, 아니면 수용적인가? 여러분이 관계를 맺으려고 할 때 어떻게 반응하는가? 여러분은 어떤 기분을 느끼는가? 2장과 3장에서 설명한 정서적으로 미성숙한 행동이 눈에 띄는가?

부모나 사랑하는 이들을 관찰하는 연습을 하던 중에 본인이 점점 감정적이 되어간다면, 그 고통은 여러분의 치유 환상이 활성화되었다는 신호다. 다시금 그들이 여러분을 인정해주지 않으면 이제는 괜찮을 수 없다고 여기게 된다. 자기가 다른 사람을 변화시킬 수 있다는 환상에 빠져들기 시작하면 나약하고, 상처받기 쉽고, 불안하고, 빈곤한 기분을 느끼게 될 것이다. 나약함에서 오는 이런 극도로 불쾌한 느낌은, 감정적으로 반응하지 말고 다시 관찰 모드로 돌아가야 한다는 신호다.

스스로 반응하고 있는 게 느껴지면, "분리, 분리, 분리"라고 속으로 조용히 되뇌어보자. 의식적으로 상대방의 상태를 말로 표현해보는 것도 좋은데, 이것도 속으로 조용히 해야 한다. 스트레스가 심한 상호작용이 오가는 동안, 이런 정신적 서술을 통해 중심을 잡고 정신을 집중할 수 있다. 어떤 상태를 묘사할 정확한 단어를 찾으려고 애쓸 때마다, 뇌의 에너지가 감정적 대응에서 멀어지게 된다. 자신의 감정적 반응을 통제할 때도 마찬가지다. 본인의 감정 반응을 속으로 설명하다 보면 사물을 객관적으로 바라보는 능력이 커지면서 마음을 진정시킬 수 있다.

그럼에도 상대방이 여전히 여러분을 괴롭힌다면, 둘 사이에 거리를 둘 수 있는 핑곗거리를 찾는다. 화장실에 다녀오겠다고 하면서 그 방에서 벗어나거나, 애완동물과 놀거나, 산책을 하거나, 다른 볼일을 보는 것이다. 창 밖을 내다보면서 주변의 자연으로 시선을 돌린다. 전화로 대화하는 중이라면, 전화를 끊을 구실을 찾은 다음 다시 통화할 날을 기대하겠다고 말한다. 어떤 핑계든 동원해서, 보다 객관적이고 관찰자적인 마음가짐으로 돌아갈 수 있는 시간을 벌어야 한다.

보다시피 관찰자 모드를 유지하는 것도 마냥 수동적이기만 한 게 아니라 매우 적극적인 과정이다. 또 감정적 속박에서 벗어날 수 있는 지름길이기도 하다. 관찰자 모드를 연습하는 사이에, 실제로 어떤 일이 진행되고 있는지 파악하는 능력이 커지고 점점 더 자신감을 갖게 될 것이다. 여러분은 더 이상 부모의 무차별 사격에 충격을 받고 속상해하는 무력한 아이일 필요가 없다. 여러분의 명료한 정신과 관찰 태도가 상대방이 무슨 짓을 하든 여러분을 강하게 지켜줄 것이다.

관련성 vs. 관계

관찰은 부모나 사랑하는 사람의 감정적 전략이나 여러분에 대한 기대에 사로잡히지 않으면서도 그들과 관련성 있는 상태를 유지할 수 있게 해준다. 관련성은 관계와 다르다. 관련성의 경우 의사소통은 이루어지지만 만족스러운 감정적 교류를 해야 한다는 목표 같은 건 없다. 그저 연락을 유지하고, 필요한 경우 다른 사람들을 상대하고, 자신에게 적절한 한계를 초과하지 않는 선에서 모든 상호작용을 허용하는 것이다.

그에 반해, 진정한 관계에 연루된다는 건 열린 마음으로 감정적 상호 교류를 진행한다는 뜻이다. 하지만 감정이 미숙한 사람들과 이런 관계를 맺으려고 한다면 좌절감과 무력감을 느끼게 될 뿐이다. 그런 사람들에게 감정적인 이해를 기대하기 시작하면 금세 여러분 내면의 균형이 깨져버린다. 그런 이들과는 단순한 관련성만 유지하는 편이 낫다. 관계에 대한 열망은 그 마음을 돌려줄 수 있는 사람들을 위해 아껴두자.

성숙도 인식
접근법

여러분이 관계 지향적이기보다는 관찰적인 성향이 있다면, 성숙도 인식 쪽으로 관심을 돌릴 수 있다. 이 접근법은 다른 사람의 정서적 성숙도를 고려하는 방식으로 고통스러운 관계에서 벗어나 감정적 자유를 되찾게 해준다. 여러분이 상대하는 사람의 예상 가능한 성숙 수준을 추정하는 건 어떤 상호작용에서든 자신을 소중히 할 수 있는 가장 좋은 방법 가운데 하나다. 일단 어떤 사람의 성숙도를 파악하면, 그 사람의 반응을 이해하고 예측하기가 쉬워질 것이다.

상대방이 2장과 3장에서 설명한 정서적 미숙함을 드러낸다고 판단될 경우, 화를 내는 일 없이 그 사람과 관계를 맺는 방법이 세 가지 있다.

1. 자기 의견을 얘기한 다음 흘러가는 대로 놓아둔다.
2. 관계가 아닌 결과에 초점을 맞춘다.
3. 관여하지 않고 관리만 한다.

자기 의견을 얘기한 다음 흘러가는 대로 두자

최대한 차분하고 개인적인 판단을 피하는 태도로 상대에게 하고 싶은 말을 한 다음, 결과를 통제하려고 하지 않는다. 여러분이 느끼거나 원하는 바를 명시적으로 말하는 자기표현 행위를 즐기는 것이다. 하지만 상대방이 반드시 여러분의 말에 귀 기울이거나 변화해야 하는 것은 아니다. 다른 사람들이 여러분에게 공감하거나 이해하도록 강요할 수는 없다. 여기서 요점은 명확하고 친밀한 의사소통을 한 자기 자신에게 만족하는 것이다. 상대방은 여러분이 원하는 방식대로 반응할 수도 있고 그러지 않을 수도 있지만 그건 중요하지 않다. 중요한 건 여러분이 본인의 진짜 생각과 감정을 차분하고 분명하게 표현했다는 것이다. 그 목표는 달성 가능하고 여러분이 직접 통제할 수 있다.

관계가 아니라 결과에 초점을 맞추자

여러분이 이 상호작용을 통해 상대방에게서 얻으려는 게 정말 무엇인지 자문해보자. 정직해야 한다. 그 상대가 부모님이라면, 부모님이 여러분의 말을 들어주기를 원하는가? 이해해주기를? 자신의 행동을 후회하기를? 여러분에게 사과하기를? 보상해주기를?

여러분의 목표에 부모의 공감이나 심경 변화가 포함되어 있다면, 그건 그만 포기하고 구체적이고 달성 가능한 다른 목표를 생각해야 한다. 미숙하고 감정을 두려워하는 사람들이 지금 모습과 달라질 것이라고 기대해서는 안 된다는 걸 기억하자. 하지만 상호작용에 관해서는 구체적인 목표를 정할 수 있다.

각각의 상호작용에서 원하는 구체적인 결과를 파악하고 그걸 목표로 정한다. 예를 몇 가지 들어보자면, "긴장되기는 하지만 어머니에게 내 속마음을 표현하겠다", "크리스마스에 집에 오지 않겠다고 부모님에게 말하겠다", "아버지에게 우리 아이들에게 다정하게 말해 달라고 부탁할 것이다" 등이 있다. 그냥 자기 기분을 표현하는 게 목표일 수도 있다. 다른 사람이 여러분의 마음을 이해하게 만들 수는 없어도 최소한 얘기를 들어달라고 할 수는 있으므로, 이 목표는 달성 가능한 목표다. 아니면 가족들이 추수감사절 저녁식사를 어디에서 할지 합의하는 것처럼 간단한 일을 목표로 삼을 수도 있다. 여러분이 도달하고자 하는 최종 지점을 아는 상태에서 상호작용을 시작하는 게 핵심이다.

분명히 말하지만, 관계가 아니라 결과에 초점을 맞춰야 한다. 관계에 집중하면서 그걸 개선하거나 감정적인 수준을 변화시키려 한다면, 그 즉시 정서적으로 미성숙한 사람과의 상호작용이 악화된다. 이런 상황에서는 상대방이 감정적으로 역행하면서 여러분을 통제하려고 할 것이므로 그를 화나게 하지 말아야 한다. 대신 특정한 질문이나 결과에 초점을 맞추면 그 사람의 어른스러운 면과 접촉할 가능성이 더 높아진다.

물론 이해심 있는 사람을 대할 때는 상호 관계 속에서 감정적인 문제를 해결하는 게 건전한 방법이다. 감정적으로 성숙한 사람들 앞에서는 여러분의 감정을 솔직하게 얘기할 수 있고, 그들은 자신의 감정과 생각을 여러분과 공유할 것이다. 두 사람 모두 정서적으로 성숙하다면, 이런 식의 명확하고 친밀한 소통을 통해 서로를 더 잘 알게 되고 감정적인 자양분도 얻을 수 있다.

관여하지 말고 관리만 하자

미성숙한 사람들과는 되도록 감정적으로 얽히지 말고, 대신 상호작용하는 시간과 주제 등을 관리하는 걸 목표로 삼자. 대화를 원하는 쪽으로 끌고 가기 위해서는 몇 번이나 방향을 다시 돌려야 할 수도 있다. 상대방이 대화 주제를 바꾸거나 여러분에게 감정적인 미끼를 놓으려고 하면 부드럽게 넘기자. 예의 바르게 행동하되, 명확한 답을 얻기 위해 몇 번이고 필요한 만큼 문제를 거론할 준비를 해야 한다. 정서적으로 미성숙한 사람들에게는 상대방의 집요함에 대항할 수 있는 좋은 전략이 없다. 여러분이 계속 같은 질문을 하면, 주의를 딴 데로 돌리거나 회피하려는 상대방의 시도가 결국 좌절된다. 그리고 다시 한 번 말하지만, 감정적으로 반응하지 말고 자기가 느끼는 감정을 관찰하고 그걸 스스로에게 설명하는 방법으로 감정을 관리해야 한다.

성숙도 인식 접근법에 대한 일반적인 우려 사항

이 접근법에 대해 처음 듣는 사람들은 특히 이걸 자기 부모에게 사용하는 것에 어려움을 느낀다. 가장 자주 듣는 우려 사항 몇 가지와 그에 대한 답변을 정리해봤다.

우려 사항 | 부모님과 관계를 맺는 방법치고는 너무 냉정하고 배은망덕한 방법 같다. 부모님과 함께 있을 때 계속 이런 생각을 하고 싶지는 않다.

답변 | 일이 잘 풀리고 있고 부모님과 함께 보내는 시간 즐겁다면, 굳이 이 방법을 사용할 필요가 없다. 하지만 여러분이 감정이 치솟거나 화가 나거나 실망감이 든다면, 상황을 객관적으로 관찰하면서 상호작용을 관리하는 쪽으로 태세를 전환하는 게 좋다. 여러분은 냉정한 게 아니라 본인의 감정 균형을 유지하는 데 도움이 되는 방법에 집중하는 것뿐이다.

우려 사항 | 부모님과 정신적으로 거리를 두면 죄책감이 들고 내가 정직하지 못하다는 생각이 든다. 나는 그들과 마음을 터놓고 자연스럽게 지내고 싶다.

답변 | 의식적인 관찰은 정직하지 않거나 기만적인 행동이 아니다. 그건 반응의 소용돌이에 말려들어 상황을 더 악화시키는 행동을 피하기 위한 노력이다. 성인인 여러분은 타인과 상호작용할 때를 비롯해, 매순간 한 개인으로서 사고할 수 있기를 바란다. 명확한 자기 인식을 가지는 게 부모에게 불충한 행동은 아니다.

우려 사항 | 부모님과 같이 있을 때 감정적으로 행동하지 말라는 건 정말 좋은 얘기지만, 그건 우리 부모님이 얼마나 격하게 굴면서 제멋대로 남을 조종하려 드는지 못 봤으니까 할 수 있는 말이다! 나는 그들의 격렬한 반응에 압도되곤 한다.

답변 | 누구나 다른 사람의 감정에 압도당할 수 있다. 그걸 감정 전염이라고 한다. 하지만 지금 벌어지는 일들에 휩쓸리기보다 객관적

으로 관찰하겠다는 생각을 품고 있으면, 좀 더 안심할 수 있다. 약간의 관찰만으로도 타인의 고통을 느껴야 한다는 압박감에서 벗어날 수 있다. 그건 그들의 고통이지 여러분의 고통이 아니다. 그 고통을 어느 정도 느낄 수는 있어도, 그들과 똑같이 고통스러워할 필요는 없다.

우려 사항 | 부모님은 내게 매우 잘해주셨다. 내 교육비를 대고 돈도 빌려주었다. 이런 내가 그들을 감정적으로 미숙하다고 여긴다면 그건 무례한 행동일 것이다. 그들을 그런 식으로 생각하는 건 옳지 않은 일 같다.

답변 | 생각에는 옳고 그름이란 게 없다. 부모의 감정적 한계를 솔직하게 인정한다고 해서 그게 무례한 행동은 아니다. 감정적으로 성숙한 성인이 되려면 혼자 속으로 다른 사람을 자유롭게 관찰하고 평가할 수 있어야 한다. 자기만의 의견을 갖는 건 신의 없는 행동이 아니다.

부모가 여러분에게 준 것들 때문에 부모를 존경할 수는 있지만, 그들에게 인간적인 약점이 전혀 없는 척할 필요는 없다. 2장에서 얘기한 것처럼 아이의 신체적, 재정적 필요를 충족시키는 건 아이의 정서적 욕구를 충족시켜주는 것과 다르다. 예를 들어, 자기 말에 귀 기울이면서 매우 중요한 감정적 관계를 제공해줄 사람이 필요할 때 돈이나 좋은 교육을 받게 되면 그 욕구를 채우지 못한 채 다른 쪽에 정신이 팔릴 수 있다.

우려 사항 | 어떻게 하면 부모님이 내게 죄책감을 느끼게 할 때 침착한 태도를 유지하면서 관찰을 계속할 수 있는가?

답변 | 들이쉬고 내쉬는 호흡에 집중하면서 중심을 잡아야 한다. 죄책감을 느끼는 건 비상 상황이 아니다. 어떤 일이 벌어지고 있는지 관찰하면서 구체적인 표현을 써서 자신에게 마음속으로 설명한다. 지금 일어나는 일들을 마음속으로 설명하면 뇌의 감정 중추에서 좀 더 객관적이고 논리적인 영역으로 이동하는 데 도움이 된다. 또 다른 방법은 수를 세는 것이다. 여러분 부모가 그 얘기를 몇 초나 하고 있는가? 시계를 보면서 얼마나 더 오래 듣고 있을지 결정할 수 있다. 정해놓은 시간이 지나면, 공손하게 말을 끊고 이만 가봐야겠다고 하거나 곧 전화를 끊어야 한다고 말한다. 할 일이 있다고 하면서 물러나는 것이다. 또 스스로에게 다정하게 이런 말을 할 수도 있다. '지금 죄책감을 느낄 이유가 전혀 없다. 저들은 나에게 자기 감정을 강요하려고 한다. 나는 잘못한 게 없다. 내게도 내 의견을 말할 권리가 있다.' 여러분의 부모는 주의를 딴 데로 돌리려 하고 있고, 그건 마치 짜증난 어린아이를 상대하는 것이나 마찬가지라는 사실을 계속 상기하자. 싸움에 말려드는 대신 자기가 바라는 결과에 집중하면서 차분한 태도를 유지하면 불쾌한 상황이 일찍 마무리될 것이다.

우려 사항 | 혼자 조용히 앉아 있는 동안에는 이런 기술을 배우고 연습할 수 있지만, 부모님이 날 비난하기 시작하면 모든 게 수포로 돌아간다. 슈퍼볼에 출전한 플레이스 키커placekicker처럼 긴장되기 때문

이다. 어떻게 하면 차분하게 그들을 관찰하거나 관리할 수 있을까?

답변 | 슈퍼볼에 출전한 플레이스 키커도 물론 긴장할 수는 있지만, 최대한 침착하게 경기에 임하려고 노력한다는 걸 다들 알 것이다. 스트레스를 받을 때 긴장 푸는 법을 배우는 것이 스포츠 심리학의 상당히 중요한 부분이다. 여러분의 목표는 자기가 바라는 결과에 집중하면서 평소보다 긴장을 풀 수 있는 연습을 하는 것이다. 이건 슈퍼볼이 아니다. 더 이상 뭔가를 얻으려고 애쓰지 않기 때문에 부담감도 압박감도 없다. 부모가 권하는 부정적인 태도는 여러분에게 이제 필요 없다. 이건 이기느냐 지느냐의 문제가 아니라, 부모의 감정 전염에 반응하지 않고 자유로워지기 위한 것이다.

우려 사항 | 나는 우리 부모님이 너무 걱정된다. 그분들은 항상 뭔가에 불만을 품고 있다. 어떻게든 그분들 기분을 나아지게 해드리고 싶다.

답변 | 그건 불가능하다. 여러분이 어떤 행동을 해도 부모님의 행복한 기분이 오래가지 않는다는 걸 알고 있는가? 매일 불평을 늘어놓는다고 해서 그들의 목표가 반드시 기분이 좋아지는 것이란 보장은 없다. 그건 여러분의 해석일 뿐이다. 친절하게 대하기는 해야겠지만 그들을 위해 피를 흘릴 필요는 없다. 그들의 치유 환상과 역할 자아는 많은 고통과 불평을 필요로 할지도 모른다. 본인의 길을 포기하고 그들을 도우려고 하는 건 여러분이 할 일이 아니다. 그렇게 한다면, 그들은 훨씬 더 까다롭고 불쾌한 사람이 될 것이다.

애니의 이야기

어머니 베티의 고집스러운 침묵을 몇 달 동안 견뎌낸 애니는 성숙도 인식 접근법을 시도했다. 아이들의 축구 경기를 함께 보러 가자고 부모님을 초대한 것이다. 애니는 경기 시간 동안에는 객관적인 태도를 유지하면서 감정을 통제할 수 있을 것이라고 생각했다. 그녀가 바라는 결과는 극적인 장면을 연출하는 일 없이 부모님과 예전처럼 다시 연락하며 지내는 관계를 회복하는 것이었다. 애니는 베티를 다정하게 대하려고 애쓰지 않고 중립적인 관찰 모드를 유지했다. 유쾌하게 대화를 나누되 어머니에게 따뜻한 태도를 기대하진 않은 것이다. 애니의 부모님은 여느 때처럼 늦게 도착했고, 애니는 "와주셔서 기뻐요"라고 말하면서 그들을 반갑게 맞이했다.

애니는 베티를 살짝 포옹하고는 간식을 건넸다. 베티는 화가 난 듯 감정적으로 행동하면서 또다시 자기가 상호작용의 중심이 되려고 했다. 하지만 나중에 상담 시간에 내게 말한 것처럼, 애니는 "그런 태도를 받아들이지도, 부채질하지도 않았"다. 애니는 베티의 감정이 자기 자신에 대한 것일 뿐 애니와 관계를 맺으려는 욕구가 반영된 게 아니라는 걸 이제 알기 때문에, 베티와 감정적인 친밀감을 형성하려는 노력을 포기할 수 있었다. 실제로 베티는 경기 중에 애니에게 거의 말을 걸지 않았다.

경기가 끝나고 자리를 뜰 때쯤, 베티는 잔뜩 화가 난 듯했지만 여전히 애니에게 말을 걸지는 않았다. 애니는 마음의 준비가 되어 있었고, 짜증을 내기보다는 베티가 어떻게 진정한 의사소통을 피하면서 자기가 피해자인 것처럼 행동하는지 지켜보기만 했다.

나중에 애니는 어머니와 함께 한 그 시간을 이렇게 요약했다. "마침내 어머니의 본모습을 알게 되었어요. 그게 바로 어머니의 성격이었던 거예요. 나 때문이 아니었던 거죠. 상처받은 척하는 어머니의 연기에 말려들지 않게 되어 기뻐요. 어머니의 행동과 제 자존감을 분리시킬 수 있어서 뿌듯하고요."

애니는 베티의 생일에 전화를 걸어 메시지를 몇 개 남겼지만, 어머니를 집에 초대하지는 않았다. 애니는 자기가 감정적으로 감당할 수 있을 만큼의 일만 하는 게 만족스러웠다. 베티가 다시 전화를 하지 않았지만 그게 자기 잘못이라고 여기지 않았다. 그리고 며칠 뒤에 마침내 통화를 하게 되었을 때, 베티는 차갑고 새침한 어조로 간단한 대답만 했다. 애니는 속마음으로 솔직하게 얘기했다. "메시지를 남겼는데 전화를 안 주셔서 놀랐어요. 제 메시지는 받으셨나요?" 베티가 쌀쌀맞은 어조로 받았다고 하면서 고맙다는 말도 안 하고 다정한 태도도 보이지 않자, 애니는 대화를 그만 끝내야겠다고 생각했다. "조만간 봬요, 엄마. 시간 날 때 저한테 전화 주실래요? 모일 날짜를 잡아볼게요."

그 대화를 나눈 뒤, 애니는 감정적으로 더 자유로워졌다. 더 이상 어머니의 거절에 집착하지 않게 되었다. 언젠가는 자기를 못마땅해 하는 어머니의 사랑을 얻을 수 있으리라고 희망하는 다정한 어린 소녀의 낡은 역할 자아를 연기하는 대신, 베티를 자기와 비슷한 수준의 성인으로 대할 수 있게 된 것이다.

다음 상담 시간에 찾아온 애니는 이렇게 말했다. "이제는 제가 뭔가 잘못했다는 기분을 느끼지 않아요. 제가 늘 고심해온 이 중요한 관계가 좋은 결실을 맺지 못한 건 슬퍼요. 하지만 어머니가 제게 반응을 보이지 않는다는 사실을 가지고 저라는 사람을 판단할 수는 없어요. 그저 어머니가 저와 친밀한 관계를 맺는 걸 감당하지 못한다는 또 하나의 증거일 뿐이죠. 제 다정함 때문에 어머니가 접근하지 못했다 하더라도 그런 다정함을 없앨 수는 없어요. 제게서 다정한 성품을 제거하고 싶지는 않거든요."

낡은 역할 자아에서 빠져나오자

한 걸음 물러서서 자기 부모뿐만 아니라 본인의 역할 자아를 관찰할 수 있는 능력에서 정서적 자유가 시작된다. 자기가 어떻게 역할 자아에 얽매이거나 치유 환상을 실현시키려고 애쓰는지 깨달으면, 지금까지와 다르게 하겠다고 결심할 수 있다.

로셸의 이야기

로셸의 어머니는 요구가 매우 많은 사람이라서 자기가 무슨 명령만 하면 로셸이 바로 달려오기를 기대했다. 로셸은 "어머니가 변해서 나를 인정해주지 않는 한 나는 괜찮은 사람이 될 수 없다고 느끼곤 했다"고 말했다. 하지만 어머니의 감정적인 미숙함에 곧바로 상처 입지 말고 그걸 객관적으로 관찰하겠다고 결심하면서부터 큰 변화가 생겼다. "난생 처음으로 어머니의 행동을 있는 그대로 볼 수 있었어요. 어머니에게 인정받으려면 어머니를 이해해야 한다고 생각했던 예전처럼 화를 내거나 실망하지도 않았죠." 로셸은 자기 자신과 어머니에 대한 진짜 감정을 인정하려고 노력한 덕분에, 더 이상 어떤 역할을 해야 한다거나 어머니에게 관심을 쏟아 그녀의 치유 환상을 충족시켜줘야 한다고 느끼지 않는다. "이제는 어머니가 부르자마자 뛰어가서 '좋은 딸' 노릇을 해야 한다는 강박감을 느끼지 않아요. 제가 어머니 문제를 떠맡을 필요는 없으니까요." 로셸은 이제 자기가 내킬 때만 어머니를 만나러 가고, 어머니의 요청을 거리낌 없이 거절하기도 한다. 그리고 순종적인 딸이라는 역할 자아를 연기해야 한다는 의무감도 느끼지 않기 때문에, 어머니 곁에 있을 때도 마음이 더 느긋하고 편하다.

자신의 생각과 감정을 파악하자

부모나 정서적으로 미성숙한 사람과 상호작용하는 궁극적인 목표는 자신의 마음과 감정을 파악하는 것이다. 이를 위해서는 관찰 태세를 유지하면서 자신의 기분과 상대방의 행동 방식에 주목해야 한다. 이런 관점에서라면 자신의 개별적인 시각을 유지할 수 있고 다른 사람의 감정 전염에 면역력을 발휘할 수도 있다.

부모의 경우, 그들과의 상호작용에서 여러분이 원하는 특정한 결과에 전념하면 그들이 어떻게 행동하건 상관없이 객관적이고 관찰하는 자세를 유지할 수 있다. 그러면 감정에 빠지거나 투쟁-도주 반응을 나타내는 대신 냉철한 사고 기능이 유지된다. 이런 식으로 상호작용 목표에 집중하면 낡은 치유 환상과 역할 기대가 주변에서 소용돌이 치는 동안에도 진정한 자아를 유지할 수 있다.

갑작스러운 솔직함을 주의하자

머레이 보웬Murray Bowen(1978)의 말에 따르면, 아이가 점점 더 개인화되어 갈 때 정서적으로 미성숙한 부모가 반사적으로 보이는 반응은 아이를 억지로 속박 패턴으로 되돌리기 위한 조치를 취하는 것이다. 하지만 아이가 미끼를 물지 않으면, 그런 부모도 결국 좀 더 진정성 있는 방법으로 관계를 맺기 시작할 것이다.

여러분이 관찰 중심의 목표 지향적인 접근법을 취할 때, 여러분의 부모가 그에 대응해 평소답지 않은 개방적인 태도를 보인다면 주의해야 한다. 그들이 여러분을 평소보다 존중하는 태도로 대하거나 마음을 터놓기 시작한다면, 거기에 속아 넘어가 다시 낡은 치유 환상으로 끌려들어갈 수 있다(부모님이 마침내 내게 필요한 걸 주려나 보다). 그러니 조심하자! 여러분 내면의 아이는 부모가 언젠가 마음이 바뀌어 여러분이 늘 갈망하던 것을 주기를 계속 바라왔다. 하지만 여러분이 할 일은 성인으로서의 관점을 유지하면서, 부모와 분리된 독립된 성인으로서 그들과 계속 관계를 맺는 것이다. 이 시점에서 여러분이 원하는 건 부모-자식 사이의 역학 관계가 부활하는 게 아니라 당당한 성인으로서 그들과 관계를 맺는 것 아니겠는가?

여러분이 어린 시절에 품었던 그 오래된 희망으로 되돌아간다면, 갑작스럽게 증가했던 부모의 개방적인 태도는 즉시 사라질 것이다. 왜냐하면 여러분이 그들에게 더 이상 안전한 존재가 아니기 때문이다. 여러분의 부모가 감정을 두려워하고 진정한 친밀감을 느낄 수 없는 사람들일지도 모른다는 사실을 기억하자. 여러분이 더 열린 태도로 다가가면, 그들은 뒤로 물러나 여러분이 균형을 잃고 다시 자신들의 통제 하에 들어오게 할 것이다. 이건 그런 유형의 사람들이 알고 있는 지나친 친밀감에서 생기는 취약성으로부터 자신을 보호하는 유일한 방법이다.

결국 전체적인 역학 관계는 동일하게 유지된다. 여러분의 부모는 여러분이 그들을 얼마나 필요로 하는지에 반비례해서 감정적인 손길을 내밀 것이다. 여러분이 성인답게 객관적인 태도로 행동해야만 부모님이 여러분을 안전하게 느낀다. 안타깝지만 그들은 너무 겁을 먹은 나머지 여러분 내면에 있는 어린아이의 감정적인 욕구를 감당할 수 없는 게 현실이다.

부모와 상호작용할 때는 현재 진행되는 순간들을 계속 관찰하고, 본인의 진정한 본성의 의향을 따르자. 여러분의 진정한 자아는 관련된 모든 사람들과 상황의 실체를 알고 있기 때문에 필요한 답을 정확하게 찾아낼 것이다. 하지만 진정한 자아가 그렇게 할 수 있는 유일한 방법은 자신의 개성을 바탕으로 하는 객관적이고 주의 깊은 상태를 계속 유지하는 것이다.

요약

우리는 어릴 때 부모에게 의지하기 때문에 그들의 사랑과 관심을 구하게 된다. 하지만 성인이 된 뒤에도 그걸 반복하고 싶지 않다면 어린 시절의 역할에서 벗어나야 한다. 성숙도 인식 접근법은 정서적으로 미성숙한 부모, 혹은 까다롭고 자기중심적인 사람들을 보다 효과적으로 다루는 데 도움이 될 것이다. 부모와 관계를 맺으려고 애쓰기보다는 중립적인 방법으로 접근해야 더 나은 결과를 얻을 수 있다. 우선 부모의 성숙도 수준을 가늠하고, 감정적으로 반응하는 게 아니라 생각에 초점을 맞추는 관찰자적인 관점에서 두 사람 사이의 상호작용에 접근한다. 그래야 성숙도 인식 접근법과 관련된 세 가지 단계, 즉 자기 의견을 얘기한 다음 흘러가는 대로 둔다, 관계보다는 결과에 초점을 맞춘다, 상호작용에 감정적으로 관여하지 말고 관리만 한다 등을 이용할 수 있다.

다음 장에서는 낡은 부모-자식 패턴에서 벗어나 자유로 향하는 길을 탐험할 것이다. 계속 읽다 보면, 여러분의 삶을 이끌어온 낡은 관계의 패턴에서 드디어 벗어나는 게 얼마나 좋은지 알게 될 것이다.

역할과
환상에서
벗어나

살아가는
기분

본 장에서는 정서적으로 미성숙한 부모와 관계를 맺기 위해 역할 연기를 그만둘 경우 삶이 어떠해지는지, 새로운 생각과 행동이 어떻게 역할 연기를 할 때의 감정적 외로움을 극복하고 진정한 자신으로서 감정적 자유를 되찾도록 도와주는지 살펴볼 것이다. 때로는 자유를 얻기 위해 싸워야 할 수도 있지만 이건 그만한 가치가 있는 일이다.

여러분을 방해할 수 있는 가족의 패턴

진정한 자아를 찾아내 발전시키기 전에, 사람들을 기존의 역할에 묶어놓는 가족간의 역학 관계에 대해 알아보자.

개성 발휘 방해

여러분이 정서적으로 미성숙한 부모 밑에서 자랐다면, 감정을 두려워하는 이들의 불안감 속에서 인생 초반의 몇 년을 매사 조심하며 지냈을 것이다. 이런 부모가 만들어낸 속박 가족은 각자의 개성에 대한 두려움 때문에 생긴 요새다. 정서가 불안정하고 미성숙한 부모들에게 아이의 개성은 거부나 유기에 대한 두려움을 불러일으키기 때문에 그들은 이걸 위협으로 여긴다. 독립적으로 생각하게 된 아이들은 부모를 비판하거나 그들 곁을 떠나기로 결심할 수도 있다.

이들은 가족 구성원을 진짜 사람이 아니라 예측 가능한 가공의 캐릭터로 여기는 편이 훨씬 안전하다고 느낀다.

진짜 감정과 버림받는 걸 두려워하는 부모들에게 아이들의 진짜 모습은 그들에게 개성이 있다는 무서운 증거를 제시한다. 이런 부모들은 자녀들이 진짜 감정을 표현하면 위협감을 느끼는데, 그런 감정들이 상호작용의 결과를 예측할 수 없게 만들고 가족간의 유대를 위협하는 것처럼 보이기 때문이다. 그래서 자녀들은 부모가 불안해하는 걸 막기 위해 부모의 안전감을 방해하는 자신의 진짜 생각과 감정, 욕망을 억누르는 경우가 많다.

개인적인 욕구와 기호 거부

불안감 때문에 자녀를 엄격하게 통제하는 부모들은 자기 아이에게 행동하는 방식뿐만 아니라 느끼고 생각하는 방식까지 가르치려 한다. 내부 발산형인 아이들은 이런 가르침을 마음에 새기는 경향이 있으며 각자의 독특한 내적 경험은 타당하지 못한 것이라고 여기게 될 수도 있다. 이런 부모는 자녀들에게 부모와 다른 면을 부끄러워하라고 가르친다. 그러면 아이들은 자신의 특이한 부분과 심지어 강점까지도 이상하고 불쾌한 것으로 보게 된다.

그런 가정에서 자란 내부 발산형 아이들을 종종 다음과 같은 정상적인 행동까지 부끄러워하게 된다.

○ 열정

○ 자발성

○ 상처, 상실 또는 변화에 대한 슬픔과 비탄

○ 거리낌 없는 애정

○ 실제 느끼거나 생각한 바를 말하는 것

○ 부당하다고 느끼거나 모욕을 당했을 때의 분노 표현

반면, 다음과 같은 경험과 느낌은 받아들일 수 있거나 심지어 바람직한 것이라고 배운다.

○ 권위에 대한 복종과 경의

○ 부모에게 힘과 통제권을 주는 신체적 질병 또는 부상

○ 불확실성과 자기 회의

○ 부모와 똑같은 것을 좋아함

○ 자신의 결점이나 부모와 다른 부분에 대한 죄책감과 수치심

○ 부모의 고통과 불만에 기꺼이 귀 기울이는 자세

○ 정형화된 성 역할, 여자아이들은 사람들의 비위를 잘 맞추고 남자아이들은 강인하다 등

여러분이 정서적으로 미성숙한 부모를 둔 내부 발산형 아이였다면, 세상을 살아가는 방식과 관련해 자기 패배적인 교훈들을 많이 배웠을 것이다. 다음은 그 대표적인 예들이다.

○ 다른 사람들이 너에게 바라는 것을 먼저 고려해라.

○ 자신을 변호하지 마라.

○ 도움을 요청하지 마라.

○ 자신을 위해서는 아무것도 원하면 안 된다.

정서적으로 미성숙한 부모의 자녀들은 '선량함'이란 부모가 먼저 욕구를 충족시킬 수 있도록 최대한 자신을 내세우지 않는 것이라고 배운다. 내부 발산자들은 본인의 감정과 욕구는 중요하지 않다고 여기거나, 최악의 경우 수치스러워하기도 한다. 하지만 그런 사고방식이 얼마나 왜곡된 것인지 알게 되면 상황은 빠르게 변할 수 있다.

예를 들어, 캐롤린의 치유 환상은 만약 자기가 순종적으로 행동하면서 어머니를 자기 인생의 주인공으로 삼으면 어머니도 결국 자기를 인정해줄 것이라는 내용이었다. 그러나 심리치료를 받던 그녀는 이런 깨달음을 얻었다. "가족 내에서의 내 역할은 허구였어요. 나는 내가 다른 사람의 소설 속에서 거의 존재감도 없고, 언제든 죽을 수 있는 그런 하찮은 캐릭터일 뿐이라는 걸 깨달았어요. 그런 책에는 더 이상 등장하고 싶지 않아요."

내재화된 부모의 목소리에 집착

이제 여러분은 어떻게 부모들이 아이가 자신의 본능이나 활기찬 충동에 맞서도록 훈련시킬 수 있는지 궁금할 것이다. 이건 내가 부모 음성 내재화라고 부르는 과정을 통해 진행된다. 어린아이들은 자기 부모의 의견과 믿음을 내면의 목소리라는 형태로 흡수한다. 이 목소리는 계속해서 논평을 쏟아내는데 그게 마치 자기 내면에서 흘러나오는 듯한 느낌이다. 그리고 이 목소리는 "……해야만 해", "……하는 게 좋을 거야", "반드시 ……하도록 해" 같은 말도 하지만, 그와 동시에 여러분의 가치관이나 지성, 도덕적 성격 등을 매정하게 평하기도 한다.

이 논평은 마치 본인이 하는 말처럼 들리지만, 실은 여러분이 어릴 때 양육해준 사람들이 한 말이 그대로 반영된 것이다. 이 문제에 대해 자세히 알고 싶다면, 파이어스톤Firestone과 캐틀렛Catlett, (2002)의《비판적인 내면의 목소리를 물리쳐라Conquer Your Critical Inner Voice》가 내면에서 들리는 목소리의 출처와 그 부정적인 영향에서 벗어나는 방법을 알아내는 데 도움이 될 것이다.

사람들은 누구나 자기 부모의 목소리를 내재화한다. 그게 우리가 사회화되는 방식이다. 그리고 어떤 사람은 힘을 북돋아주거나 우호적이거나 문제를 해결해주는 내면의 목소리를 듣게 되는 반면, 화를 내거나 비판적이거나 경멸적인 목소리만 듣는 이들도 많다. 이런 부정적인 메시지들이 계속 존재하면 부모 본인보다 더 큰 피해를 줄 수 있다. 그러므로 우리 기분을 상하게 하는 이 목소리들을 중단시켜서 자존감을 비판적인 평가와 분리시켜야 한다. 우리의 목표는 이 목소리가 진정한 자신의 일부가 아니라 외부에서 들어온 것임을 인식해, 더 이상 자기 생각의 자연스러운 일부분처럼 느껴지지 않게 하는 것이다. 그렇게 할 수 있는 한 가지 방법은, 8장에서 부모에게 사용한 성숙도 인식 접근법을 머릿속에서 들리는 부정적인 목소리에도 적용하는 것이다.

정서적으로 미성숙한 부모를 객관적으로 대하게 되면, 머릿속에서 들리는 목소리를 재평가하고 그 부정적 영향에서 자유롭게 풀려날 수 있다. 진짜 부모의 경우와 마찬가지로, 이 내면의 목소리가 여러분에게 어떤 식으로 말하는지도 관찰할 수 있다. 그러면 여러분은 목소리가 하는 말을 가감해서 듣거나 머릿속에서 지껄이는 비평가의 말을 계속 듣고 싶은지 합리적인 판단을 내릴 수 있다.

인간적으로 불완전하게 살아갈 자유

내재화된 부모의 목소리는 아마도 언어와 논리가 지배하는 좌뇌에서 시작될 것이다. 좌뇌에게 전체적인 운영을 맡기면, 감정보다 완벽주의와 효율을 우선시하고 연민보다 판단을 앞세운다 (McGilchrist, 2009). 좀 더 사적이고 직관적인 우뇌가 적절히 균형을 잡아주지 않는다면, 좌뇌는 기계적인 옳고 그름의 기준을 이용해 우리를 판단할 것이다. 도덕주의자처럼 구는 목소리는 여러분이 성취한 결과에 따라 여러분이 좋은 사람인지 나쁜 사람인지, 완벽한 사람인지 결함 있는 사람인지 말해준다. 이런 식의 판단 논리는 정서적 미숙에 수반되는 정신적인 경직성의 한 측면이다.

제이슨의 이야기

성공한 대학 교수이자 아마추어 예술가인 제이슨은 수년 간 우울증에 시달려왔다. 그는 거만하고 비판적인 아버지와 자기도취에 빠진 어머니 밑에서 성장했는데 둘 다 아들에게 인내심을 발휘해주지 않았다.

제이슨은 자기를 끊임없이 평가하는 매우 부정적이고 완벽주의적인 부모의 목소리를 내재화했다. 제이슨이 무슨 일을 하건 그 내면의 목소리는 항상 기를 꺾는 말을 하곤 했다. 내면의 목소리가 요구하는 만큼 완벽한 연주를 하지 못할 때마다 그는 즉시 스스로를 비판하면서 자기혐오를 느꼈다. 게다가 그는 자기가 정말 뭔가를 하고 싶은 건지, 아니면 목소리가 해야 한다고 말하니까 그걸 원한다고 생각하게 된 건지 알 수가 없었다.

다행히 제이슨은 상담 치료 과정에서 이 내면의 목소리와 자기를 못마땅해 하는 부모 사이의 연관성을 깨닫게 되었다. 그의 부모처럼 이 부정적인 목소리도 제이슨이 하는 모든 선택을 비난했고 계속해서 그의 자신감을 손상시켰다. 제이슨은 그걸 지금껏 그래 온 것처럼 이성의 목소리로 받아들이는 게 아니라, 눈앞에 없는 부모의 목소리로 인식하고 그 파괴적인 의도를 이해하게 되었다.

목소리의 실체를 깨닫고 그걸 있는 그대로 들을 수 있게 된 제이슨은 그가 나쁜 사람이고, 이기적이며, 게으르다고 말하는 목소리의 주장을 믿을 필요가 없다는 걸 알게 되었다. 목소리가 시키는 대로 일을 완벽하게 해야 한다고 스스로에게 강요하는 대신, 본인의 욕망을 분명히 파악하기 위해 자신에게 질문을 던지기 시작했다. 어떤 일을 하는 것이 두려워지자, 그는 어떻게든 해야 한다고 밀어붙이는 대신 일손을 잠시 멈추고 스스로에게 물었다. 나의 욕구도 이 그림에 포함되어 있는가? 내가 이 그림에서 가장 큰 부분을 차지하고 있는가? 내 욕구와 목소리가 해야 한다고 주장하는 일이 어느 정도 균형을 이루고 있는가?

제이슨은 성인이 된 후 줄곧 '제기랄, 이런 일을 해야만 하다니'라고 생각하며 일에 임했다. 하지만 이제는 다른 대안을 찾으면서, '지금 이걸 꼭 해야 하는 걸까? 만약 반드시 해야 하는 일이라면, 내가 하고 싶은 다른 일들은 언제, 어떻게 할 수 있을까?'라고 자문하게 되었다. 그는 먼저 자기가 하고 싶은 일이 뭔지 자문해보고, 스스로 선택을 하고, 내면의 목소리는 잠재우는 법을 배웠다. 제이슨은 매순간 자기가 정말 원하는 걸 신중하게 생각함으로써 마침내 내면의 목소리가 휘두르는 폭정에서 자유로워졌다.

자신의 진짜 생각과 감정을 가질 자유

어릴 때 여러분의 생각과 감정이 부모를 불편하게 만들었다면, 여러분은 재빨리 이런 내적 경험을 억제하는 방법을 배웠을 것이다. 자신의 진짜 감정과 생각을 알게 되는 게 의지하는 사람들과 멀어지게 한다면, 그런 감정과 생각은 위험하다고 느꼈을 테니까. 여러분은 선함과 악함이 행동으로만 드러나는 게 아니라 마음속에도 존재한다고 배웠다. 이렇게 어떤 생각과 감정을 품는 것만으로도 나쁜 사람이 될 수 있다는 터무니없는 발상을 받아들이고, 지금도 여전히 그 믿음을 고수하고 있을지도 모른다.

하지만 죄책감을 느끼거나 부끄럽게 여기지 말고 자신의 모든 내적 경험에 접근할 필요가 있다. 생각과 감정이 자연스럽게 흘러가게 놔두고 그게 자신에게 무엇을 의미하는지 걱정하지 않으면 더 많은 에너지를 얻을 수 있다. 생각과 감정은 여러분이 그런 생각과 감정을 품고 있다는 것 이상의 의미는 없다. 자신의 생각과 감정을 비난하지 말고 그냥 편하게 느낄 수 있는 자유를 되찾으면 깊은 안도감을 얻게 된다.

사실 어떤 생각이나 감정을 품는 건 애초에 자신이 통제할 수 있는 문제가 아니다. 뭔가를 생각하거나 느끼려고 계획하는 게 아니라 그냥 떠오르기 때문이다. 이렇게 한번 생각해보자. 여러분의 생각과 감정은 여러분을 통해 표현되는 자연의 유기적인 일부분이다. 자연은 여러분의 감정을 부정직하게 표현하지 않을 것이고, 자연이 어떤 생각을 가져다줄지 여러분이 직접 선택할 수도 없다. 본인의 진실한 감정과 생각을 받아들인다고 해서 나쁜 사람이 되지는 않는다. 이를 통해 여러분은 완전한 사람이 되고 자신의 마음을 알 수 있을 만큼 성숙해진다.

연락을 중단할
자유

이상적인 상황에서라면, 부모와 계속 적정한 관계를 유지하면서
동시에 자신의 본모습을 보호할 자유를 갖는다. 하지만 때로는 한
동안 연락을 중단함으로써 자신의 정신 건강을 보호할 필요도 있다.
엄청난 죄책감과 자기 회의를 불러일으킬 수도 있지만, 부모와 거리
를 유지해야 하는 충분한 이유들이 있다. 예를 들어, 부모가 여러분
의 정체성을 지킬 권리를 침해하는 강제적인 관계 형성 방식으로 마
음에 상처를 입히거나 경계를 무시한다면 어떻겠는가. 이런 식으로
행동하는 부모를 상대하는 일에서 벗어나 휴식을 취하고 싶은 것이
당연하다.

어떤 부모들은 반복적인 설명에도 불구하고, 자신들의 행동이
문제가 된다는 걸 받아들이지 않고 무분별하게 행동한다. 게다가 일
부 가학적인 부모들은 아이에게 정말 악의적인 행동을 하면서 자기
가 야기하는 고통과 좌절을 즐긴다. 이런 부모의 자녀들은 연락을
끊는 게 최선의 해결책이다. 어떤 사람이 자신의 생물학적 부모라고
해서 반드시 그 사람과 감정적, 사회적인 유대 관계를 유지해야 하
는 건 아니다.

다행스러운 점은, 평소 부모와 적극적인 관계를 맺지 않았던 사
람도 부모의 영향에서 벗어날 수 있다는 것이다. 그렇지 않다면, 먼
곳에 살거나 죽은 부모와는 감정적으로 분리되는 게 불가능할 것이

다. 건전하지 못한 역할과 관계에서 벗어나 진정한 자유를 찾는 과
정은 타인과의 상호작용이나 대립에서 시작되는 게 아니라 우리 각
자의 내면에서 시작된다.

아이샤의 이야기

TV 기자로 성공적인 경력을 쌓은 27세의 여성 아이샤는 우울증과
낮은 자존감 때문에 힘겨워했다. 그녀의 어머니 엘라는 항상 아이
샤를 문제아라고 불렀다. 엘라는 아이샤의 남동생은 맹목적으로
사랑하면서 아이샤에게는 비판적이고 엄격했다. 아이샤는 자기 힘
으로는 절대 엘라를 기쁘게 할 수 없다고 느꼈지만, 그래도 어머니
가 딸을 자랑스럽게 여기도록 계속 노력했다. 하지만 엘라는 아이
샤가 완벽하게 하지 못한 일들을 끊임없이 곱씹었다. 엘라는 아이
샤의 남자친구를 비롯한 다른 사람들 앞에서 아이샤를 조롱하기까
지 했다.

아이샤는 엘라의 이런 행동에 여러 번 맞섰지만 그런 저항도 도움
이 되지는 않았다. 엘라는 늘 결백한 척했고, 심지어 아이샤의 눈물
과 분노를 그녀가 어머니에게 못되게 구는 나쁜 아이라는 증거로
사용했다. 아이샤는 엘라의 비판적인 말에 너무 예민해진 나머지,
함께 저녁을 먹다가도 식사를 마치기 전에 분위기가 악화되면서 눈
물을 흘리는 일이 많았다.

아이샤가 엘라와 연락을 끊기로 결정하자 스트레스 수준이 현저하
게 낮아졌다. 더 이상 엘라와의 고통스러운 상호작용에 노출되지

않게 되자 아이샤는 그 어느 때보다 큰 행복을 느꼈다. 어머니를 만나지 않는 건 좋지 못한 행동이라는 걱정도 들었지만, 그래도 자기 삶에서 엘라가 사라지자 얼마나 기분이 좋아지고 자존감이 높아졌는지 부인할 수 없었다. 아이샤의 남자친구도 그녀가 전보다 훨씬 편안해 보인다고 이야기했다.

몇 달 뒤, 아이샤는 상담 치료 시간에 내게 읽어주려고 어머니가 보낸 카드를 가지고 왔다. 엘라는 딸과 다시 연락하며 지내려고 카드를 보낸 게 분명했지만, 아이샤가 보기에 어머니의 글은 그녀와 계속 거리를 둬야 하는 이유를 확인시켜주었을 뿐이다. 순전히 자기 합리화로 점철된 이 글에서, 엘라는 본인이 느끼는 감정과 자기는 아이샤를 사랑했을 뿐이라는 주장만 늘어놓았다. 아이샤에게 공감하는 모습은 전혀 보이지 않았고 딸에게 상처를 준 행동에 대해 어떤 책임도 지지 않았다.

아이샤는 어머니에게 자신의 상처 입은 감정에 대해 여러 번 설명했다. 그러니 아이샤가 연락을 끊은 이유에는 의문의 여지가 없다. 수수께끼는 엘라의 마음속에만 존재했다. 자기는 다정한 엄마라는 그녀의 이상화된 판타지 안에는 아이샤의 감정이 존재할 여지가 전혀 남아 있지 않았다.

한계를 정하고 얼마나 내줄지
선택할 자유 _____

때로는 연락을 끊는 게 필요할 때도 있지만, 어떤 사람들은 매우 효과적으로 한계를 정해서 부모가 더 이상 자기에게 해를 끼치지 못하게 한다. 이렇게 할 수 있는 한 가지 방법은 부모와 연락하는 빈도를 제한하는 것이다. 연락 한도를 정해놓으면 자신을 돌보고자 하는 욕구에 더 많은 에너지를 쏟을 수 있다. 부모가 여러분이 예전처럼 시간과 관심을 넉넉하게 쏟지 않는 것에 항의할 수도 있지만, 이런 힘든 순간은 본인의 요구를 우선시한 것에 대해 느끼는 불합리한 죄책감을 극복할 귀중한 기회를 제공한다.

여러분이 내부 발산적인 성향이라면, 어떤 문제든 자기가 상황을 좋게 만들어야 해결되고, 본인이 좀 더 열심히 노력하면 타인의 행동을 비롯한 모든 일들이 개선될 것이라고 느낀다는 걸 기억하자. 이게 사실이 아니라는 걸 깨닫게 되어 정말 다행이다. 내부 발산자들은 대개 더 열심히 노력하고 외부 발산자들은 이런 노력을 계속 이용한다. 한 개인으로서의 선함은 인간관계 속에서 상대에게 얼마나 많이 내주느냐에 달려 있는 게 아니므로, 계속 받기만 하는 사람들에게 제한을 두는 건 이기적인 일이 아니다. 다른 사람들이 그들을 위해 여러분이 뭘 해줘야 한다고 생각하든 상관없이, 여러분이 할 일은 스스로를 돌보는 것이다.

다른 사람들로 인한 감지하기 힘든 에너지 낭비에 주의를 기울이면, 자기가 너무 많이 내주는 게 언제인지 알 수 있다. 사소한 만남에서도 다른 사람의 요구를 들어주다가 스스로 지치는 일이 없도록 상대에게 내주는 양을 조절할 수 있다.

부모에게 경계를 존중해달라고 부탁했을 때 부모가 어떻게 반응하는지 관찰하려면, 성숙도 인식을 위한 마음가짐을 이용하는 게 좋다. 그들이 자기 행동이 여러분에게 어떤 영향을 미치든 상관없이 자기는 원하는 일을 할 권리가 있는 것처럼 굴면서, 여러분에게 수치심과 죄책감을 안겨주려고 애쓰는지 살펴보자.

브래드의 이야기

브래드는 힘든 직장 생활, 4명의 아이들, 휘청거리는 결혼 생활 때문에 정신이 없었다. 심한 스트레스를 받고 있으면서도 그는 화를 잘 내는 어머니 루스가 집주인과 다툰 뒤 아파트 임대 계약이 끊기자 자기 집에 들어와서 함께 사는 데 동의했다. 루스가 이사 온 직후, 브래드는 아내가 바람을 피우고 있다는 사실을 알게 되어 결혼 생활이 거의 끝장나버렸다. 그리고 거의 같은 시기에 브래드의 10대 딸이 학교에서 마리화나를 피우다가 붙잡혔다. 루스는 집안에 감도는 긴장감을 전혀 헤아리지 않았다. 아니, 오히려 원할 때마다 자기 의견을 솔직하게 말하는 바람에 긴장감이 더 고조되기만 했다. 그녀는 냉대받는 기분을 느끼면 문을 쾅 소리 나게 닫고, 아이들에게 소리를 지르고, 애완동물에게 욕을 했다. 브래드는 금방이라도 신경 쇠약에 걸릴 것 같은 기분이었다.

브래드는 본인의 건강과 어머니의 특권 의식 중에서 하나를 택해야만 한다고 생각했다. 루스에게 몇 번이나 그녀의 행동에 대해 문제를 제기했지만 소용없었다. 루스는 계속해서 집안에서 가장 큰 영향력을 행사하려고 했고, 브래드의 자녀와 그 친구들에게 불친절하게 구는 경우가 많았다. 브래드는 마침내 루스에게 도시 반대편에 있는 그들 소유의 임대 주택에 가서 살아달라고 부탁했다.

루스는 망연자실했다. 그녀는 예전 집주인이 왜 자기에게 나가라고 했는지 이해하지 못한 것처럼, 이런 일이 생기리라고 전혀 예상하지 못했다. 브래드는 요령 있게 행동했지만 단호한 태도를 바꾸지는 않았다. 예상했던 대로 루스는 "너는 나를 사랑하지 않는구나!"라며 화를 폭발시켰다.

하지만 브래드는 얘기하던 주제에서 벗어나지 않았다. "상황을 바꾸려고 큰 소동을 벌이실 필요는 없어요. 우리는 어머니를 사랑하지만, 이제 떠나실 때가 된 거예요. 어머니를 돌봐드리는 건 우리 가족이 할 일이 아니에요. 스스로를 돌볼 능력이 되시잖아요."

"나한테 집세를 받을 생각이니?" 그의 어머니가 물었다.

"네, 그리고 공과금까지 포함시키고 싶으시면 집세를 더 올릴 생각이에요."

다음 상담 시간에 찾아온 브래드는 이때의 대립 상황을 재검토하면서 어떻게 자기가 화를 내지 않을 수 있었는지 설명했다. '이번에는 말려들지 않을 거야'라고 속으로 되뇌면서 이 대화를 통해 얻고자 하는 결과, 즉 루스가 집에서 나가는 일에만 계속 집중했다고 한다.

브래드는 안 그래도 힘든 생활 환경에 루스가 얼마나 많은 스트레스를 보태고 있는지를 마침내 깨달았다. "어머니가 집에 있으면, 혈압이 하늘 끝까지 치솟는 기분이었어요. 어떻게든 잘해보자고 나 자신에게 계속 말했지만, 사실은 어머니와 잘해보고 싶은 마음이 전혀 없었던 거죠. 그럴 기운이야 있지만, 그러고 싶지 않았어요." 브래드는 상황을 다르게 보기 시작했다. "한 가족이라고 해서 다른 가족을 쓰레기 취급할 수 있는 무한한 자유가 주어지는 건 아니에요."

자기 연민의 자유

자신을 잘 돌보려면 자신에게 동정심을 느껴야 한다(McCullough 외, 2003). 자신의 감정을 아는 것과 자신에 대한 연민을 품는 건 강인한 개성을 이루는 두 가지 기본적인 구성 요소들이다. 자기 연민을 품어야만 한계를 정하거나 과도하게 주기만 하는 걸 중단해야 하는 때가 언제인지 알게 된다.

연민의 감정을 본인에게까지 확대하면 치유 효과가 발휘될 수 있지만, 처음에는 상당히 부자연스럽게 느껴질 것이다. 한 여성은 이렇게 말했다. "제 어린 시절을 돌아보고 그 작은 아이가 정말 많은 고통을 겪었다는 걸 새삼 느꼈어요. 그리고 난생처음으로 저 자신이 가여워졌죠. 아주아주 오랫동안 숨을 멈추고 있었다는 걸 깨닫고 한

꺼번에 숨을 내쉬는 것 같았어요. 기분이 이상했죠. 슬픔, 강렬함, 안심 같은 여러 가지 감정이 한 번에 느껴졌으니까요. 이제 제 어린 시절이 얼마나 고통스럽고 고단했는지 공감할 수 있어요. 당시의 어린 제 모습을 바라보는 건 마치 유체 이탈을 한 듯한 경험이에요. 저도 마침내 '아, 정말 불쌍한 아이네'라고 말할 수 있게 되었어요. 전에는 그런 말을 한 번도 해본 적이 없거든요."

또 다른 여성은 학창 시절에 찍은 낡은 사진 속의 자기 모습을 우연히 보고는 이런 자기 연민을 느꼈다. 그녀는 사진 속의 소녀에게 말을 걸었다. "넌 용감한 아이야. 혼자 감당해야 할 것들이 그렇게 많은데도 학교에서 사진을 찍으며 미소를 짓고 있으니 말이야."

슬픔과 눈물은 받아들이기 힘든 고통스러운 진실과 씨름해야 할 때 발생하는 자기 연민의 일반적인 반응이다. 오랜 세월 남에게 인정받지 못한 채 지냈다면, 아마 다른 어떤 감정보다 슬픔을 많이 억눌러왔을 것이다. 유명한 정신과 의사이자 작가인 다니엘 시겔Daniel Siegel은 감정의 치유 능력에 대한 멋진 글을 썼다(2009). 그는 진실한 감정이 드러날 때 그걸 받아들인다면 우리도 변화할 수 있다고 말한다. 깊은 감정을 느끼는 건 중요하고 새로운 정보를 처리하는 하나의 방법이다. 슬픔을 비롯한 자신의 감정을 의식한다는 건 심리적 성장을 위한 내부 작업이 진행되고 있다는 뜻이다.

시겔의 말에 따르면, 감정을 느낄 때 우리의 의식에 새로운 인식이 통합, 흡수된다고 한다(2009). 나는 상담자들에게 눈물은 우리 마음과 정신에서 진행되는 통합 과정의 신체적 증후라는 말을 자주 한다. 여러분이 깊은 깨달음의 눈물을 흘리면 결국 기분이 나아진다. 이런 종류의 눈물은 좀 더 통합되고 복합적인 사람으로 발전하도록 도와주므로, 보다 안정된 기분으로 자신을 재정비할 수 있다.

스스로 느낄 수 있는 능력을 회복하면 감정이 물밀 듯이 밀려오는데, 이런 물결 가운데 일부는 매우 강렬하다. 자아와 통합시켜야 하는 처리되지 않은 감정을 많이 품고 있으면 감당하기가 힘들다. 이런 시기를 헤쳐 나가도록 도와줄 동정심 많은 친구나 상담 치료사에게 위로와 지원을 받는 게 좋지만, 이 자연스러운 과정을 두려워하지는 말자. 여러분의 몸은 어떻게 울고 슬퍼해야 하는지 알고 있다. 감정을 계속 느끼면서 그걸 이해하려고 애쓰면 결국 더욱 통합되고 성숙한 사람이 되어 자기 자신과 타인에게 깊은 연민을 느끼게 될 것이다.

과도한 공감에서
벗어날 자유

내부 발산자들은 감정이 너무 예민한 나머지 다른 사람들이 겪는 문제에 공감하거나 그들의 고통을 상상하면서 지나치게 흥분할 수 있다. 그래서 때로는 당사자보다 상황을 더 나쁘게 인식하기도 한다. 반면 건전한 감정 이입을 하면, 자신의 한계를 계속 의식하는 상태에서 동정심을 품을 수 있다.

레베카의 이야기

레베카의 연로한 어머니 아이린은 계속 불평을 늘어놓는 외부 발산자였다. 레베카가 어머니를 기쁘게 해주려고 최선을 다해도 아무 소용이 없었다. 레베카는 아이린과의 경계를 잘 유지했지만 여전히 사각 지대가 존재했다. 어느 날 상담 시간에 레베카가 "하지만 어머니 기분이 좋아지기를 바라는 건 당연한 일"이라고 말하면서 그녀의 생각에 근본적인 잘못이 있음이 드러났다.

"그건 당연한 일이 아니에요!" 그 말을 듣고는 나도 모르게 소리를 치고 말았다. 이런 믿음이 레베카가 어머니를 위해 자기희생적인 역할을 하는 핵심이다. 아이린의 기분이 좋아지는 데 투자하는 바람에 어머니에 대한 레베카의 감정적 속박이 심해졌으므로 이는 심각한 문제였다. 나는 레베카에게 아이린 본인이 기분이 좋아지기를 바란다는 증거가 뭐가 있는지 물었다. 아이린은 기분이 좋아질 수 있는 방식으로 살지 않았고, 레베카가 하는 일에 제대로 반응하는 징후도 찾아볼 수 없었다. 기분이 좋아지는 게 아이린의 목표가 아닌 것이 분명한데도 레베카가 그걸 주된 목표로 삼는 바람에 실패하게 된 것이다. 그녀는 아이린이 원하지 않는 목표를 이루려고 노력했다. 사실 아이린 삶의 주제는 자기가 원하는 걸 얻지 못하는 것이다. 그런데 레베카가 왜 나서서 그걸 망친단 말인가?

어느 날 저녁, 레베카가 하루 종일 어머니를 도우려고 헛되이 애쓰면서 큰 좌절감을 맛본 뒤에 그녀의 집을 나서려고 하는데, 아이린이 레베카를 바라보면서 "그냥 나를 만나러 오기만 하렴"이라고 말했다. 레베카는 깜짝 놀랐다. 어머니를 행복하게 해주려고 그렇게 많은 일들을 했는데, 어머니가 정말 바라는 건 이게 다란 말인가? 레베카는 아이린의 말을 곧이곧대로 받아들여서, 더 이상 어머니를 만나러 가는 게 두렵지 않도록 그녀와 공감하거나 도움을 주려는 노력을 그만두기로 했다. 그리고 아이린은 앞으로도 절대 행복해하지 않겠지만, 그게 두 사람에게 문제가 될 필요는 없다는 걸 마침내 깨달았다.

자신을 위해
행동할 자유

정서적으로 미성숙한 부모 밑에서 자라면 어릴 때뿐만 아니라 어른이 된 뒤에도 무력감을 느낄 수 있다. 감정적인 집중력이 부족한 그들은 여러분이 원하는 게 중요하지 않은 것처럼 느끼게 만들수 있다. 그러면 여러분은 누군가가 여러분에게 필요한 걸 줄 때까지 마냥 기다리는 수밖에 없다고 납득했을 것이다.

어릴 때 경험한 깊은 무력감은 정신적인 외상을 초래하므로, 나중에 성인이 되어 무력감을 느꼈을 때 '내가 할 수 있는 일은 아무것도 없고, 아무도 날 도와주지 않을 것'이라고 생각하면서 쉽게 무너질 수 있다는 걸 알아야 한다. 예민한 내부 발산자들은 어릴 때 이런 감정에 많은 영향을 받으므로, 나중에 커서도 자기는 상황을 통제할 능력이 전혀 없는 피해자라고 여기고 본인이 간절하게 원하는 걸 주지 않겠다고 거부하는 힘 있는 사람들의 처분에 휘둘린다.

이런 희생자 반응이 깊이 뿌리 박혀 있더라도 여러분은 언제든지 도움을 요청할 권리를 되찾을 수 있다. 그보다 더 중요한 건 필요할 때마다 도움을 요청할 수 있다는 사실이다. 자신을 위해 행동하는 건 무력감이 주는 충격적인 감정을 해소시켜준다. 정서적으로 미성숙한 부모에게 양육되면 삶과 인간관계가 제공해주는 것들의 표본이 매우 제한적이겠지만, 바라건대 여러분 자신에게 얼마나 방대한 가능성이 있는지 깨닫고 자기에게 필요한 걸 스스로 요구하기 시작해야 한다.

카리사의 이야기

카리사는 지배적인 성향인 아버지 밥의 교육 때문에 자기가 권위적인 사람 앞에서는 한없이 무력하고 수동적인 기분을 느낀다는 걸 깨달았다. 그래서 부모의 모습을 객관적으로 관찰하고, 자기 의견을 얘기하고, 그들 사이의 상호작용을 관리하면서 자기가 원하는 결과를 얻기 위한 채비를 하고 부모 집을 찾아갔다. 그녀는 이 방문이 어찌나 예정대로 잘 진행되는지 깜짝 놀랐다. 카리사의 남편 알레한드로의 도움 덕분에 그녀의 아버지는 정치적 비난이나 각종 불만에 대한 설교를 늘어놓지 못했다. 아버지가 자기 주제를 꺼내려고 하면 곧바로 알레한드로가 다른 주제에 관한 이야기를 시작했고, 이렇게 상황이 예상과 다르게 돌아가자 밥은 혼란스러워하면서 대화의 갈피를 잃었다.

또 한 번은 카리사의 가족들이 술을 마시러 현관 데크에 모였을 때, 밥을 제외한 전원이 데크의 한쪽 편에 앉고 밥만 그 반대편에 앉아서 다른 사람들과 마주보게 되었다. 이건 자리를 뜰 수 없는 청중들에게 설교를 늘어놓기 좋아하는 밥의 성향이 활성화되기에 더할 나위 없이 좋은 조건이었다. 카리사는 이 상황을 보고 행동을 취했다. 그녀는 나중에 내게 이렇게 말했다. "전에는 그냥 '아, 망했네. 이제 꼼짝 못하고 설교를 듣게 될 거야'라고 생각했어요. 하지만 이번에는 제가 기선을 제압했죠." 카리사는 자기 의자를 아버지 옆으로 옮겨서 아버지에게 모두의 관심이 쏠리는 걸 막았다. 이 방법은 효과가 있어서, 다들 아버지가 마구 퍼붓는 일방적인 설교에 말려드는 대신 대화가 그룹 전체로 흘러가게 되었다. 성숙도 인식 접근법을 사용한 카리사는 상호작용을 관리해서 자기가 원하는 동등한 참여라는 결과를 얻을 수 있었다.

자신을 표현할
자유

정서적으로 미성숙한 사람들에게 자신을 표현하는 것은, 자기만의 감정과 생각을 가진 한 개인으로 존재하겠다는 주장을 암시적으로 내세우는 중요한 자아 확인 행위다. 성숙도 인식 접근 방식에서 중요한 단계는 자기 의견을 표현한 뒤 상황이 진행되는 대로 놔두는 것임을 기억하자.

부모가 여러분을 사랑한다면 여러분을 이해해줄 것이라는 믿음을 포기하는 게 중요하다. 독립적인 성인인 여러분은 그들의 이해 없이도 살아갈 수 있다. 부모와 여러분이 원하는 관계를 맺을 수는 없을지도 모르지만, 그들과의 모든 상호작용을 더 만족스럽게 만들 수는 있다. 원할 때는 예의 바르게 자기 소신을 말할 수 있고, 굳이 변명할 필요 없이 그들과 다르게 행동할 수 있다. 부모에게 이런 식으로 자신을 표현하면, 부모가 이해해주지 않더라도 진정한 자신이 될 수 있다. 여러분이 감정을 표현하는 목적은 부모를 변화시키기 위한 게 아니라 여러분 자신에게 진실하기 위해서다. 그리고 부모가 여러분을 전혀 이해하지 못하더라도 여전히 여러분을 사랑할 가능성은 존재한다.

홀리의 이야기

홀리의 아버지 멜은 남부의 작은 마을에 사는 이발사인데, 홀리와 아버지 사이의 전화 통화는 대부분 그가 사는 지역의 뉴스를 중심으로 이루어졌다. 연방 수사관이라는 존경받는 직업을 가진 홀리는 언제나 아버지가 자신의 업적을 인정해주기를 갈망했다. 하지만 홀리가 자기 직업이나 인생의 다른 중요한 일들에 대한 얘기를 꺼내면 멜은 어떻게 대답해야 할지 모르는 것 같았다. 대신 갑자기 딸의 말을 가로막고 자기에게 일어난 일들을 얘기하는 경우가 많았다.

홀리는 아버지와 좀 더 진정한 관계를 맺고 싶었기 때문에 계속해서 자기 삶에 관해 얘기했지만, 그는 대개 별다른 관심을 보이지 않았다. 몇 번이나 이런 일이 반복되었지만, 홀리는 아버지를 존경해야 한다고 중얼거리면서 그냥 넘어갔다.

홀리가 직장에서 어려움을 겪고 있을 때, 그녀는 정신적인 지원을 얻으려고 멜에게 전화를 걸었다. 하지만 그녀가 얼마나 힘든 시간을 보내고 있는지 말하던 중에 멜은 갑자기 화제를 바꿔 카운티 법원 혁신에 대해 이야기하기 시작했다. 이번에는 홀리도 명확하고 직접적인 의사소통을 통해 전과는 다른 방식으로 상황에 대처할 준비가 되어 있었다.

"아빠!" 홀리는 목소리를 높였다. "내 얘기를 좀 더 할게요. 정말 힘든 시간을 보내고 있다고요. 아빠 소식도 물론 듣고 싶지만 이번에는 그냥 내 말만 좀 들어주실래요? 얘기를 하고 싶다고요." 감정이 미숙한 멜은 대화 주제를 바꾸지 말아야 할 때를 알아차리는 세심함이 없었다. 홀리는 목소리를 높여서 자신의 요구를 분명하게 전달했고, 마침내 아버지가 자기 말에 귀 기울여준다는 느낌을 받을 수 있었다.

새로운 방식으로 옛 관계에
접근할 자유

카리사와 홀리처럼 여러분도 예전의 패턴을 바꾸고 자기가 원하는 결과에 집중하는 새로운 방법으로 부모와 소통할 수 있다. 한 번에 한 가지 상호작용만 하면서, 부모와 진정한 감정적 관계를 맺거나 지지를 받고 싶다는 비현실적인 욕구는 배제한 채로 실험을 할 수 있다. 이건 자신의 과거를 부정하는 게 아니라 부모를 아무 기대 없이 있는 모습 그대로 받아들이는 것이다.

때로 부모들은 이런 정직하고 중립적인 방식에 반응하여 감정적으로 좀 더 진실한 관계를 맺기도 한다. 역설적으로 보이겠지만, 부모의 변화를 촉구하는 걸 그만두면 오히려 그들이 더 마음을 열 수 있다. 여러분이 강한 모습을 보이고 더 이상 부모의 인정을 원하지 않는다는 걸 부모가 느끼면, 그들도 긴장을 풀게 된다. 여러분이 부모의 관심을 얻으려고 노력하는 것을 멈추면, 부모가 더 솔직한 태도를 견딜 수 있는 수준까지 감정의 강도가 떨어지기도 한다. 이제 여러분의 요구로 인해 감당할 수 없는 감정적 친밀감에 빠질 것이라는 두려움을 느끼지 않아도 되기 때문에, 다른 어른들을 대할 때처럼 합리적이고 예의 바른 태도로 여러분에게 반응할 수 있게 되는 것이다.

중요한 건 여러분이 부모와 깊은 관계를 맺고 싶다는 욕구를 정말 포기했을 때만 이런 일이 일어날 수 있다는 것이다. 그리고 그렇게 하더라도 일어나지 않을 가능성도 있다. 하지만 여러분이 자신에게 진실하고, 감정적으로 분리되어 있고, 기대감 없이 상호작용할 수 있다면, 친밀함에 대한 부모의 방어 기제가 촉발되는 일이 분명 줄어들 것이다. 그리고 부모를 변화시키겠다는 치유 환상을 포기함으로써 그들을 있는 모습 그대로 놔두게 된다. 변화해야 한다는 압박감을 더 이상 느끼지 않게 된 그들은 여러분을 예전과 다르게 대할 수도 있고 그렇지 않을 수도 있다. 어느 쪽이 됐든 여러분은 괜찮을 것이다.

부모에게 아무것도 원하지 않는 자유

정서적으로 미성숙한 부모와의 가장 고통스러운 상호작용은 아이들이 부모에게 뭔가를 원할 때 일어난다. 그게 관심이든 사랑이든 의사소통이든 상관없이, 방치된 아이들은 자기 부모가 애정을 주는 유형이 아니더라도 대부분 어른이 된 뒤까지 계속 부모에게 긍정적인 정서적 관심을 받으려고 애쓴다.

정서적으로 미성숙한 부모들은 일반적으로 부모가 자녀의 행복과 자존감의 유일한 원천이라는 통념을 부추긴다. 이기적인 부모들은 대부분 아이가 자기를 원하거나 자기가 아이의 갈망의 중심이 되는 걸 좋아한다. 아이들의 의존성을 눈으로 확인한 이런 부모는 자기에게 통제권이 있다고 느끼며 안심한다. 만약 아이가 이에 동조한다면 부모는 아이의 감정 상태를 완전히 통제할 힘을 얻게 된다.

한 걸음 물러나서 자신에게 정말 부모가 필요한지—아니면, 단지 부모가 자식들이 자기를 필요로 해주길 바라는지—자문해보라.

아주 과격한 생각처럼 보일지 모르지만 가족의 역할과 치유 환상에서 벗어나서 바라보면, 여러분의 부모는 여러분이 뭔가를 얻고 싶은 사람이 전혀 아닐 수도 있다. 그러니 그들이 필요하다는 게 사실인지, 아니면 어린 시절의 충족되지 못한 욕구의 유물인지 생각해보자. 그들이 지금도 정말 여러분이 원하는 걸 가지고 있는가?

이 질문은 감정이 미숙한 사람과 관련을 맺을 때는 그 대상이 배우자든 친구든 친척이든 상관없이 던져봐야 할 질문이다. 심지어 본인이 실제로는 다른 사람이 제공하는 상호작용을 좋아하지 않는 경우에도, 자기가 그와의 관계를 간절히 원한다고 착각할 수 있다.

요약

이 장에서는 정서적으로 미성숙한 부모를 기쁘게 하려고 마련된 역할과 기대에서 벗어나면 어떤 기분이 드는지 알아봤다. 완벽을 기대하는 지나치게 비판적인 내면의 목소리 때문에 자신을 거부하는 법을 배웠다고 하더라도, 다른 사람의 반응에 상관없이 본인의 진정한 자아와 진짜 생각과 감정을 되찾을 수 있다. 자기 생각을 표현하고 자기를 위한 행동을 취할 자유를 주장할 수 있다. 자신에게 동정심을 품거나 감정이 미숙한 부모를 두는 바람에 잃어버린 것을 슬퍼할 수도 있다. 이제 여러분이 해야 할 가장 중요한 일은 부모에게 내주는 것들을 제한하고 스스로를 돌보는 것인데,

그러려면 필요한 경우 부모와 연락을 중단해야 할지도 모른다. 이제 다른 사람들에 대한 과도한 공감으로 자신을 지치게 할 필요가 없다. 부모에게 감정적으로 받아들여지고 싶다는 욕구를 포기하면 부모와의 관계가 좀 더 견딜 만해진다는 걸 알게 될 것이다. 그리고 가족 내에서의 낡은 역할을 떨쳐버리면 부모를 변화시키지 않고도 그들과 더 솔직하게 관계를 맺을 수 있다.

이 책의 마지막 장인 다음 장에서는 성숙도 인식 접근법을 사용해서 감정적으로 성숙한 친구와 파트너를 찾는 방법을 살펴볼 것이다. 또 장차 더욱 보람 있는 상호 관계를 가능하게 해주는 새로운 태도와 가치관을 발전시키는 방법도 조언할 생각이다.

정서적으로
성숙한
사람을

식별하는
방법

9장에서는 부모나 다른 사람들과의 관계에서 자신의 진정한 자아를 존중하고, 한계를 설정하고, 본인을 위해 행동함으로써 감정적 자유를 되찾는 방법을 알아봤다. 이 장에서는 서로가 만족스러운 관계를 맺을 수 있을 만큼 감정적으로 성숙한 사람들을 식별하는 방법을 배워보자. 또 건전한 상호작용을 통해 감정적 외로움은 과거의 일로만 묶어둘 수 있도록, 관계에 대한 새로운 태도를 받아들이는 방법에 대해서도 논의할 것이다.

안타깝게도 정서적으로 미성숙한 부모의 성인 자녀들은 관계가 자신의 삶을 풍요롭게 할 수 있다는 것에 회의적일 수 있다. 그들은 자신에게 도움이 되는 관계 같은 건 현실에 존재할 수 없는 헛된 꿈이라고 생각하는 경향이 있다. 그리고 이런 생각 아래에는, 다른 사람들이 자신의 본모습에 진심으로 관심을 갖지 않을 것이라는 두려움이 깔려 있다. 이런 부정적인 예상은 정서적 외로움을 지속시키지만, 일단 그것을 깨닫게 되면 바꿀 수도 있다.

오래된 패턴의
유혹

모든 인간은 친숙함을 곧 안전함으로 여기는 원시적 본능을 공유하고 있다는 존 볼비(1979)의 말을 기억하자. 따라서 만약 여러분이 정서적으로 미성숙한 부모 밑에서 자랐다면, 자기중심적이고 남을 착취하는 이들에게서 느껴지는 친숙함에 무의식적으로 끌릴지도 모른다. 폭력적인 관계 때문에 고생한 여자 상담자들 가운데 상당수는 고등학생 때 '착한' 남자아이에게 매력을 느끼지 못했다는 사실을 뚜렷이 기억하고 있었다. 사실 이들은 사려 깊은 남자는 지루하다고 여겼는데, 안타깝게도 이것은 어떤 남자의 행동이 이기적이거나 지배적이지 않으면 매력을 느끼지 못한다는 뜻이다.

자기중심적인 남자에게는 불확실한 부분이 많고, 이 여성들은 바로 그런 점을 흥미롭다고 생각한 것이다. 하지만 이게 과연 진짜 흥미일까, 아니면 자기를 이용하고 싶어하는 자기중심적인 사람 때문에 어린 시절의 불안감이 되살아나서 전율을 느낀 것일까? 제프리 영Jeffrey Young(Young & Klosko, 1993)이 개발한 스키마 요법은 우리가 가장 카리스마 있다고 여기는 사람들이 무의식적으로 우리를 낡고 부정적인 가족 패턴으로 되돌아가게 한다고 지적한다. 영은 이런 즉각적인 화학 작용은 어린 시절의 자기 패배적인 역할이 표면 아래에서 다시 활성화되고 있음을 나타내는 위험 신호가 될 수 있다고 경고한다.

이 장의 조언들은 이런 역학 관계를 호전시킬 수 있게 도와준다. 중요한 것은 우리 마음을 더 외롭게 만들 낡은 패턴을 반복하지 말고, 새로 발전시킨 관찰 능력을 이용해 좋은 관계를 맺을 수 있는 정서적으로 도움이 되는 사람들을 찾는 것이다.

정서적으로 성숙한 사람
알아보기

이어지는 섹션에서는 감정적으로 성숙한 사람들을 알아보는 데 도움이 되는 몇 가지 지침을 제공한다. 이를 통해 무의식적으로 낡고 친숙한 패턴으로 돌아가는 대신, 아래에서 얘기하는 긍정적인 특성을 지닌 사람들과 관계를 맺겠다고 의식적으로 결정할 수 있다. 데이트 상대를 선택하거나, 새로운 친구를 찾거나, 구직 면접을 볼 때도 여기에서 소개하는 정서적 성숙의 특징을 이용해 면대면face-to-face이든 온라인상에서든 장기적인 관계를 유지할 가능성이 있는 사람을 파악할 수 있다. 세상에 완벽한 사람은 물론 없지만, 가능성이 높은 사람이라면 관계를 악화시키기보다는 풍요롭게 만들어줄 다음과 같은 특성들을 충분히 갖추고 있을 것이다.

현실적이고 믿을 수 있다

현실적이고 신뢰할 만한 사람이라는 표현이 따분하게 들릴 수도 있지만, 세상 그 무엇도 이런 기본적인 건실함을 대신할 수는 없다. 이런 첫 번째 특징들을 주택의 물리적 레이아웃이라고 생각해보자. 구조 자체가 살기에 불편하다면 벽에 칠하는 페인트 색 같은 건 문제가 되지 않을 것이다. 좋은 관계는 너무 살기 편해서 그 집의 건축 양식이나 설계 계획 같은 건 신경도 쓰이지 않을 만큼 잘 만들어진

집 같은 것이어야 한다.

현실과 맞서 싸우기보다 협력하려고 한다

감정적으로 성숙한 사람들은 마음에 들지 않는 부분은 바꾸려고 노력하지만, 그래도 자기만의 방식으로 현실을 인정한다. 그들은 일이 진행되는 방식에 집착하면서 과민 반응하는 대신, 문제를 찾아내 고치려고 노력한다. 그리고 변화가 불가능한 경우에는 자기가 가진 것을 최대한 활용할 방법을 찾는다.

느끼고 생각하는 걸 동시에 할 수 있다

감정적으로 성숙한 사람은 화가 났을 때도 생각할 수 있는 능력이 있기 때문에 논리적으로 설득이 가능하다. 생각하고 느끼는 걸 동시에 할 수 있는 이런 사람들과는 일을 해결하기가 쉽다. 이들은 자기가 원하는 걸 얻지 못했다는 이유만으로 다른 관점을 보는 능력을 잃지 않는다. 또 문제를 해결할 때 감정적인 요소를 무시하지도 않는다.

일관성이 있어서 신뢰도가 높다

감정적으로 성숙한 사람들은 통합된 자아의식을 가지고 있기 때문에 예상치 못한 모순된 태도로 다른 사람들을 놀라게 하지 않는다. 그들이 다른 상황에서도 기본적으로 같은 모습을 보일 것이라고 신뢰할 수 있다. 그들은 강인한 자아를 지니고 있고, 내적인 일관성

덕에 여러분의 신뢰에 확실하게 보답해준다.

감정이 잘 상하지 않는다

정서적으로 성숙한 사람은 현실을 직시하고 있기 때문에 쉽게 기분이 상하지 않고, 자신의 모습이나 약점을 비웃을 수도 있다. 이들은 완벽주의자가 아니며, 자기와 다른 이들이 불완전한 인간임을 인정하고 할 수 있는 선에서 최선을 다한다.

감정이 쉽게 상하는 건 자아도취나 낮은 자존감의 징후다. 이 두 가지 특성을 지닌 이들은 끊임없이 다른 사람들에게 확신을 얻으려고 하기 때문에 인간관계에 문제가 생긴다. 게다가 이런 사람들은 자기가 남에게 평가받고 있다고 여기며, 본인이 없는 곳에서도 남들의 무시와 비판을 느낀다. 이런 식의 방어적인 태도는 블랙홀처럼 대인 관계 에너지를 소모시킨다.

그에 반해 감정적으로 성숙한 사람들은 누구나 가끔 실수를 저지를 수 있다는 사실을 이해한다. 말실수를 했다고 하면, 그들은 자신에 대한 잠재적이고 무의식적인 부정적 성향을 밝혀내기 위해 검시를 해야 한다고 주장하지 않는다. 사교적인 실수도 자신에 대한 거부가 아니라 단순한 실수로 넘길 수 있다. 그들은 현실적이기 때문에 여러분이 실수를 저질렀다고 해서 자기가 사랑받지 못한다고 느끼지는 않는다.

상대방을 존중하고 상호적이다

정서적으로 성숙한 사람들은 다른 사람을 존중하고 공정하게 대한다. 다음과 같은 특성들은 그들의 협력 지향적인 모습을 보여주는데, 여러분을 대하는 방식에서도 이런 모습이 드러날 것이다. 그들은 본인이 얻을 최선의 이익에만 집중하는 게 아니라 여러분을 돌봐주는데도 신경을 쓴다. 이런 특징들은 우리가 주택에서 살아가기 위해 꼭 필요한 난방과 배관 등의 기반 시설 같다.

경계를 존중한다

정서적으로 성숙한 사람들은 자연스럽게 경계를 존중하는 선천적으로 예의 바른 사람들이다. 그들은 남의 공간을 함부로 침해하지 않고 관련성과 친밀감을 추구한다. 그에 비해 정서적으로 미성숙한 사람들은 누군가와 가까워지면 종종 그 사람의 존재를 당연하게 여긴다. 그들은 친밀한 사이에서는 매너가 중요하지 않다고 생각한다.

정서적으로 성숙한 사람들은 여러분의 개성을 존중할 것이다. 그들은 여러분이 그들을 사랑한다고 해서 그들에게 똑같은 것을 원하리라고 생각하지 않는다. 대신 상호작용을 할 때 반드시 여러분의 감정과 경계를 고려한다. 이건 매우 수고스러운 일처럼 들리지만 사실 그렇지 않다. 정서적으로 성숙한 사람들은 자동으로 다른 사람의 감정을 이해한다. 진정한 공감 능력은 다른 사람에 대한 배려를 제2의 천성으로 만든다.

대인 관계에서 예의와 적절한 경계를 보여주는 중요한 표시 중 하나가 파트너나 친구에게 무엇을 느끼고 생각하라고 강요하지 않는 것이다. 다른 하나는, 다른 사람의 동기가 무엇인지에 대한 최종 결정권이 그 사람에게 있다는 걸 존중하는 것이다. 그에 비해 통제나 속박을 원하는 미성숙한 사람들은 본인의 이익을 위해 여러분의 '정신을 분석'하면서, 여러분의 진짜 속내가 무엇이고 생각을 어떤 식으로 바꿔야 하는지 얘기한다. 이건 그들이 여러분의 경계를 무시한다는 표시다. 정서적으로 성숙한 사람들은 여러분이 한 일을 자기가 어떻게 생각하는지 말할 수는 있지만, 여러분 자신보다 여러분에 대해 더 잘 아는 척하지는 않는다.

만약 여러분이 어린 시절에 감정적으로 미숙한 부모에게 방치당한 채로 컸다면, 다른 사람들에게 부탁하지도 않은 분석과 원치 않는 조언을 기꺼이 참아낼 수 있을지도 모른다. 이건 누군가가 자기 생각을 하고 있다는 걸 알려주는 개인적인 피드백에 굶주린 사람들에게서 흔히 볼 수 있는 모습이다. 하지만 이런 식의 '조언'은 애정 어린 관심에서 우러나온 게 아니라 여러분을 통제하려는 욕구의 발현이다.

타이론의 이야기

타이론의 여자 친구인 실비는 종종 보스 기질을 발휘해 그를 불편하게 만들었는데, 최근 들어 상황이 점점 더 악화되고 있다. 예를 들어, 타이론이 관계가 진전되는 속도를 늦추고 싶어하자, 실비는 이

걸 "결혼에 대한 두려움"의 표시라고 분석했다. 그녀는 타이론이 자신의 현재 모습을 있는 그대로 봐주지 않고, 그녀가 과거에 한 행동의 렌즈를 통해 바라보고 있다고 말했다.

타이론이 갈수록 두 사람의 관계에 불만을 품자, 실비는 더 행복한 모습을 보이라고 다그쳤다. 그녀는 타이론의 웃는 모습이 보고 싶다면서 그에게 더 많이 웃으라고 계속 말했다. 하지만 타이론에게도 원하는 게 있었다. 그는 자신의 감정을 받아주고 본인의 행동이 문제의 일부분일 가능성을 고려할 수 있을 만큼 사려 깊은 파트너를 원했다.

받은 만큼 보답한다

공정성과 상호주의는 좋은 관계의 핵심이다. 정서적으로 성숙한 사람들은 다른 사람을 이용하는 것도, 이용당하는 것도 좋아하지 않는다. 이들은 도움을 주고 싶어하고 시간에 관대하지만, 자기에게 필요할 때는 관심과 도움을 요청한다. 그들은 한동안은 돌려받는 것보다 더 많은 걸 주고 싶어하지만, 그런 불균형이 무한정 계속되도록 놔두지는 않을 것이다.

감정적으로 미숙한 부모 밑에서 자란 경우, 너무 많이 주거나 충분히 주지 못하는 법만 배운 탓에 상호주의와 관련해 어려움에 직면할지도 모른다. 자기만 생각하는 부모의 요구 때문에 공정성에 대한 타고난 본능이 왜곡되었을 수도 있다. 여러분이 내부 발산자라면, 사랑받거나 남이 원하는 사람이 되기 위해서는 받는 것보다 더 많이 내줘야 한다고 배웠을 것이다. 그러지 않으면 다른 사람들에게 아무런 가치도 없는 존재가 될 것이라고 말이다. 외부 발산자의 경우, 다른 사람들이 항상 여러분을 우선시하고 늘 여러분을 위해 최선을 다하는 모습을 보여주지 않는다면 사실 여러분을 사랑하지 않는 것이라는 잘못된 생각을 가지고 있을 수도 있다.

댄의 이야기

댄이 처음 상담을 받으러 온 것은, 그의 관대한 성격을 이용하기만 하고 별로 돌려주지는 않는 이기적인 여성과의 결혼 생활이 깨진 뒤였다. 그는 상담 치료를 받으면서, 자기는 너무 많이 희생하고 아내는 너무 많이 받기만 하면서 공정성의 원칙이 깨졌다는 걸 깨달았다. 지나치게 관대한 태도를 줄이고 자기 관리를 잘하기 시작하면서, 댄은 상호주의 능력이 뛰어난 여성들에게 많은 관심을 갖게 되었다.

처음에는 이런 새로운 관계 방식이 특별하게 느껴졌다. 새로 사귄 여자 친구에게 비싼 저녁을 사준 댄은, 곧 가게 될 콘서트 티켓 값은 자기가 내고 싶다는 여자 친구의 말에 깜짝 놀랐다. 여자 친구는 그에게, "당신은 내게 근사한 저녁을 선물해주었으니 나는 당신을 위해 뭔가 재미있는 일을 해주고 싶다"고 말했다. 댄은 그녀의 상호주의와 관대함에 놀랐지만 곧 이것이 그녀의 정서적 성숙도를 보여주는 표시임을 알아보았다.

융통성 있고 타협을 잘한다

정서적으로 성숙한 사람들은 대부분 융통성이 있으며 공정하고 객관적으로 행동하려고 노력한다. 주의해서 지켜봐야 할 중요한 특성은 여러분이 계획을 바꿔야 할 때 다른 사람들이 어떻게 반응하는 가이다. 그들은 개인적인 거절과 예상치 못한 일이 벌어진 것을 구별할 수 있을까? 그들은 여러분을 원망하지 않고도 자기가 실망했다는 사실을 알릴 수 있을까? 불가피하게 실망감을 안겨주는 경우에도, 감정적으로 성숙한 사람들은 대개 여러분의 말을 믿어준다. 특히 여러분이 공감하는 태도를 보이면서 그들의 실망감을 완화시키기 위한 절충안이나 타협안을 제시하는 경우에는 더욱 그렇다.

정서적으로 성숙한 사람들은 대부분 변화와 실망도 삶의 한 부분이라는 사실을 받아들일 수 있다. 그들은 실망감을 느낄 때도 자신의 감정을 받아들이고 만족감을 얻을 수 있는 다른 방법을 찾는다. 그들은 협조적이고 다른 사람의 아이디어를 열린 마음으로 수용한다.

감정적으로 성숙한 사람과 타협을 할 때는 자기가 뭔가를 포기하는 듯한 기분이 들지 않을 것이고, 두 사람 다 만족할 가능성이 높다. 협조적이고 성숙한 사람들은 온갖 수단을 다 동원해서 이기려고 하지 않기 때문에, 이용당한다는 느낌이 들지 않는다. 타협은 양측의 희생을 의미하는 게 아니라 두 사람의 욕망이 서로 균형을 이루었음을 의미한다. 바람직한 타협이 이루어지면 두 사람 다 자기가 원하는 걸 충분히 얻었다고 느낀다. 반면 감정적으로 미숙한 사람들은 종종

공평하지 않은 해결책을 밀어붙이면서, 상대가 원하는 최선의 이익과 부합하지 않는 방향으로 양보하라고 압박하는 경향이 있다.

불행한 관계를 맺고 있는 사람들은 "관계는 타협에 의해 이루어진다"는 말을 자주 한다. 하지만 그들의 표정을 보면, 그들이 얘기하는 게 타협이 아니라 상대방이 원하는 대로 행동해야 한다는 압박감이라는 걸 알 수 있다. 진정한 타협은 비록 원하는 걸 모두 얻지는 못하더라도 상대방이 자신의 요구를 고려했다는 걸 알기 때문에 다른 느낌을 준다.

믿기 힘들겠지만, 감정적으로 성숙한 사람들과 협상을 하면 타협을 하더라도 고통스럽기보다는 즐거울 수 있다. 그들은 매우 정중하고 일관된 태도를 보이므로, 그들과 함께 일을 해결하는 건 즐거운 일이다. 그들은 여러분의 감정에 신경을 쓰고 여러분이 불만스러워하는 걸 원치 않는다. 그들은 공감 능력이 뛰어나기 때문에, 여러분이 결과에 만족하지 않는다면 그들도 마음이 안정되지 않을 것이다. 그들은 여러분이 기분 좋게 지내기를 바란다! 이렇게 배려 넘치는 대우를 받으면 타협도 보람 있는 경험이 될 수 있다.

성격이 차분하다

누군가와의 관계 속에서 성질 부리는 모습이 빨리 드러날수록 그 의미는 더 심각하다. 대부분의 사람들은 관계 초기에는 최상의 모습을 보여주므로, 초반부터 화를 잘 내는 사람들은 조심해야 한다. 무례한 건 말할 것도 없고, 불안정한 성격과 특권 의식을 동시에 나타낼 수도 있다. 성미가 급하고 모든 게 자기 뜻대로 돌아가야 한다고 기대하는 사람들은 좋은 친구가 될 수 없다. 문득 정신을 차려보니 반사적으로 누군가의 분노를 달래주고 있다면, 조심하자.

분노를 느끼고 표현하는 방법에는 사람마다 엄청난 차이가 있다. 좀 더 성숙한 사람들은 계속 화를 내고 있으면 불쾌하다는 걸 알기 때문에 재빨리 분노를 극복할 방법을 찾으려고 한다. 반면 덜 성숙한 사람들은 분노를 겉으로 드러내면서 주변 현실이 자기에게 맞춰야 하는 것처럼 행동한다. 후자 같은 사람과 함께 할 경우, 그런 특권 의식 때문에 언젠가 그들의 터뜨리는 분노의 대상이 될 수도 있다는 걸 알아두자.

사랑을 철회하는 방식으로 화를 내는 사람들이 특히 해롭다. 그런 행동으로는 아무것도 해결되지 않고 상대방만 그냥 벌 받는 기분을 느끼게 된다. 반면, 정서적으로 성숙한 사람들은 보통 무엇이 잘못되었는지 말하고 다르게 행동하라고 요구할 것이다. 그들은 장시간 샐쭉해 있거나 뿌루퉁하게 굴거나 눈치를 보게 하지 않는다. 결국 이들은 여러분을 완전히 무시하기보다는 갈등을 종식시키기 위해 기꺼이 먼저 나설 것이다.

그렇기는 해도, 대부분의 사람들은 감정적인 성숙도에 관계없이 자기가 무엇 때문에 화가 났는지 말하기 전에 진정할 시간이 필요하다. 양측이 다 아직 화가 나 있을 때 억지로 문제를 해결하려고 하는 건 좋은 생각이 아니다. 잠시 머리를 식힐 시간을 갖는 게 더 효과적이며, 열띤 말싸움 중에 나중에 후회할지도 모르는 말을 내뱉는 걸 피하는 데도 도움이 된다. 그리고 때로는 상대와 대면하기 전에 먼저 혼자서 자신의 감정을 처리할 공간도 필요하다.

기꺼이 상대의 영향을 받고 싶어한다

정서적으로 성숙한 사람들은 안정된 자아의식을 지니고 있다. 그래서 다른 사람이 자기와 다른 시각으로 사물을 바라봐도 위협을 느끼지 않고, 뭔가를 모를 때도 나약한 모습으로 비춰질까 봐 두려워하지 않는다. 그래서 그들과 공유할 사항이 있으면, 그들은 여러분이 하는 말을 귀담아 듣고 신중히 고려한다. 물론 그 내용에 동의하지 않을 수도 있지만, 그들은 타고난 호기심 덕에 여러분의 관점을 이해하려고 노력할 것이다. 관계와 결혼생활의 안정성에 대한 연구로 유명한 존 가트만은 이 특성을 기꺼이 타인의 영향을 받으려는 자발성이라고 설명하면서 그걸 지속 가능하고 행복한 관계의 7가지 원칙 중 하나로 포함시킨다[1999].

남자들은 특히 파트너의 의견을 거부하는 경향이 있는데, 이는 그들이 확신을 갖고 과도한 영향력 행사에 저항하도록 사회화되었기 때문이다. 이런 문화적 훈련이 너무 지나치면, 친밀한 사이에서의 조화로운 상호주의를 방해할 수도 있다. 하지만 이 부분에는 성별 차이가 존재하지 않는다. 여자들 중에도 남의 영향을 전혀 받으려고 하지 않으면서 융통성 없게 구는 이들이 남자들만큼이나 많다. 성별이 어떻든 간에, 다른 사람의 관점을 고려하지 않는 태도는 감정적 미숙과 앞으로의 험난한 길을 의미한다.

정직하다

진실을 말하는 건 신뢰의 기초이며 한 개인의 진실성 수준을 보여주는 표지다. 게다가 다른 사람의 경험에 대한 존경심도 드러낸다. 정서적으로 성숙한 사람들은 거짓말을 하거나 잘못된 인상을 주면 왜 화가 나는지 이해한다.

절대적인 진실을 말하는 건 여러 가지 이유 때문에 누구에게나 어려운 일일 수 있다. 예를 들어, 화를 내거나 비판적인 사람과 상호작용을 해야 할 때는 자신을 보호하기 위해 거짓말을 하고 싶어질 수 있다. 하지만 감정적으로 성숙한 사람은 정직성이 정말 중요한 순간에는 진실한 모습으로 기꺼이 행동에 나설 것이라고 믿어도 된다.

사과하고 보상해준다

정서적으로 성숙한 사람들은 자신의 행동에 책임을 지려고 하고, 필요할 때는 기꺼이 사과한다. 이런 기본적인 존중과 상호주의는 상처받은 신뢰와 다친 감정을 아물게 하고 좋은 관계를 유지하는 데 도움이 된다.

감정적으로 미숙한 사람들도 사과를 할 수는 있지만, 그건 진짜 변화하겠다는 의지 없이 그냥 다른 사람들을 달래기 위해 지어낸 립서비스에 지나지 않는다(Cloud & Townsend, 1995). 이런 사과에는 진심이 담겨 있지 않고, 관계 회복을 위해서라기보다는 그 상황을 얼버무리려는 느낌이 든다. 반면, 진실한 사람들은 단지 사과만 하는 게 아니라 어떻게 달라질 것인지에 대해 명확하게 얘기할 것이다.

사람들에게 당신 때문에 마음을 다쳤다거나 실망했다고 말한 뒤, 반응을 관찰해보자. 자신의 태도를 방어하려고만 하는가, 아니면 바뀌려고 노력하는가? 여러분을 달래기 위한 목적으로만 사과하는가, 아니면 여러분이 느끼는 감정을 진심으로 이해하고 신경 쓰는가?

크리스탈의 이야기

크리스탈은 남편 마르코스가 바람을 피웠다는 증거가 되는 이메일을 발견했다. 마르코스는 용서를 빌었지만 이런 증거가 발견된 여파로 그들의 결혼생활은 거의 끝장나버렸다. 잠시 별거 기간을 가진 뒤, 크리스탈은 부부 관계 회복을 위해 기꺼이 노력하기로 결심했지만, 그녀가 내건 조건 가운데 하나는 과거에 있었던 일에 대해 계속 얘기하는 것이었다. 그녀는 상황을 이해할 필요가 있었고 그러려면 더 자세한 내용을 알아야만 했다. 하지만 마르코스는 이해하지 못하고 크리스탈에게 이렇게 말했다. "미안하다고 했잖아. 더 이상 뭘 원하는 거야? 왜 계속 그 얘기를 꺼내는 거지? 내가 뭘 어떻게 하기를 바라?"

답은 간단했다. 크리스탈은 마르코스가 반성하고, 왜 바람을 피웠는지 설명하고, 그녀가 얼마나 배신감을 느꼈는지 알아주기를 바랐다. 또 마르코스가 입을 막으려고만 하지 말고 자기 말을 끝까지 들어주기를 바랐다. 배신당한 사람들은 종종 사실을 전부 알고 싶다는 기분에 사로잡히는 경우가 있다. 병적인 호기심일지도 모르지만, 의문에 대한 답을 모두 얻으면 고통을 처리하는 데 도움이 된다. 사과하는 것만으로는 충분하지 않았다. 마르코스는 무슨 일이 있었는지 크리스탈이 이해하려고 애쓰는 동안 그녀의 의문에 전부 답해줘야만 한다.

곧바로 반응한다

위에서 얘기한 기본적인 특징들을 모두 갖추고 있으면서, 또한 관계에 따뜻함과 즐거움을 더해주는 자질을 지닌 사람을 찾고 싶을 것이다. 단순한 주택을 사람이 살 만한 곳으로 만들려면 페인트와 가구가 필수적인 것처럼, 완전히 만족스러운 관계를 경험하는 데 필수적인 다음과 같은 특징들도 생각해보자.

그들의 공감 능력이 안전한 기분을 느끼게 해준다

공감 능력은 사람들이 타인과의 관계에서 안전함을 느끼게 해준다. 이건 자기 인식 능력과 더불어 감성 지능의 영혼이며(Goleman, 1995), 다른 사람들을 대할 때 친사회적인 행동과 공정성을 발휘하도록 인도한다. 이와 대조적으로 공감 능력이 없는 사람들은 타인의 감정을 간과하고, 여러분이 한 경험을 상상하거나 거기에 민감하게 반응하지 않는다. 여러분의 감정에 반응하지 않는 사람은 둘 사이에 의견 차이가 있을 때 정서적으로 안전하지 않을 것이므로, 이런 부분을 알아두는 게 중요하다.

엘렌의 이야기

엘렌의 남자 친구는 대체로 공감 능력이 부족했다. 엘렌이 자기 얘기를 하려고 하면, 그는 자기에게 있었던 일을 이야기할 발판으로 삼기에 충분할 만큼만 엘렌의 이야기를 들었다. 결국 엘렌은 용기를 내서 남자 친구에게 자기 말을 끝까지 듣고 공감하는 모습을 보여달라고 부탁했지만, 그는 엘렌이 자기를 나쁜 사람으로 여긴다고 생각했다. 그러면서 그녀도 완벽하지는 않다고 반격했다. 그는 엘렌의 요청을 비판으로만 받아들이고 그에 맞서서 자신을 방어할 수밖에 없었기 때문에, 엘렌의 감정적 욕구에 부응할 수가 없었다.

내 본모습을 보고 이해해준다는 느낌이 든다

여러분의 내적 경험에 관심이 있는 사람과 이야기하는 건 정말 멋진 일이다! 어떤 감정을 품은 걸 이상하게 느끼는 게 아니라, 상대방이 여러분의 얘기를 감정적인 수준에서 공감해주기 때문에 이해받았다는 느낌이 든다.

정서적으로 성숙한 사람들이 여러분에게 흥미를 느끼면 여러분에 대한 호기심을 드러낸다. 여러분의 과거사를 듣고 여러분에 대해 알아가는 걸 즐긴다. 또 여러분이 그들에게 말한 사실들을 기억해두고, 앞으로 대화를 나눌 때 그 정보를 참조할 것이다. 그들은 여러분의 개성을 좋아하고 여러분이 그들과 다른 점에 흥미를 느낀다. 이것은 여러분이 자기를 따라하기를 기대하는 게 아니라, 여러분에 대해 계속 알아 가고자 하는 그들의 욕망을 반영한다.

정서적으로 성숙한 사람들은 여러분을 긍정적으로 바라보면서 여러분이 지닌 최고의 자질을 마음속에 잘 간직한다. 그들은 여러분의 장점을 자주 언급하고 때로는 여러분 본인보다 여러분에 대해 잘 아는 것처럼 보이기도 한다. 이런 따뜻한 관심과 수용의 분위기 속에서 여러분은 온전한 자기 자신이 될 수 있다고 느끼면서, 미처 계획하지 않았던 부분까지 상대방에게 말하거나 평소 혼자만 간직하던 개인적인 경험을 공유할 수도 있다. 또 이런 사람들과 많은 걸 공유하면 상대방도 자기 걸 더 많이 공유해준다는 사실을 깨닫게 된다. 그것이 바로 진정한 친밀감이 발전하고 번창하는 방식이다. 그들이 여러분을 믿게 되면 명확하고 친밀한 의사소통을 하면서 여러분을 자기 내면세계에 들어올 수 있게 해줄 것이다. 여러분이 과거에 감정적으로 무시당하며 지냈다면, 이건 여러분에게 새롭고 신나는 경험이 될 것이다.

또 여러분이 고통을 느낄 때도 감정적으로 성숙한 사람들은 물러서지 않는다. 그들은 여러분의 감정을 두려워하지 않고 그와 다른 방식으로 느껴야 한다고 말하지도 않는다. 그들은 여러분의 감정을 있는 그대로 받아들이고, 여러분이 그들에게 말하고 싶은 게 뭔지 알아내는 걸 좋아한다. 그러니 여러분은 그들에게 이런저런 얘기를 다 하고 싶어질 것이다. 자기 말을 진심으로 경청해주는 사람을 만나는 건 정말 멋지고 확신을 안겨주는 일이다.

위로를 주고받는 걸 좋아한다

정서적으로 성숙하고 반응이 빠른 사람들은 원활하게 작용하는 정서적 참여 본능을 지니고 있다. 그들은 남과 연결되는 걸 좋아하고, 스트레스가 많은 상황에서는 자연스럽게 위로를 주고받는다. 그들은 동정심이 많고 우호적인 지지가 얼마나 중요한지 알고 있다.

자기 행동을 반성하고 변화를 꾀한다

정서적으로 성숙한 사람들은 자기 모습을 살펴보고 자기가 한 행동을 반성할 수 있는 능력이 있다. 심리학 용어를 사용하지는 않지만, 사람들이 어떻게 서로에게 감정적인 영향을 미치는지 확실하게 이해하고 있다. 그들의 어떤 행동 때문에 여러분이 불편함을 느낀다고 말한다면 그 지적을 심각하게 받아들일 것이다. 그들은 명확한 의사소통을 통해 증가되는 감정적 친밀감을 즐기기 때문에, 이런 피드백을 기꺼이 받아들인다. 이 태도는 다른 사람들의 인식에 대한 관심과 호기심, 그리고 자기 자신에 대해 배우고 개선하려는 열망을 보여준다.

자기성찰의 결과에 따라 행동을 취하려는 의지도 중요하다. 옳은 말을 하거나 사과를 하는 것만으로는 충분하지 않다. 여러분을 괴롭히는 게 뭔지 확실히 알고 있다면, 그들은 계속 문제를 인지하면서 변화를 시도하며 계획을 실천하는 모습을 보여줄 것이다.

질의 이야기

질은 남편이 자기를 얼마나 무시하는지 깨닫게 하려고 몇 년 동안이나 애썼지만, 그의 공감을 얻으려고 시도할 때마다 남편은 질을 만족시키는 건 절대 불가능하다고 주장하면서 반격하곤 했다. 이렇게 반성을 거부하는 남편 때문에, 시간이 지남에 따라 남편과 친밀한 의사소통을 하려는 질의 노력도 중단되고 말았다. 질이 결국 남편을 떠나 그녀의 생각과 감정에 관심을 보여주는 다른 남자에게 간 건 당연한 일이다. 그녀의 새로운 파트너는 질이 그의 행동 문제를 지적하면 잘 생각해본 다음 고치려고 노력했다.

웃으며 즐길 수 있다

유머는 유쾌한 형태의 반응성이자 적응력이 뛰어난 대응기제이기도 하다(Vaillant, 2000). 정서적으로 성숙한 사람들은 유머 감각이 뛰어나고, 속 편한 태도로 스트레스를 완화시키기도 한다. 웃음은 평등주의적인 놀이의 한 형태이고 통제권을 포기하고 다른 사람의 인도를 따르는 능력을 보여준다.

정서적으로 미성숙한 사람들은 다른 사람과의 유대감을 높여주는 유머에 끼어드는 데 어려움을 겪는다. 그들은 오히려 상대방이 별로 즐거운 기분이 아닐 때 자꾸 농담을 던지곤 한다. 또 누군가를 웃음거리로 만드는 유머를 즐기고, 그걸 이용해서 자신의 자부심을 높이려고 하는 경향이 있다. 예를 들어, 사람들을 속이거나 그들의 얼빠지고 서투른 모습을 보여주는 유머를 즐긴다. 이런 특성은 그들이 결국 여러분을 어떻게 대할 것인지 보여주는 좋은 지표다.

풍자처럼 날카로운 요소가 포함된 유머는 주 요리가 아닌 양념으로 쓰일 때 가장 효과적이다. 적당히 하면 즐거운 긴장감이 살짝 더해지지만, 너무 지나치면 늘 곁에 두기는 힘든 냉소주의가 드러난다. 지나친 냉소와 풍자는 타인과의 관계를 두려워하고 부정적인 것에 집중하면서 자신의 감정을 보호하려고 하는 폐쇄적인 사람의 징후다.

함께 있으면 즐겁다

함께 있으면 즐겁다는 건 약간 설명하기 힘든 특성이지만 만족스러운 관계를 위해 매우 중요하다. 위에 설명한 특징들을 살펴보면, 정서적으로 성숙한 사람들은 대체적으로 긍정적인 분위기를 가지고 있어서 주위에 있으면 즐겁다는 걸 알 수 있다. 물론 그들이 항상 행복한 것은 아니지만, 대개는 스스로 좋은 감정을 조성해 삶을 즐길 수 있는 것처럼 보인다. 불만족스러운 관계를 여러 번 경험한 끝에 마침내 인생의 반려자를 찾은 한 여성은, 잠시 식료품 가게에 들르는 것조차도 그와 함께 보내는 시간은 항상 즐거웠기 때문에 그가 바로 자신의 짝이라는 걸 알았다.

온라인상에서 사람들을 만날 때 살펴봐야 할 점

이 장에서 설명하는 특징은 온라인 데이트나 소셜 네트워크에도 그대로 적용된다. 사실 온라인상에서 사람들과 접촉할 경우, 그들의 프로필과 전자 메시지를 읽고 거기에 그에 관한 어떤 정보가 드러나 있는지 생각하면서 감정적 성숙도를 확인하는 연습을 할 좋은 기회를 얻게 된다. 어떤 사람들은 다른 사람보다 글을 잘 쓰지만, 그런 개인적인 글에는 유머 감각이나 다른 사람의 감정에 대한 감수성은 물론이고 그들이 어떻게 생각하고, 무엇을 가치 있게 여기고, 가장 집중하는 대상은 무엇인지가 다 드러나 있다. 게다가 사람들이 쓴 글을 읽으면 그들의 메시지가 어떤 느낌을 주는지 알아차릴 수 있는 시간도 생긴다. 처음에 전화 통화를 할 때도 자신의 표정과 비언어적인 반응은 비밀로 하면서, 상대방이 말하는 내용을 관찰하고 주의를 기울일 수 있는 여지가 생긴다.

이런 상황에서, 상대방의 타이밍과 속도에 대해 어떻게 생각하는지 자문해보자. 그들이 여러분의 경계를 존중하고, 서로를 알아가는 속도를 빠르게 혹은 느리게 조절하고 싶어하는 기분을 알아주는가? 곧바로 친밀한 관계를 맺어야 한다는 압박감이 느껴지는가, 아니면 상대방이 반응하기까지 불편할 정도로 시간이 오래 걸리는가? 그들이 여러분에 대해 제대로 알기도 전에 여러분에게 너무 많은 희망을 걸고 있다는 느낌을 받는가? 아니면 좀 서먹서먹하게 행동하는 탓에 커뮤니케이션을 지속하기 위해서는 여러분 쪽에서 노력해야 하는가? 상대방이 이쪽의 호의에 보답하는가? 상대방이 여러분이 이전에 보낸 이메일에서 말한 내용을 언급하는가, 아니면 곧바로 자기 얘기부터 꺼내는가? 여러분에 대해 더 잘 알거나 어떤 주제에 대한 생각을 알아내기 위한 질문을 던지면서 대화를 이어가는가? 상대방과 함께 일정을 맞추기가 쉬운가, 아니면 늘 일정이 어긋나는가?

상대의 프로필, 이메일, 메시지 등을 읽은 뒤 그에 대한 인상을 짧게 적어보자. 이런 식의 숙고는 자신의 본능적인 반응에 집중하는 방법을 배우는 데 도움이 되며, 상대를 직접 대면했을 때와는 달리 사회적 압력을 받지 않기 때문에 더 쉽게 할 수 있다. 그 사람이 쓴 글을 읽고 어떤 기분이 드는지 설명해보자. 자신의 본모습을 있는 그대로 내보여도 된다는 느낌인가, 아니면 말하는 내용과 방식에 주의를 기울여야 한다는 느낌이 드는가? 자신의 반응을 관찰하는 건 감정적으로 성숙한 사람들을 식별하기 위한 중요한 기술이며, 온라인 커뮤니케이션은 이를 위한 좋은 연습 기회를 제공해준다.

Exercise: 타인의 정서적 성숙도 평가

위에서 얘기한 모든 특징을 아래의 체크 리스트에 요약했다. 이걸 이용해 어떤 사람이 여러분이 원하는 관계를 제공해줄 수 있을지 판단할 수 있다.

현실적이고 신뢰할 수 있음

- ☐ 현실과 맞서 싸우기보다 협력하려고 한다.
- ☐ 느끼고 생각하는 걸 동시에 할 수 있다.
- ☐ 일관성이 있어서 신뢰도가 높아진다.
- ☐ 감정이 잘 상하지 않는다.

존중과 상호주의

- ☐ 상대방을 존중하고 상호적이다.
- ☐ 경계를 존중한다.
- ☐ 받은 만큼 보답한다.
- ☐ 융통성 있고 타협을 잘한다.
- ☐ 성격이 차분하다.
- ☐ 기꺼이 상대의 영향을 받고 싶어한다.
- ☐ 정직하다.
- ☐ 사과하고 보상해준다.

반응성

- ☐ 그들의 공감 능력이 안전한 기분을 느끼게 해준다.
- ☐ 내 본모습을 보고 이해해준다는 느낌이 든다.
- ☐ 위로를 주고받는 걸 좋아한다.

□ 자기 행동을 반성하고 변화를 꾀한다.

□ 웃으며 즐길 수 있다.

□ 함께 있으면 즐겁다.

이런 자질을 많이 가진 사람일수록, 그와 만족스럽고 진정성 있는 관계를 맺을 가능성이 높아진다.

새로운 관계 습관 개발

감정적으로 성숙한 사람들을 식별할 수 있게 되었으니, 이제 관계 퍼즐에 남은 마지막 한 조각은 바로 여러분 자신의 행동이다. 마지막 부분에서는 여러분 입장에서 보다 진실하고 상호적인 관계를 맺을 수 있는 새로운 방법 몇 가지를 간략히 살펴보겠다. 이런 행동들을 통해 관계가 발전할 수 있다. 결국 정서적으로 성숙한 방식으로 상호작용할 수 있는 본인의 능력을 향상시키는 것이 원하는 관계를 맺는 데 중요한 기여를 하는 것이다.

여러분이 지향할 수 있는 정서적 성숙도 프로필을 만들어보자. 다음 목록은 감정적으로 성숙한 사람이 타인과의 관계에서 어떻게 상호작용하고 행동하는지 보여준다. 새로운 행동과 신념, 가치관 목록을 쭉 읽어보고 그 가운데 직접 실천할 몇 가지를 고른다. 한 번에 한두 개씩만 고르고, 연습할 때는 자신을 다그치지 말고 관대하게 대해야 한다. 어떤 것들은 다른 것보다 더 어려울 수 있다.

기꺼이 도움을 청한다

☐ 필요할 때마다 도움을 요청한다.

☐ 내게 뭔가 필요한 것이 있으면 대부분의 사람들은 힘 닿는 대로 기꺼이 도와준다는 사실을 상기한다.

☐ 명확하고 친밀한 의사소통을 통해 내가 원하는 걸 부탁하고, 내가 느끼는 감정과 그런 부탁을 한 이유를 설명한다.

☐ 내가 부탁하면 대부분의 사람들이 내 얘기를 들어줄 거라고 믿는다.

사람들이 나를 받아들여 주건 아니건, 있는 모습 그대로 살아간다

☐ 악의 없이 내 생각을 분명하고 공손하게 말하며, 사람들이 내 말을 받아들이는 방식을 통제하려고 하지 않는다.

☐ 내가 실제로 가지고 있는 것보다 더 많은 에너지를 주려고 하지 않는다.

☐ 다른 사람들을 즐겁게 해주려고 노력하지 말고, 내 기분이 어떤지 똑바로 알린다.

☐ 나중에 화가 날 것 같다면 어떤 일에 자원하지 않는다.

☐ 누군가가 내 기분을 상하게 하는 말을 하면 다른 관점을 제시한다. 다른 사람의 생각을 바꾸려는 게 아니라, 그 말에 대한 내 의견을 꼭 말해주려는 것이다.

감정적인 관계 유지 및 인정

☐ 내가 관심 있는 특별한 사람들과 꾸준히 연락을 취하고 그들이 전화나 문자 메시지를 보내면 꼭 답을 한다.

☐ 나는 친구들과 서로 도움을 주고받을 수 있는 강한 사람이라고 생각한다.

☐ 사람들이 '적절한' 말을 하지 않더라도, 그들이 나를 도와줄 생각이 있는지 없는지 세심하게 귀를 기울인다. 그들의 노력 덕에 감정적인 지원을 받는다면, 감사 인사를 전한다.

☐ 누군가에게 짜증이 나면, 내가 하고 싶은 말 중에 그와의 관계를 개선할 수 있는 말이 있는지 생각해본다. 짜증이 가라앉을 때까지 기다린 다음, 그 사람에게 내 기분이 어떤지 들을 의향이 있는지 물어본다.

나에 대한 합리적 기대를 갖는다

☐ 항상 완벽할 필요는 없다는 걸 기억한다. 일을 완벽하게 해내
는 데 집착하지 않고 일을 처리한다.

☐ 피곤할 때는 쉬거나 다른 일을 한다. 일을 너무 많이 하면 신
체 에너지 수준이 떨어져서 그 사실을 알게 될 것이다. 사고나
질병 때문에 억지로 일을 멈추게 될 때까지 기다리지 않는다.

☐ 실수를 저지르면 그건 인간이기 때문이라고 생각한다. 모든 걸
예측했다고 생각해도, 미처 예상치 못한 결과가 생길 수 있다.

☐ 모든 사람이 자신의 감정과 욕구를 분명하게 표현할 책임이
있다는 걸 기억한다. 일반적인 예의를 넘어서, 다른 사람이 뭘
원하는지 추측하는 건 내가 할 일이 아니다.

의사를 명확히 전달하고 내가 원하는 결과를 적극적으로 추구한다

☐ 내가 말하지 않는 이상 다른 사람이 내가 원하는 걸 알리라고
기대하지 않는다. 내게 마음을 써준다고 해서 반드시 내 기분
까지 알고 있다는 뜻은 아니다.

☐ 가까운 사람들이 나를 화나게 하면, 그 고통을 이용해 내 기본
적인 욕구를 파악한다. 그런 다음 명확하고 친밀한 의사소통을
통해 그들이 어떻게 그걸 제공해줄 수 있는지 지침을 제공한다.

☐ 감정이 상하면 먼저 내 반응부터 이해하려고 노력한다. 과거
의 어떤 일 때문에 그런 감정을 느끼게 된 것인가, 아니면 그
사람이 정말 나를 부당하게 대해서 그러는 것인가? 상대방이

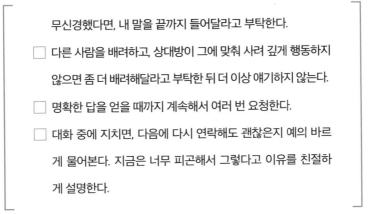

무신경했다면, 내 말을 끝까지 들어달라고 부탁한다.

☐ 다른 사람을 배려하고, 상대방이 그에 맞춰 사려 깊게 행동하지 않으면 좀 더 배려해달라고 부탁한 뒤 더 이상 얘기하지 않는다.

☐ 명확한 답을 얻을 때까지 계속해서 여러 번 요청한다.

☐ 대화 중에 지치면, 다음에 다시 연락해도 괜찮은지 예의 바르게 물어본다. 지금은 너무 피곤해서 그렇다고 이유를 친절하게 설명한다.

이 내용을 전부 지킨다면 얼마나 많은 에너지를 아낄 수 있고 또 얼마나 마음이 가벼울지 짐작이 가는가? 관계에 적극적으로 임하면서 자기 기분을 표현하고, 스스로를 친절하게 대하면서 다른 사람들이 여러분의 말을 들어줄 것이라고 기대할 수 있다. 감정적인 외로움에서 벗어날 것이다. 이런 가치관과 상호작용 방식을 어릴 때부터 배우지 못했다면 지금이라도 개발할 수 있다. 정서적으로 미성숙한 부모를 둔 탓에 자기 수용력, 자기 표현력, 진정한 친밀감에 대한 기대가 약화되었을 수도 있지만, 어른이 된 지금은 누구도 여러분을 방해할 수 없다.

요약

이 장에서는 감정적으로 성숙한 사람들에게서 공통적으로 나타나는 특성을 설명해, 여러분이 그런 사람을 쉽게 알아볼 수 있게 했다. 또 다른 이들과 보다 만족스럽고 힘이 되는 관계를 맺도록 도와줄 새로운 관계 형성 방법에 대해서도 간략하게 요약했다. 이제 정서적 성숙이 실제로 어떤 모습인지 알고 있기 때문에, 여러분에게 관심을 별로 보이지 않거나 관계에서 최소한의 것만을 제공하는 사람에게 만족하고 싶지 않을 것이다. 여러분은 자기가 원하는 걸 찾을 수 있고, 그걸 찾을 때까지 다른 사람들을 마음 편히 관찰할 수 있다. 자신의 감정적인 힘과 관계를 맺기 위한 능력을 생각해보면, 행복한 관계를 위한 열쇠가 늘 자기 안에 있었다는 사실을 깨닫게 될 것이다.

자신의 과거를 이해하고 새로운 미래를 시작하는 건 괴로우면서도 즐거운 과정이다. 자신에게 일어난 일과 그것이 자신의 선택에 어떤 영향을 미쳤는지 빛을 잘 비춰 살펴보면, 잃어버리거나 한 번도 가져보지 못한 것에 대한 슬픔이 북받칠 수 있다.

빛이란 그런 것이다. 그건 우리가 보고 싶어하는 것뿐만 아니라 모든 걸 환하게 밝혀준다. 여러분이 자기 자신과 가족 관계에 대한 진실을 밝히기로 결심한다면, 아마 드러난 사실들에 놀라게 될지도 모른다. 특히 그런 패턴이 여러 세대를 거쳐 전해졌다면 놀라움은 더 클 것이다. 때로는 이런 사실들을 알고 있는 게 과연 최선일까 의구심도 들 것이다. 심지어 모르는 편이 더 나은 것처럼 보일지도 모른다.

결국 이건 여러분이 인생에서 소중히 여기는 게 무엇이냐에 따라 달라진다. 진실과 자기 인식을 추구하는 게 여러분에게 중요하고 의미 있는 일인가?

여러분은 이 질문에 대답할 수 있는 유일한 사람이다. 하지만 나나 다른 수많은 사람들의 경험에 따르면, 인식이 깊어질 경우 그 자체에서 선물이 생겨나는데 바로 세상이나 자기 자신과 더 깊고 충실한 관계를 맺을 수 있는 힘이다. 힘든 과거를 헤쳐 나가면 지금 가지고 있는 것들이 더욱 현실적이고 귀중해진다. 그리고 자기 자신과 가족을 처음으로 온전히 이해하게 되면, 전과는 완전히 다른 방식으로 인생의 진가를 깨닫게 된다. 정서적으로 미성숙한 사람들의 행동 때문에 생긴 혼란과 좌절이 해결되면 삶이 더 가볍고 편안하게 느껴진다. 나는 이 책이 여러분 자신과 사랑하는 이들을 이해하게 해주고, 시대에 뒤떨어진 가족의 패턴이 아닌 여러분의 진정한 생각과 감정을 바탕으로 살아갈 수 있는 안도감과 자유를 안겨주기를 바란다.

처음으로 자신의 진짜 감정을 깨닫고 다른 이들의 감정적 미숙함까지 인지할 수 있게 된 상담자들의 얼굴을 보면, 그 표정에 경탄과 평온함이 고스란히 드러나 있다. 이걸 깨우침의 순간이라고 불러도 과언이 아닐 것이다. 그들 중 누구도 이런 사실을 알지 못했던 때로 돌아가려고 하지 않을 것이다. 이들은 자기 내면에서 마주치는 모든 진실과 함께 스스로가 교화되는 느낌을 경험한다. 때로는 후회를 할지도 모르지만, 온전한 사람이 된 듯한 확실한 느낌과 함께 마치 이 새로운 시점에서 삶이 다시 시작되는 듯한 기분을 느낀다.

그리고 실제로도 그렇다. 자아 발견과 정서 발달에 참여하는 이들은 두 번째 삶을 살게 되는데, 이는 낡은 가족 역할과 희망적인 환상에 빠져 있는 한 상상도 할 수 없는 일이다. 자기가 누구고 자신의 삶에서 어떤 일이 벌어지고 있는지에 대한 새로운 의식이 열리면, 정말 다시 시작할 수 있다. 어떤 사람이 말했듯이, "나는 이제 내가 누구인지 정확히 알고 있습니다. 다른 사람들은 변하지 않을 테지만, 나는 변할 수 있어요."

지금 당장 행복한 삶을 시작하지 못할 이유는 없다. 실제로 나는 처음부터 늘 행복하게 살아온 것보다, 새롭게 자각한 성인으로서 자신에게 행복한 삶을 선물하는 데서 더 보람을 느낄 수도 있다고 생각한다. 어른이 되어 진실을 자각하고 새로운 자아가 태어나는 순간을 함께하는 건 놀라운 경험이다. 진실을 각성하고 자기가 늘 원하는 존재의 출현을 의식할 수 있는 사람이 세상에 몇이나 될까? 한 번에 두 개의 인생을 살 수 있는 사람은?

그렇다면 하나의 삶에서 두 번의 인생을 살기 위한 고통은 겪을 만한 가치가 있는 것 아닐까? 여러분은 자각의 길을 택한 것이 기쁜가?

그렇다고?

나도 그렇다.

감사의 말

이 책을 쓰는 건 내 개인적인 꿈이자 직업적인 꿈이기도 했다. 이 아이디어들은 오랫동안 내가 진행한 심리치료의 바탕이었고, 나는 이를 다른 이들과 공유할 수 있기를 열망했다. 내가 미처 예상하지 못했던 건 이 꿈을 현실로 만드는 데 정말 많은 분들이 용기를 주고 지지해주었다는 것이다. 이런 아낌없는 지지를 받으면서 단순히 책을 쓰는 것 이상의 진한 성취감을 느꼈다.

이 책은 하와이에서 훗날 내 원고 검토 편집자가 될 뉴 하빙거 출판사의 테실야 하나우어와 만나서 예상치 못한 쪽으로 이야기가 전개되면서 시작되었다. 책에 대한 테실야의 열정 덕에 기나긴 구상과 집필, 편집 과정을 진행할 수 있었고, 그녀는 늘 도움이 되는 피드백을 제공해주었다. 그녀는 이 책의 출판이 확실시되기 한참 전부터 지칠 줄 모르는 옹호자 역할을 자처했다. 나에 대한 그녀의 믿음과 집필 아이디어에 대한 변함 없는 열정에 깊이 감사한다.

뉴 하빙거 팀은 내가 상상했던 이상으로 많은 지지를 보내주었다. 특히 원고를 놀랍도록 훌륭하게 편집해준 제스 비비에게 감사한다. 그녀가 올바른 방향으로 향하도록 지적해준 덕에 제안한 변경 사항들을 적극적으로 수용할 수 있었다. 또 이 책을 통해 도움을 받을 수 있는 사람들에게 전달되도록 각별히 노력해준 마이클 워터스, 조지나 에드워즈, 카렌 해서웨이, 아디아 콜라, 케이티 파, 그리고 뉴하빙거 마케팅팀에게 깊은 감사를 보낸다. 완성된 작품을 지칠 줄 모르고 다듬어, 모든 문장을 물 흐르듯 명료하면서 독특하고 읽기 쉬운 스타일로 만들어낸 뛰어난 교열 담당자 재스민 스타에게도 감사를 전한다.

책 출판과 관련된 세부적인 사항들을 가르쳐주고 캠핑 여행 중에도 기꺼이 내 질문을 받아준 저작권 에이전트 수전 크로포드에게도 특별히 감사를 드린다. 이보다 더 작가에게 기꺼이 도움을 주는 대리인은 만날 수 없을 것이다. 또 글쓰기 워크숍을 진행해 출판을 위한 글 쓰는 법을 가르쳐준 톰 버드에게도 감사한다.

나를 응원해주고, 책 내용이 한층 풍성해질 수 있도록 자신들의 어린 시절 경험까지 기꺼이 이야기해준 멋진 가족과 친구들이 있어서 행운이었다. 앨런 잉그램, 메리 앤 키얼리, 주디 스나이더와 길 스나이더, 바버라 포브스와 대니 포브스, 미라 데이비스와 스콧 데이비스, 스코티 카터와 주디 카터, 그리고 내 사촌이자 동료 작가인 로빈 커틀러에게 감사한다. 또 "계속 써!"라는 이메일과 카드를 보내 내가 손을 놓지 않고 꾸준히 일하도록 독려해준 린 졸과 책에서 명확히 밝히고자 애썼던 많은 부분들을 설명해준 알렉산드라 케드록에게도 진심으로 감사드린다.

필요할 때마다 손을 뻗어준 진정한 친구 에스더 러먼 프리먼은 책 내용을 함께 의논하기도 하고 내가 부탁할 때마다 원고를 읽고 수정해주는 등 무수한 도움을 주었다. 그녀의 피드백은 더없이 유용했고, 그녀의 우정은 우리가 오래전 함께 박사 과정 공부를 시작한 이래 내 인생에 없어서는 안 될 것이었다.

헌신적인 지지와 관심을 보내준 멋진 여동생 메리 밥콕에게 내 사랑과 깊은 감사를 전한다. 동생은 항상 내 삶의 중심인물이었고, 내 창작 노력에 대한 동생의 낙관론 덕에 많은 격려를 받았다. 나처럼 가장 가까운 친구이자 비길 데 없는 멘토이자 충실한 가족의 역할을 한 사람이 다 해주는 운 좋은 이가 많지 않을 텐데, 메리는 그 모든 역할을 다 해주었다.

내 아들 카터 깁슨은 책을 쓰는 내내 전염성 강한 열정과 "엄마 최고!"의 정신을 보여주었다. 내 삶 속에서 아들의 생기와 분별력을 느낄 수 있어 감사하고, 어떤 일이든 가능하다고 여기게 해주는 그 아이의 긍정적인 태도에도 감사한다.

그리고 마지막으로, 최고의 인생 동반자, 남편인 스킵에게 깊은 사랑과 감사를 전한다. 그는 이 책이 내 인생의 꿈이라는 얘기를 듣고는 그 꿈을 실현시켜주기 위해 상상할 수 있는 모든 방법을 동원했다. 긴 집필 과정 내내 나를 돌봐주었을 뿐만 아니라 이 책의 목적과 작가로서의 내 경력을 위해서도 꾸준히 투자해주었다. 이렇게 진실하고 배려심 깊은 사람이 내 말에 귀 기울여주고 사랑해준 건 내가 살면서 겪은 가장 위대한 경험 중 하나다. 그의 앞에서 내 진정한 자아가 꽃을 피웠다.

참고문헌

Ainsworth, M. 1967. /Infancy in Uganda: Infant Care and the Growth of Love/. Baltimore, MD: Johns Hopkins Press.

Ainsworth, M., S. Bell, and D. Stayton. 1971. "Individual Differences in Strange-Situation Behaviour of One-Year-Olds." /The Origins of Human Social Relations/. New York: Academic Press.

Ainsworth, M., S. Bell, and D. Stayton. 1974. "Infant-Mother Attachment and Social Development: 'Socialization' as a Product of Reciprocal Responsiveness to Signals." / The Integration of a Child into a Social World/. New York: Cambridge University Press.

Bowen, M. 1978. /Family Therapy in Clinical Practice/. New York: Rowman and Littlefield.

Bowlby, J. 1979. /The Making and Breaking of Affectional Bonds/. New York: Routledge.

Cloud, H., and J. Townsend. 1995. /Safe People: How to Find Relationships That Are Good for You and Avoid Those That Aren't/. Grand Rapids, MI: Zondervan Publishing.

Dabrowski, K. 1972. /Psychoneurosis Is Not an Illness/. London: Gryf.

Dalai Lama and P. Ekman. 2008. /Emotional Awareness: Overcoming the Obstacles to Psychological Balance and Compassion/. New York: Henry Holt.

Erikson, E. 1963. /Childhood and Society/. New York: W. W. Norton.

Ezriel, H. 1952. "Notes on Psychoanalytic Group Therapy: II. Interpretation and Research." /Psychiatry/ 15(2): 119–126.

Firestone, R., L. Firestone, and J. Catlett. 2002. /Conquer Your Critical Inner Voice/. Oakland, CA: New Harbinger.

Fonagy, P., and M. Target. 2008. "Attachment, Trauma, and Psychoanalysis: Where Psychoanalysis Meets Neuroscience." /Mind to Mind: Infant Research, Neuroscience, and Psychoanalysis/. New York: Other Press.

Fosha, D. 2000. /The Transforming Power of Affect: A Model for Accelerated Change/. New York: Basic Books.

Fraad, H. 2008. "Toiling in the Field of Emotion." /Journal of Psychohistory/ 35(3): 270–286.

Gibson, L. 2000. *Who You Were Meant to Be: A Guide to Finding or Recovering Your Life's Purpose*. Far Hills, NJ: New Horizon Press.

Goleman, D. 1995. *Emotional Intelligence: Why It Can Matter More Than IQ*. New York: Bantam Books.

Gonzales, L. 2003. /*Deep Survival: Who Lives, Who Dies, and Why*/. New York: W. W. Norton.

Gottman, J. 1999. /*The Seven Principles for Making Marriage Work*/. New York: Three Rivers Press.

Hatfield, E., R. L. Rapson, and Y. L. Le. 2009. "Emotional Contagion and Empathy", /*The Social Neuroscience of Empathy*/. Boston: MIT Press.

Kohut, H. 1985. /*Self-Psychology and the Humanities*/. New York: W. W. Norton.

Libby, E. W. 2010. /*The Favorite Child: How a Favorite Impacts Every Family Member for Life*/. Amherst, NY: Prometheus Books.

Main, M., N. Kaplan, and J. Cassidy. 1985. "Security in Infancy, Childhood, and Adulthood: A Move to the Level of Representation", /*Growing Points of Attachment Theory and Research*/. 아동발달연구학회Society for Research in Child Development 논문집 50: 66–104.

McCullough, L., N. Kuhn, S. Andrews, A. Kaplan, J. Wolf, and C. Hurley. 2003. /*Treating Affect Phobia: A Manual for Short-Term Dynamic Psychotherapy*/. New York: Guilford.

McGilchrist, I. 2009. /*The Master and His Emissary: The Divided Brain and the Making of the Western World*/. New Haven, CT: Yale University Press.

Piaget, J. 1960. /*The Psychology of Intelligence*/. Totown, NJ: Littlefield, Adams.

Porges, S. 2011. /*The Polyvagal Theory: Neurophysiological Foundations of Emotions, Attachment, Communication, and Self-Regulation*/. New York: W. W. Norton.

Siebert, A. 1996. /*The Survivor Personality*/. New York: Penguin Putnam.

Siegel, D. 2009. "Emotion as Integration.", /*The Healing Power of Emotion: Affective Neuroscience, Development, and Clinical Practice*/. New York: W. W. Norton.

Spock, B. 1978. /*Baby and Child Care: Completely Updated and Revised for Today's Parents*/. New York: Simon and Schuster. (1946년 초판 발행)

Tronick, E., L. B. Adamson, and T. B. Brazelton. 1975. "Infant Emotions in Normal and Perturbed Interactions." 아동발달연구학회 회의자료, Denver.

Vaillant, G. 2000. "Adaptive Mental Mechanisms: Their Role in a Positive Psychology", /*American Psychologist*/ 55(1): 89–98.

White, M. 2007. /*Maps of Narrative Practice*/. New York: W. W. Norton.

Winnicott, D. 1971. /*Playing and Reality*/. London: Tavistock Publications.

Young, J., and J. Klosko. 1993. /*Reinventing Your Life: How to Break Free from Negative Life Patterns*/. New York: Dutton.

감정이 서툰 어른들 때문에 아팠던 당신을 위한 책

초판 1쇄 발행일 2019년 1월 24일
초판 3쇄 발행일 2025년 1월 15일

지은이 린지 C. 깁슨
옮긴이 박선령

발행인 조윤성

책임편집 정은미
발행처 ㈜SIGONGSA **주소** 서울시 성동구 광나루로 172 린하우스 4층 (우편번호 04791)
대표전화 02-3486-6877 **팩스(주문)** 02-598-4245
홈페이지 www.sigongsa.com / www.sigongjunior.com

ISBN 978-89-527-9547-2 03190

*SIGONGSA는 시공간을 넘는 무한한 콘텐츠 세상을 만듭니다.
*SIGONGSA는 더 나은 내일을 함께 만들 여러분의 소중한 의견을 기다립니다.
*잘못 만들어진 책은 구입하신 곳에서 바꾸어 드립니다.

WEPUB 원스톱 출판 투고 플랫폼 '위펍' _wepub.kr
위펍은 다양한 콘텐츠 발굴과 확장의 기회를 높여주는
SIGONGSA의 출판IP 투고·매칭 플랫폼입니다.